EXPRESSWAY
CONSTRUCTION & ITS BENEFITS

高速公路建设与效益

主　编　康彦民
副主编　李绪明　周伟文

社会科学文献出版社
SOCIAL SCIENCES ACADEMIC PRESS (CHINA)

编辑委员会

主　　编　康彦民
副主编　李绪明　周伟文
主　　审　周伟文　赵智明　崔士伟　张　宏
编写人员　李绪明　崔士伟　张　宏　严晓萍
　　　　　　侯建华　樊雅丽　李　茂　王立源
　　　　　　郑　萍　车同侠　张　丽　张　成
　　　　　　康拥军　刘保俊　郗兵辉　甄永峰
　　　　　　李慧珍　王丽伟　赵宝君　李　颖
　　　　　　王　芳　屈　哲　赵莉华

Contents 目录

第一章 概述 / 1

第一节 高速公路建设效益评价的理论与指标 / 1
 一 高速公路建设效益评价的理论基础 / 1
 二 高速公路建设效益评价概述 / 4
 三 高速公路建设效益评价的原则 / 9
 四 高速公路建设效益评价的指标 / 10

第二节 高速公路建设效益评价的价值与意义 / 11
 一 有助于高速公路建设经济社会效益评价的制度化 / 13
 二 有助于高速公路经济社会效益评价程序化、规范化 / 14
 三 有助于高速公路建设经济社会效益评价体系的科学化 / 14
 四 有助于从高速公路发展视角研究社会变迁 / 14

第三节 高速公路建设社会经济效益的评估方法 / 15
 一 研究方法选择的依据 / 15
 二 研究方法 / 16

第四节 区域高速公路综合效益分析特征 / 22
　　一 宏观分析与微观分析相结合的特征 / 22
　　二 经济效益评价和社会效益评价相结合的特征 / 23
　　三 定量分析与定性分析相结合的特征 / 23
　　四 有利影响和不利影响兼顾的特征 / 24

第二章 河北省高速公路发展背景分析 / 25

第一节 城市化与高速公路建设 / 25
　　一 城市化理论视野下的高速公路 / 25
　　二 河北城市化水平不断提高 / 27
　　三 人口迁移提升客运需求 / 30
　　四 城市群的发展需要快速交通支撑 / 32

第二节 工业化背景下的高速公路建设 / 34
　　一 工业化与高速公路 / 34
　　二 工业化水平不断提升 / 36
　　三 重工业比重增加提升货运需求 / 39

第三节 现代化对高速公路发展的需求与影响 / 41
　　一 现代化与高速公路 / 41
　　二 河北省城市与农村现代化发展的需要推动了高速公路建设 / 43
　　三 河北城乡居民生活方式现代化对高速公路发展的影响 / 47

第四节 全球化对高速公路发展的影响 / 49
　　一 全球化与高速公路 / 49
　　二 河北省对外贸易发展促进高速公路建设 / 50

第五节 河北省高速公路发展的内在动力与支持体系 / 51
　　一 河北省高速公路发展的内在动力 / 51
　　二 河北省高速公路发展的支持体系 / 53

目 录

第三章 河北省高速公路建设与区域交通网络建设 / 57

第一节 河北省高速公路建设进程回顾 / 57
  一 河北省高速公路逐步迈入全国先进行列 / 57
  二 高速公路已成为全省公路网主骨架 / 60
  三 河北省高速公路运行效能不断提高 / 61

第二节 河北省高速公路对区域交通事业发展的影响 / 64
  一 促进全省公路网络成形 / 64
  二 促使河北省公路运输能力明显提升 / 67
  三 提升了公路交通的运营效率 / 69

第三节 高速公路在构建区域现代交通网络体系中的功能与作用 / 70
  一 河北省现代交通网络体系现状 / 70
  二 搭建起了河北立体式大交通的新格局 / 71
  三 促进河北综合交通运输结构不断优化 / 73

第四节 河北省高速公路在全国的地位 / 75
  一 高速公路建设位居全国前列 / 75
  二 在全国率先探索投资方式 / 77
  三 在河北争先应用技术创新成果 / 84
  四 高速公路管理模式独树一帜 / 85
  五 公共服务质量全国先进 / 91

第四章 高速公路建设对河北经济发展的影响与贡献 / 95

第一节 河北省高速公路建设的经济效益总体分析 / 95
  一 高速公路与河北省国民经济的相关性分析 / 95
  二 高速公路建设对河北省国民经济的贡献率分析 / 98
  三 高速公路运行对河北省国民经济的贡献分析 / 105
  四 河北省高速公路营运经济效益分析 / 112

第二节 高速公路的建设对河北省产业行业的影响分析／116

    一 高速公路的修建对其他产业行业发展的乘数效应分析／116

    二 高速公路的修建对产业行业的完全消耗系数分析／117

    三 高速公路建设的感应性系数分析／120

    四 高速公路的修建对河北省重点地区重点行业的影响分析／121

第三节 高速公路的修建对河北省产业园区发展的影响分析／139

    一 20世纪90年代初到90年代中期——高速公路刚刚修建时期对产业园区的带动／139

    二 20世纪90年代中期到2004年——逐渐形成的河北省高速公路网络及其对工业发展的带动／144

    三 2004年以来新修建的高速公路从战略上给河北省工业产业带来的加速发展／148

第四节 高速公路对招商引资的贡献／153

    一 河北省高速公路建设与招商引资总体概况／153

    二 招商引资的基础条件得到优化／155

第五节 高速公路沿线部分县市经济发展指标变化／158

第五章 高速公路对社会发展的影响与效益分析／161

第一节 高速公路建设对人民生活水平的影响／162

    一 沿线区域城市人口规模扩大、增速加快／162

    二 增加就业机会，促进劳动力就业与创业／162

    三 人民生活水平不断提高／163

第二节 高速公路对河北省城镇化的影响与贡献／164

    一 加快了河北省城镇化进程／165

    二 促进了河北省城镇化质量的提高／166

    三 改变了区域城镇体系空间结构，推动了城市群的出现／167

第三节 高速公路对河北文化、观念及行为模式变迁的影响 / 168
　　一　高速公路促进生活方式变迁 / 168
　　二　高速公路使人们的思想观念更加开放 / 169
　　三　高速公路促进文化的传播与融合 / 170
　　四　高速公路人性化设计最大限度地减少高速公路带来的不便 / 171
第四节　高速公路对旅游、人文环境与精神文明建设的影响 / 172
　　一　高速公路对旅游及人文环境的影响 / 172
　　二　高速公路的发展改变了人们的出行方式，丰富了人们的生活 / 177
　　三　高速公路的建设促进了河北旅游的体系化发展，提高了地方知名度，开发了河北历史文化资源，展示了河北省的形象 / 180
　　四　高速公路成为精神文明的窗口 / 182
第五节　高速公路建设对生态环境的影响 / 183
　　一　高速公路建设过程中的生态环境规划 / 183
　　二　高速公路在建设过程中对生态环境的保护 / 184
　　三　高速公路建设与管理运营时期耕地的保护、恢复与可持续利用 / 185
　　四　高速公路绿化中的生态保护 / 186
　　五　高速公路的修建带来的负面影响 / 188
第六节　河北省高速公路建设对经济社会发展影响的总体评价与未来发展思路 / 189

第六章　河北区域发展战略与未来高速公路发展 / 196

第一节　环首都经济圈发展战略 / 196
　　一　环首都经济圈的设想与范围 / 196
　　二　河北省"环首都经济圈"规划的沿革进程及总体目标 / 197
　　三　"环首都经济圈"规划积极影响相关县域经济发展的预期 / 199
第二节　沿海地区发展战略 / 202
　　一　沿海地区范围、战略意义及其发展优势 / 202

二 河北沿海地区发展规划上升为国家战略后的主要特点／205
三 河北省沿海发展战略的定位及目标／207
四 河北沿海地区发展总体布局／208

第三节 冀中南经济区发展战略／210
一 冀中南经济区概况／210
二 冀中南经济发展战略的重要意义、定位与目标／212
三 冀中南经济区的发展布局／213

第四节 河北省高速公路未来发展趋势、思路与对策／217
一 河北省未来高速发展的趋势分析／218
二 河北省未来高速公路发展的几点建议／222

主要参考文献／226

后　记／229

第一章 概述

第一节 高速公路建设效益评价的理论与指标

一 高速公路建设效益评价的理论基础

高速公路系统作为公路交通系统、社会运输系统的动脉之一，在经济、社会发展中起着十分重要的作用。高速公路的路线分布、运输工具使用等都具有公共性、社会性特征。高速公路本身已经成为日常生产、生活不可或缺的一部分。交通方式从最初的人力、畜力、机械化到高速公路，不仅反映了公路交通的变迁历史，也反映了人类生产、生活方式的发展历程。

1. 高速公路发展理论需求

高速公路已经有 80 多年的历史，它不仅对经济和社会的发展起到了重要作用，也影响和改变着人们的日常生活和行为方式。但从理论上对高速公路与人类生产生活关系及其发展规律、高速公路综合效益的研究起步较晚，已有的一些研究主要散见于工业理论、地理学、经济学理论、环境科学、生态学等方面。[①] 这使得高速公路建设的效益研究缺少系统性和学科性。随着全球化、现代化进程的加速，高速公路建设与综合效益需要从理论上进行更深入的研究，以便使高速公路建设管理更加科学化、人性化、现代化，使其在现代社会发挥更大的作用，这是高速公路发展理论产生的需求背景。

马克思说："社会不是坚实的结晶体，而是一个能够变化并且经常处

---

① 谷中原：《交通社会学》，民族出版社，2002。

于变化过程中的机体。"① 各种社会层次、社会因素有机联系、相互制约，构成了社会整体。高速公路在现代经济、生活中的作用越来越重要，不仅反映了经济发展水平，还影响着公路沿线工业布局、城镇化等宏观方面，更是将其影响渗透到人们日常生产、生活的方方面面。人们工作、求学、货物运输、旅游、信息传递等都因为高速公路的建设而变得更加方便快捷。

同时，高速公路建设还涉及许多关系，如高速公路与农村发展、高速公路与环境保护、高速公路与城镇化建设、高速公路与经济发展、高速公路与人们生活方式改变等关系。各种关系组成了一个有机的高速公路系统，各种关系协调，才能充分体现出高速公路的价值。

在理论研究领域，高速公路建设综合效益研究属于交通社会学的重要内容，是"探索社会交通行为、交通现象以及交通行业良性运行和整个交通系统与社会协调发展规律的一门社会科学"。交通社会学将"交通"看成社会要素之一，其中，最为关键的是运用社会学的理论、视角和方法，如社会变迁理论、社会有机体理论、工业区位理论、古典人类生态学理论、新正统生态学理论、后现代社会学理论、后工业社会理论、全球化社会理论等。

2. 社会学理论在高速公路发展理论中的应用

（1）社会变迁理论

"社会变迁是指一切社会现象发生变化的动态过程及其结果"，是社会的发展、进步、停滞、倒退等一切现象和过程的总和。变迁包括人口变迁、经济变迁、自然环境变迁、社会制度和结构变迁、生活方式变迁、文化变迁、社会价值观念变迁、科学技术变迁，等等。变迁的表现形式也是多样的，主要有社会整体和局部的变迁、社会渐变与突变、社会的进步与退步等。

人口变迁包括人口数量、人口结构、人口质量、人口流动和分布的变化。社会价值观念的变迁主要通过人们的行为和思想观念表现出来。社会价值观念的变迁往往成为整个社会变迁的先声。文化变迁涵盖了文化的积

---

① 《马克思恩格斯全集》第2卷，人民出版社，1972，第12页。

累、传播，文化的融合与冲突，以及新文化的增长和旧文化的改变等内容。科学技术变迁一方面直接引起社会、经济、政治、价值观念和生活方式的变化，另一方面促使现代社会变迁过程加速。社会制度和结构变迁表现在两方面：一是各种经济、政治、组织、制度等结构要素的分化和组合；二是社会成员由于其经济地位、职业、教育水平、权力、社会声望等变化所造成的社会阶级和阶层关系的变化。生活方式变迁受生产方式变迁的影响。生活方式由活动条件、活动主体和活动形式三个基本要素组成。影响生活方式的因素分为宏观社会环境因素和微观社会环境因素。人们的劳动条件、经济收入、消费水平、人际关系、教育程度、家庭结构、闲暇时间占有量、住宅和社会服务等的差别，使同一社会中不同的阶级、阶层、职业群体以及个人的生活方式存在明显的差异。生活方式的主体分个人、群体、社会三个层面。生活方式是区分阶级、阶层和其他社会群体的一个重要标志。

社会体系的各个组成要素都具有自我组织和不断完善的特性，为了适应新的需要和各要素间不平衡关系的出现，原有的结构关系就要不断调整。这种适应和调整首先是局部的，积累到一定程度就有可能导致原有体系结构的整体改组。高速公路建设对公路沿线居民的经济、社会、生活、思想观念等方面的影响是深远的。旧的平衡被打破，特别是乡村社会，人与人之间原有的经济、社会地位也会随之变迁；新的平衡建立之前，各个社会要素都可能会出现许多变动。高速公路建设效益评价就是为了及时发现和反映种种变化及趋势。

（2）工业区位理论

工业区位理论认为，运费、聚集和工资三者是工业企业寻求最优区位的重要因素。市场圈，运输成本都受到交通因素的影响，交通作为重要的区位因素影响到工业区位的选择，进而影响到一个国家和地区的经济发展水平，并且改变着人们的生活。

（3）古典人类生态学理论

该理论关注交通变迁给人类生活带来的各种影响。在以航运为主要交通方式的时期，货物的运进、运出和远距离旅行都借助于航道，而日常的交通工具是马车，这决定了人们主要居住在航道附近。

铁路的出现使人们摆脱了码头、港口、航道的限制，还推进了城市化进程，人们主要居住于那些易于进行产品交易的地方。但汽车尤其是高速公路出现后，城市与城市、城市与周边乡村之间建立了更为密切的联系，城市与乡村的分界线逐渐消失了，人们的经济社会生活继续向纵深推进。高速公路建设彻底改变了人们的生活方式和生活观念，人们的出行和日常生活更加依赖于汽车。

（4）新正统生态学理论

该理论将自然、生物、社会三者之间的关系称为"生态系统"，有人口、组织、环境、技术四个变量。从交通技术与人类社会生活关系的角度看，汽车作为主要的交通工具，扩展了人们的活动范围，但汽车的普遍使用也造成了严重的空气污染。

（5）后现代社会学理论和后工业社会理论

后现代社会学理论和后工业社会理论强调对公共政策和以下问题的关注，如弱势群体的就业、人类对社会与环境承担的义务，等等。建设高速公路，要占用部分耕地，村民生产经营方式和交通出行方式发生转变，对当地的自然环境和交通环境产生影响，公路沿线服务业发展，以及就业方式变化，这些都是需要关注的方面。

（6）全球化社会理论

该理论一方面揭示了经济、技术的相互依赖关系，另一方面揭示了全球性的文化分裂和政治分歧。另外，还有贫困、饥饿、气候变化、环境污染、核武器威胁等社会问题的出现。该理论主张克服二元对立的思维模式，倡导一种全球伦理和相互受益的共生、共存模式。高速公路建设使城乡交流方便快捷，生活方式相互影响，另外城乡差别、收入差别、贫富差距也会引起观念、文化、经济利益上的冲突，需要引起足够重视。

二　高速公路建设效益评价概述

1996年，交通部修订并颁布了《公路建设项目后评价工作管理办法》和《公路建设项目后评价报告编制办法》，明确提出要进行社会经济影响后评价。

在理论界，对高速公路社会影响后评价含义的理解存在较大差异。夏立明等把高速公路社会影响后评价的概念定义为：高速公路竣工后运行一段时间（一般为3~5年），其直接或间接效益发挥出来以后，运用相关的社会学理论和方法，对已经实现的社会贡献和影响进行分析和评价，对其实际产生的社会影响作出判断，最后提出相应的改进对策。① 他从国家、地区、项目三个层面，社会（人口、教育、社会结构）、经济（就业、收入、国民经济）、资源（自然资源利用、环境治理、环境保护）、交通（运输效率、运输方式）四个方面，运用25个指标对高速公路建设的社会经济影响进行评价，既有定性指标也有定量指标，形成了比较完善的指标体系。高速公路建设项目对社会经济的影响具有宏观性、长期性、间接性、定量难的特点，产生的影响也是多种多样的，并且一些影响在短期内可能不是很明显。

冯玫从高速公路对区域经济发展影响（工业、农业、产业结构、经济增长、投资）、区域资源开发影响（自然资源开发、旅游资源开发利用、土地增值）、区域社会发展影响（就业程度、出行变化、生活水平、思想观念、城镇化水平）三个方面，运用15个指标进行了评价。②

邝镜明认为，高速公路的社会经济影响评价是从宏观的角度出发，运用经济学理论和方法，对高速公路建设项目所要实现的预期目标进行研究与验证。社会经济影响评价要对项目对所在地区土地利用、地方社区发展、就业、扶贫和技术进步等方面进行分析。高速公路社会经济影响评价的原则是客观性、科学性、可操作性和通用性。评价的程序如下：①筹备与计划；②确定项目的目标和评价范围；③选择评价指标；④收集相关资料和数据；⑤分析；⑥撰写报告。③

王蓓敏认为，高速公路工程项目的经济效益表现为有项目相对于无项目时所带来的运输费用的节约。也就是说，凡是此项目所做的贡献均应计为项目的效益，包括直接效益和间接效益。其中，直接效益是指公路使用费用节约，拟建项目和原有相关公路相比，汽车营运成本降低、旅客在途

---

① 夏立明、陈树平、孙丽：《高速公路项目社会影响后评价指标体系构建研究》，《建筑经济》2010年第3期。
② 冯玫：《高速公路社会经济影响综合评价方法研究》，《科技创新导报》2008年第10期。
③ 邝镜明：《福泉高速公路社会经济影响评价》，《交通企业管理》2007年第10期。

时间节约，以及交通事故减少等。间接效益主要包括提高高速公路沿线地区经济发展水平、增加就业等。①

范振宇、肖春阳提出了高速公路建设的经济社会效应系统分析思路，从国民经济效益——运输成本降低、沿线经济发展带动效应、沿线资源的开发和利用，社会效益——促进城镇化、带动就业发展、提供就业岗位、通车后提供的养护服务和管理服务、通车后沿途餐饮和旅馆等就业岗位的增加，综合运输效益——能源节约、环境效益、集约利用土地资源、可持续发展等几方面进行分析。②

奚宽武、陶峰认为，国民经济效益由三部分组成。参照《公路建设项目经济评价方法》，根据通车运营的车速、经济成本等数据，评价项目的国民经济效益，并与决策阶段预测的结论进行比较，分析其差别和原因。①财务效益评价：从投资主体的角度，根据成本和实际收入，进行项目的效益分析，并与决策阶段预测的结论相比较，分析其差别和原因。②资金筹措方式评价：根据资金来源、投资执行情况及效益分析，对项目的资金筹措方式进行评价。③

唐玉绮、白繁义、章保卫认为，我国高速公路后评价体系由概述、过程评价、影响评价、效益评价、目标持续性评价、结论6个部分组成。现行的高速公路社会经济影响评价应从社会影响和互适性两方面进行分析。社会影响分析在国家、地区、社区三个层次上展开。互适性分析主要是预测高速公路项目能否被当地社会环境、人文环境所接纳，以及当地政府、居民的支持程度。高速高路社会经济影响评价从对区域的影响和对宏观经济的影响两个层面展开，包括经济繁荣、资源开发、对产业的影响、就业、国土开发效益、路网综合效用、节约能源效益、对老少边穷地区发展的影响、对防灾抗灾能力的影响等评价指标。④ 祝建华、牛俊萍、赖友兵

---

① 王蓓敏：《S26沪常高速公路建设项目的国民经济评价》，《中国市政工程》2010年第4期。
② 范振宇、肖春阳：《高速公路建设对国家经济社会发展的系统效应初析》，《公路交通科技》2006年第5期。
③ 奚宽武、陶峰：《高速公路建设项目后评价研究初探》，《交通科技》2003年第4期。
④ 唐玉绮、章保卫、白繁义：《对我国高速公路项目后评价体系的探讨》，《城市》2008年第10期。

对高速公路建设项目的绩效评价指标体系进行了研究。他们认为，经济效益评价包括财务评价、国民经济评价；社会经济影响及其可持续发展评价包括定性评价、定量评价、可持续发展评价；此外，还有环境影响评价和环境资源可持续发展评价。[①]陈爱萍、向前忠认为，高速公路建设的社会影响评价具有宏观性、区域性、间接性、长期性等特点。高速公路建设的社会影响评价主要是对高速公路项目的间接社会效益进行评价，根据评价的目的性、全面性、科学性、实用性、独立性、综合性、相容性等原则，选取15个指标进行评价。重在分析项目对所在地区社会经济发展所产生的影响与作用，主要有四方面：促进社会进步、促进经济发展、促进政治稳定以及提高公路部门人员素质。[②]

付止桐、余锦龙根据环境经济学基本原理和方法，建立评价指标体系，从中提出环境经济损益正负效益比，量化高速公路建设所付出的环境成本，分析环境经济效益。[③]

张伟忠认为，高速公路建设带来的经济效益与社会效益比一般公路基础设施更为突出，它包括直接效益和间接效益。直接效益指运输成本降低、行车里程缩短、交通事故和货损减少、运输时间节约，这部分效益可以货币形式计算。间接效益包括因高速公路建设带来的沿线地区的土地增值、就业机会增加、促进运输方式效率提高等，这部分效益是社会效益的主体。

高速公路建设对交通运输业的直接促进作用表现为加快了行车速度，使货物或旅客在路上花费的时间大大缩短。高速公路平均时速能达到100公里左右，这是普通公路的1~2倍。速度加快，降低了运输成本，提高了运输质量，减少了物品损耗；节省燃料，节省时间，延长了车辆的使用寿命，减少了对车辆的损害；由于速度快、路况好，交通流量加大，高速公路的车辆通过量大大提高；由于高速公路的技术等级高，无混合交通干

[①] 祝建华、牛俊萍、赖友兵：《高速公路建设项目绩效评价指标体系研究》，《中外公路》2008年第1期。
[②] 陈爱萍、向前忠：《梅州至龙岩高速公路社会影响分析与评价》，《湖南交通科技》2007年第3期。
[③] 付止桐、余锦龙：《高速公路环境经济损益实例分析》，《江西科学》2010年第5期。

扰，全立交且全天候运行，高速公路的安全优势是相当明显的。据有关统计，高速公路事故率为一般公路的一成左右。

高速公路建设对地区经济发展有明显的拉动作用。高速公路建设，有效地降低了沿线地区物流运输成本，提高了运营效率。高速公路建设有效地促进了沿线区域工业企业的发展，极大地改善了投资环境。高速公路网相对缩短了地区之间的距离，使各城市间的往来更加便捷，加强了地区之间的联系，使区域优势更加明显，在招商引资上更具有吸引力。

高速公路建设也对农业的发展起到推动作用。高速公路缩短了农产品的运输时间，保证了鲜活农产品能够及时运达目的地，加快了农产品的销售和市场信息的交流，有助于农产品流通，促进农业生产结构的调整和优化，有助于农业的规模化经营和集约化生产，推动了农产品的商品化和农业的现代化经营。

同时，高速公路建设也推动了沿线地区旅游产业的发展，不仅促进了当地旅游景点的开发、利用，而且促进了旅游人数及旅游收入的增加及相关服务业的发展。

高速公路的建设和发展，有力地促进了沿线及辐射地区的经济发展，而且对这些地区的社会发展也起到了积极的推动作用。表现为：吸引大量劳动力向经济带聚集，促进了本地区人口、劳动力由农村向城镇转移，第一产业向第二、三产业转移；密切了城市、地区之间的联系，推动了沿线的市镇建设与发展，加快了城乡一体化的进程；拓展了人们交往的空间和范围，改变着人们的思想观念，开阔了人们的视野，强化了人们的开发意识和开拓意识。[1]

贺琼、廖建桥认为，随着高速公路网的形成，原有高速公路的带状产业优势梯度效应会均衡化，取而代之的是高速公路网所在区域呈现的整体性经济优势。研究表明，评价高速公路网发展对社会经济发展的贡献，应建立在区域整体性经济效应基础上，即在有无高速公路及高速公路网络化程度之间加以比较，可得到客观、有效的关于国民经济贡献的解释。[2]

---

[1] 张伟忠：《论我国高速公路管理及其社会经济效益》，《科技创新导报》2011 年第 12 期。
[2] 贺琼、廖建桥：《高速公路网国民经济发展乘数效应评价模型》，《公路》2010 年第 8 期。

喻敏认为，根据管理经济学理论、委托-代理理论，绩效评价的最初动因来源于人们对经济利益的关心，是人们在经济活动中遵循"最大""最小"法则的必然要求。评价体系主要由评价主体、评价客体、评价标准、评价指标、评价方法等几个基本要素构成。①

三 高速公路建设效益评价的原则

1. **适应性**

一个有效的评价体系，必须反映行业特点。高速公路带来的效益是多方面的。根据权变管理理论，要研究组织的各子系统内部和各子系统之间的相互关系，以及组织和它所处的环境之间的联系。

2. **可操作性**

可操作性原则是设置评价体系必须考虑的重要因素。高速公路行业有区域经济的特点，在选择标准值时要考虑地区之间的差距，绩效评价工作最好每年都要进行，既考虑操作易行，又不能过于繁杂。

3. **全面性**

高速公路建设促进了城乡和地区之间的协调发展，使农村公共服务体系越来越健全，逐步缩小了城乡差别。高速公路建设在促进社会进步、改善人们的生活水平、转变人们的思想观念、便利出行、推进城镇化进程、提高低收入地区的通行能力以及资源有效开发利用等方面的影响巨大。评价指标的选取要全面反映本地经济、社会、环境、交通状况的变化。

4. **系统性**

高速公路建设效益评价指标体系对其所处的社会、经济、环境进行科学的抽象和描述，这决定了各指标之间以及各层次之间具有紧密的内在联系。因此，构建的效益评价指标体系，必须能包含高速公路建设各个层次效益的情况，同时保证各指标的独特性，不重复、不交叉，使所构建的指标体系能够准确、全面、科学地反映高速公路建设的效益。

5. **定性与定量相结合**

高速公路建设效益评价的内容涉及面广，但并不是所有的指标都是可

---

① 喻敏：《经营性高速公路绩效评价体系设计思路及基本框架探讨》，《公路》2011年第2期。

以量化的。对于无形的、难以量化的指标必须进行比较性描述或定性分析。

四 高速公路建设效益评价的指标

高速公路产业－经济带理论认为，高速公路对社会、经济发展的影响是从中心呈放射状向周围地区辐射的。高速公路建设效益主要体现在促进和带动其他相关产业和部门的发展从而产生的宏观社会经济效益上。

以上关于高速公路后评价方面的概述，主要从高速公路建设的经济、社会、交通、环境、可持续性及适应性几方面进行了分析，也有的从直接效益和间接效益角度进行了分析，选取的指标涵盖面有大有小。

我们侧重于高速公路建设效益的评价，河北省高速公路经过20年从无到有的发展，不仅改善了本地基础设施建设状况，而且给本地区带来了巨大的发展机会。我们拟从区域、村庄、居民家庭三个层次，从经济效益、社会效益、环境效益三个大的方面，选取相关指标，进行高速公路建设效益评价。经济效益方面选取的指标有当地经济发展程度（GDP变化）、财政收入变化、人均收入变化、就业结构变化、产业结构变化等；社会效益方面选取的指标有道路建设状况，城市化程度，出行变化，水、电、气等基础设施建设，文化教育，卫生状况，家庭人口数，劳动力外出就业情况，家庭收入，家庭就业人数，住房变化，收入来源等；环境效益方面选取的指标有土地资源节约、自然保护区生态保护和建设、自然景观保护、历史遗迹保护、旅游资源开发利用等。

表1－1 高速公路建设效益指标评价体系

类别	经济效益指标	社会效益指标	环境效益指标
区域	GDP变化 财政收入变化 人均收入变化 就业结构变化 产业结构变化	运输成本变化 城市化程度 运输便利程度 对居民生活质量的影响 旅游人数变化	土地资源节约 自然保护区生态保护和建设 自然景观保护 历史遗迹保护 旅游资源开发利用

第一章 概述

续表

类别	经济效益指标	社会效益指标	环境效益指标
村庄	人均收入变化 耕地 主要产业变化	人口 外出打工人数 出行便利程度变化 饮水安全 电力 沼气等能源建设 农村卫生 农村文化	
居民家庭	年收入 收入结构 就业人口 耕地数量	人口数 生活方式变化 住房变化 燃料 收入来源	

第二节 高速公路建设效益评价的价值与意义

高速公路是随着社会经济的发展应运而生的现代交通系统，是经济社会发展到一定阶段的必然产物，是和现代社会经济发展程度相适应的一种交通运输方式。在其建设发展过程中，规划设计、投资建设、运营管理到可持续发展等方面，都与社会经济发展水平相适应，并呈现一种动态性特征。高速公路不仅是交通运输的通道，也是传递信息的重要渠道，对促进高速公路乃至整个交通运输事业的持续发展具有重要的现实意义和理论意义。

进行高速公路建设效益评价可以提高政府对受影响地区的关注程度，从设计、建设、运营每个阶段都与周边地区的发展结合起来，实现高速公路建设与城乡发展互利双赢。通过高速公路建设，促进农村的经济、社会建设的全面发展，提高农民生活质量，逐步缩小城乡差别，最终实现城乡一体化。

高速公路建设促进了农村工业和城市工业的融合，加快了农村的对外交流速度。以高速公路连接的城乡工业能实现优势互补、共同促进，农村工业可借鉴城市工业发展的经验教训。高速公路的开通促使农村工业集聚，并且能利用高速公路的连接线扩大市场范围，开发发展潜力。

从区域发展的角度研究公路建设对城镇化的促进作用，可以将城镇化看作由生产力变革所引起的生产方式、生活方式和居住方式等方面的变化。"点"的集聚形成城镇，城镇再逐渐发展成为公路沿线区域经济发展的中心。在高速公路"点-轴"型系统发展过程中，往往要形成人口、经济和基础设施的复合集聚，当人口密度和经济实力达到一定程度时，就会形成集聚区。高速公路建设可以加速城镇化进程。农业产业化和农村工业化可带动多项产业发展，而高速公路正是它的主要支撑点。高速公路的发展为农村现代化提供了原动力。高速公路连接了不同地域和级别的城市，城市被高速公路线连点成串，在高速公路连接的城市之间是广大的农村地区。所以，就影响的区域面积大小而言，高速公路对农村的影响更大，使原来规模小、布局分散、效益差的农村面貌有很大改善，加快了农村现代化的步伐。同时，高速公路的发展也促进了农村公共服务体系的完善，为新农村建设、幸福乡村建设提供了新机遇。

高速公路的发展与提高农民生活水平之间存在一种间接的关系，即高速公路能够改善沿线农民的出行条件，为他们提供安全、便捷的客货运输服务。随着农民生活水平的不断提高以及消费结构的升级，人们的交通消费需求会日益趋旺，个性化趋势将愈加明显，方便、快速、舒适、安全等价值取向将明显增强，这在客观上又对高速公路的快速发展提出了要求，使高速公路的发展与新农村发展相互协调、共同发展。

高速公路的开通缩短了城乡之间的距离，农村与外界沟通更加方便，高速公路建设的社会效益日益显现；高速公路的开通改善了农村交通状况，促进了城市之间、城乡之间的物流、人流、信息流的增长，进而带动了整个社会的发展。高速公路沿线城市与农村的经济联系、人员往来、商品流通越来越密切，先进的技术、城市的文明观念、科学的生产经营管理方式、新的生产生活方式等通过高速公路不断地向沿线城镇和乡村渗透，从而促进了农村地区的发展。

在高速公路、高速铁路和航空综合运输体系中，高速公路不仅是公路

第一章 概述

网的骨干,也是综合运输大通道的重要组成部分。工业化进程中,随着经济结构、产业结构、产品结构的变化,交通运输业也获得了快速发展。公路网密度最大,公路运输是唯一一种可以将其触角延伸到社会各个角落、将各种运输方式连接成为一个有机整体的运输方式,所有运输方式的高效运行均需要高速公路为其提供高速集散服务。

高速公路建设效益评价是高速公路建设项目后评价工作中十分重要的组成部分,是全面分析、评价公路建设项目的一个重要环节,它在高速公路建设项目后评价中占有不可替代的重要地位。在新农村建设、人口城镇化、城乡一体化的加速发展时期,高速公路建设事业也进入一个高质量建设和管理的新时期,我们必须提升高速公路建设与管理的现代化程度,提高高速公路建设与经济社会发展的适应度,为社会整体发展提供支持。

现代化建设迫切需要完善高速公路整体功能。新农村的发展需要把改善公共基础设施、提高公共服务能力作为重要目标,要实现这一目标,就要加快高速公路网络建设,完善和提高高速公路的整体功能和服务能力。

虽然我国一直在强调高速公路后评价工作的重要性,并发布一些相关的规范文件,但是许多高速公路建设单位和相关管理单位仍然对高速公路效益评价工作重视不够。

一 有助于高速公路建设经济社会效益评价的制度化

从经济学意义上看,高速公路是随社会经济发展需要应运而生的,在其发展过程中有相互适应的动态关系,探讨这种关系对于高速公路稳定发展有重要的现实和理论意义。建立完善的高速公路效益评价体系,可以进行高速公路建设项目可行性的分析研究工作,减少人为干预前期工作的现象,确保可行性研究的客观性、公正性并及时解决决策和运营管理中存在的问题,对于提高高速公路建设项目决策和管理的科学水平、促进投资规范化、提高投资效益等均有重要作用。同时,进行效益评价也是促进国家投资体制法制化的重要内容。[①]

---

① 褚庆阳、霍娅敏、李德刚:《浅谈高速公路建设项目后评价》,《交通标准化》2005年第7期。

二 有助于高速公路经济社会效益评价程序化、规范化

与可行性研究相比,高速公路经济社会效益评价具有现实性、全面性、反馈性、合作性等特点。高速公路建设项目经济社会效益评价可以使高速公路建设管理进入程序化、规范化、科学化的轨道,提高高速公路建设管理水平,提高高速公路建设项目的投资效益。[①]

三 有助于高速公路建设经济社会效益评价体系的科学化

通过对高速公路建设的经济社会效益评价,可以促进评价指标体系的不断完善和科学化,使评价更加符合实际和理论研究的需要,为高速公路建设和当地经济社会发展提供建设性、科学性建议,从而为未来同类项目的决策及实施提供借鉴。

四 有助于从高速公路发展视角研究社会变迁

交通发展是工业发展的前提,是经济增长得以实现的基本条件。高速公路建设促使沿线区域经济布局更加合理,产业结构优化,产业链延伸范围扩大,节省了交通运输时间。高速公路所创造的便利的交通条件,使能源、原材料得以及时输入、输出,使原材料产地、生产地、消费地三者之间的距离缩短。产品的及时输出,又为社会降低了流通成本,加快了资金周转,从而为企业创造了更多利润,增强了市场竞争力,创造了良好的经济效益。

自古以来,交通条件就是一个社会兴盛和发展的重要因素,城市、村镇、集市往往都处于交通便利的地方。高速公路的发展推动了乡村重新布局和城市化进程。交通的便利,运输成本的降低,促进了城市的发展,特别是高速公路建设大大缩短了出行时间,改变了人们的生活方式和思想观念。在城市工作、在乡村居住,或者在乡村工作、在城镇居住都成为可能。衣食住行是人类生活的四大要素,高速公路建设使信息传递和流通更加快捷,已经或者正在改变着人们的生产生活方式。

---

① 褚庆阳、霍娅敏、李德刚:《浅谈高速公路建设项目后评价》,《交通标准化》2005年第7期。

第一章 概述

第三节 高速公路建设社会经济效益的评估方法

高速公路作为现代综合交通运输网络中的一个重要组成部分，对现代社会经济发展具有广泛而深刻的影响。高速公路的建设情况，是反映一个国家和地区交通发展状况的重要指标，也在一定程度上体现了一个国家和地区经济社会发展的整体水平。与普通公路相比，高速公路对社会经济效益的影响，在产生方式、相关性、显著程度等方面更具有特殊性，相当值得我们进行深入研究。

一 研究方法选择的依据

在有关高速公路社会经济效益的研究中，各国学者从经济总量、贸易、城市化进程等方面作出了分析。Hunter 提出了高速公路的低成本运输与经济发展之间具有因果关系的观点；[1] Jacoby 等人研究发现，高速公路通过加强产地与市场的联系，能够有效地促进贸易的繁荣和提高农田的价值；[2] Denos Gazis 在其著作 *Traffic Science* 中指出，美国州际公路的建立增强了区域间的流动性，缓解了交通拥堵问题，起到了加快城市化进程的作用。[3] 国内关于高速公路建设经济社会效益的研究大多数是针对单条高速公路项目建设的社会影响评估需求来做的，很少有对高速公路建设的区域社会经济影响进行深入的、综合的理论研究。而且以往大多数的研究以财务和经济评价为主，很少关注社会维度的影响，即使有可能出现对当地居民生活和工作方式造成严重影响的拆迁、破坏传统社会网络等方面的社会问题，也会被项目所带来的巨大经济效益掩盖。或者，即使进行了所谓的社会影响评估，也是以技术经济范式下的社会效益分析占据绝对优势，更多地体现为经济评价的"附属品"。

---

[1] Hunter H., "Transport in soviet and Chinese development," *Economic Development and Cultural Change*, 1965, 14 (10): 71-84.
[2] Jacoby G. H., "Access to market and the benefits of ural roads," *Economic Journal*, 2000, 110 (7): 713-737.
[3] Denos G., *Traffic Science*, New York: John Wiley & Sons, 1974.

高速公路建设通过它与国民经济各部门和社会再生产各环节之间的技术经济联系和交互作用来实现其经济社会效益。这些经济和社会效益主要有以下几类。一是直接效益和间接效益。直接效益是高速公路项目对某一社会要素直接产生的效益；间接效益是高速公路通过某一媒介对社会要素产生的效益。如高速公路建设过程中对相关行业的带动、劳动力需求增加等是直接效益，而高速公路建成带来的区域生产力发展和布局改变、资源配置调整甚至人们思想观念的转变、开放程度的提高等都是间接效益。高速公路建设的经济社会效益，更多地体现在间接效益上。二是现实效益和潜在效益。现实效益是在高速公路建设和运营过程中能够直观体现并很快通过一定的现象表现出来的效益；潜在效益是很难表现为某种具体的现象，或者很缓慢才能表现出来的效益。三是短期效益和长期效益。如高速公路修建过程中的用工需求对就业的带动作用就是短期效益，而高速公路建成后通过带动沿线经济发展带来的用工需求增加就是长期效益。

总之，高速公路建设对区域经济社会发展的影响是一个复杂的系统，有些效益是可以用数量定量描述的，有些效益特别是社会效益则很难用定量的方法来测量。本书以高速公路建设的社会经济效益为研究对象，综合运用社会评价、社会影响评估等一系列研究方法，对河北省高速公路建设的社会经济效益进行定量、定性分析，以期科学、客观地反映20多年来河北省高速公路建设对经济、社会、文化、生态等各个方面产生的深刻影响。

二 研究方法

高速公路建设的经济社会效益评价是一个复杂的过程，是项目评估学、交通经济学、社会学和人类学等学科的交叉研究领域，在研究中我们综合采用了上述学科的研究方法。

1. 文献法

文献法主要是指搜集、鉴别、整理文献，并通过对文献的研究分析形成对事实的科学认识的方法。文献法超越了时间和空间的限制，可以通过对古今中外文献的检索研究极其广泛的社会情况。这一特点是文献法相对其他调查方法所具备的独特优势。文献法主要是书面调查，如果搜集到的文献是真实的，那么它就可以获得比口头调查更准确、更可靠的信息。文献法是一种间接的、非介入性的调查，只是对各种文献进行调查和研究，而不接触被调查者，不掺杂被调查者的任何主观看法。这样就可以有效地避免直接调查中经常会发生的调查者与被调查者互动过程中可能产生的各种误差。文献法是建立在他人劳动成果基础上的一种调查方法，是一种快捷获取知识的有效途径。它不需要大量的研究人员，也不需要特殊的设备，就可以用较少的人力、经费和时间，获得比其他调查方法更多的信息。从这些方面来说，文献法是一种高效率的调查方法。

对河北省高速公路建设的经济社会效益评价的文献分析主要包括以下几个方面。一是国内外同类研究成果；二是省内相关研究成果；三是我们从1990年以来对河北省各条高速公路进行跟踪调查的前期资料和报告；四是建设高速公路以来河北省各权威统计部门的经济社会发展资料和数据；五是从高速公路建设中受益的相关县域、系统的发展情况；六是河北省交通厅和高速公路管理局自修建高速公路以来的发展历史与工作情况；七是国际国内相关研究方法比较和选择。

2. CAS理论的高速公路经济适应性分析方法

本项研究依据复杂适应系统（CAS）理论，对高速公路与经济发展进行了相关性分析研究。20世纪，几代科学家通过不断的深入研究，对于复杂系统的理解与认识日益全面，逐步形成了完善的CAS理论。CAS理论最基本的概念是具有适应能力的主体（Adaptive Agent），简称主体。它不同于早期的系统科学中使用的部分、元素、子系统等概念，部分或元素完全是被动的，它的存在是为了完成和实现系统所授予的某一项任务和功能，没有自己的目标或取向，即使与环境之间有所交流，也只是按照某种固定的方式作出固定的响应，不能在与环境的交互中"成长"或"进化"。随着时间的推移，主体则是不断进化的。CAS是现代系统科学一个新的研究方向。CAS理论作为第三代系统的概念，打破了把系统元素看成"死"的、被动的对象的观念，引进了具有适应能力的主体概念，从主体和环境的相互作用来认识和描述复杂系统的行为，开辟了系统研究的新视野。从交通经济系统分析的角度，深化和完善了高速公路经济适应性的学术概念，并对其内涵和特点进行了深入分析，研究了高速公路经济适应性的系统特征、影响因素及发展机制等问题，提出了较为完整的高速公路经济适应性系统分析理论基础框架。从规模、结构、布局三个层面，全面、系统地对区域高速公路与经济适应性演化发展过程中的阶段性、区域性和结构性特征进行了分析与评价。CAS 理论给我们提供了新的思路和视角，对于我们理解和认识交通与经济、社会、生态等多个系统的相互联系和相互作用的许多现象提供了新的启发。在经济效益方面，采用"高速公路经济适应度"的概念及测算方法以及基于 CAS 理论的高速公路经济适应性分析方法，对"高速公路－经济"复合系统发展演化适应性机制进行模拟，开发了区域高速公路经济适应性分析系统，采用 MARKWAY 分析系统建立 LRGDP 和 LHGL 统计量的向量自回归模型，对区域高速公路经济适应性进行评价；以河北省高速公路建设效益为评价对象，对河北省区域高速公路经济适应度进行了测算、预测与评价。

3. 社会影响评价（SIA）

社会影响评价是指对政策、措施或项目实施对于社会各个方面的影响所作出的综合性评价。在国际上，这项研究开始于 20 世纪 70 年代。1970 年以前，政策或项目的公平性，以及可能产生的社会影响很少被人们所关注。当时主流的观点都认为从项目中获得的经济效益可以弥补任何可能的负面影响，金钱补偿可以弥补任何不良社会后果。1970 年生效的美国《国家环境政策法（1969）》规定，涉及美国联邦土地、税收或管辖权的开发项目和政策，都必须提交一份环境影响报告书，其中必须详细叙述拟建项目及其备选方案对自然、文化及人类环境的影响。这个法案颁布之后，人们逐步认识到了开发项目和政策对环境造成的不良影响，可能削减项目效益，甚至超过了项目带来的利益，并且严重损害人类赖以生存的环境。从 20 世纪 80 年代开始，一些国际组织（如世界银行、世界卫生组织等）开始在一些项目评估中推行社会评价。社会影响研究重点关注政策或项目对于人和人群利益产生怎样的影响，研究如何避免对于人和人群利益的损害以及减少社会问题的发生。社会影响评价在中国开展的时间还不长，主要开始于世界银行和其他机构对中国的援助项目，现在发改委也要求对拟建项目进行社会影响评价。高速公路建设的社会影响有宏观的和微观的、直接的和间接的、有形的和无形的、明显的和潜在的，评价时可以根据涉及社会因素的重要程度而有所侧重。通过社会影响评价可以分析、预测高速公路建设可能产生的社会效益和负面影响。社会影响评价所采用的方法主要有以下几种。

(1) 一般社会影响分析

主要包括对受影响区域内居民收入、就业、生活水平和生活质量的影响，对受影响区域内的教育、卫生和其他公共设施的影响，对受影响区域内人口的生活方式和思想观念的影响等。分析区域人口的教育水平、文化传统等，预测区域内人口对高速公路的接受程度、利用程度等。

(2) 利益相关者群体分析

利益相关者是与项目有直接或间接的利益关系，并且对项目的成功与否有直接或间接影响的所有各方。高速公路的利益相关者一般包括沿线人群及辐射地区、项目单位、交通部门、各级政府和有关部门，以及设计咨询、施工机构等。依照有关各方与高速公路项目的关系、对项目的影响程度与性质或其受项目影响的程度与性质，可将项目利益相关者划分为以下几种：①项目受益人；②项目受害人；③项目受影响人；④其他利益相关者，主要包括项目的建设单位、设计单位、咨询单位以及与项目有关的政府部门与非政府组织。利益相关者分析的主要内容包括：根据项目单位的要求和项目的主要目标，确定项目的主要利益相关者；明确所有利益相关者的利益和与项目的关系；分析各个利益相关者之间的相互关系；分析各利益相关者参与项目设计、实施的各种可能方式。利益相关者分析一般应按以下步骤进行：①建立项目各相关者列表；②评估各利益相关者对项目成功与否所起作用的重要程度；③根据项目目标，评估项目各利益相关者的重要性；④根据上述各步骤的分析结果，提出在项目实施过程中对各利益相关者应采取的措施。

(3) 有无对比法分析

有无对比法是将项目实施后的情况与如果没有项目时的情况进行比照，用来衡量项目实施所产生的效益的一种方法。运用有无对比法首先需要确定没有实施该项目时该地区的社会状况，如经济社会、文化科技、生态环境状况等。其次，确定项目实施完成后该地区的社会状况。有无对比法的关键在于如何将该项目所产生的效益剔除掉。但是往往需要进行社会影响评价的项目，周期都比较长，而且社会影响评价的范围也十分广泛。在这样的周期与范围内，项目区域通常都会伴随着社会政策的变动、经济发展或其他项目投资建设等情况。把这些情况所带来的社会效益从待考察的项目社会效益中剔除将会是件非常困难的事情。具体到河北省高速公路建设经济社会效益评价研究来说，我们把第一条高速公路通车的1990年作为比较的起点，把2010年作为截止点，对20年的主要经济社会指标进行比较，了解高速公路建设前后对河北省经济社会、文化、生态环境状况等的影响。

（4）逻辑框架法

逻辑框架法是美国国际开发署在1970年开发的一种对项目进行规划、实施、监督和评价的方法，后来在国际组织援助项目的计划管理和评价中逐步得到普遍推广和应用。在社会评价中，逻辑框架法是一种被广泛使用的定性分析工具。逻辑框架中包括垂直逻辑和水平逻辑。垂直逻辑主要分析项目计划，理清项目手段与目标的关系，分析项目本身和项目相关的经济、社会、政治和环境等不确定因素。垂直逻辑主要说明项目在不同层次上的目标、层与层之间的因果关系和重要的假定条件。水平逻辑主要衡量项目的资源和结果，确立客观的验证指标和指标的验证方法。指标是衡量项目绩效的标准，包括产出的数量、质量。验证的方法主要包括如何对选用的指标进行评价、由谁来评价、评价每个指标需要收集的信息及所需信息的来源。

（5）综合评价法

高速公路建设的经济社会影响是一个复杂的大系统，评价因素和定性指标较多，各项目的建设目标不同，各评价指标的重要性也不同，评价标准或自然状态模糊，这些问题应用传统的数学方法难以得到很好的解决。而运用模糊综合评价法，从分析出发，通过对确定性现象的研究，逐步运算求解，可以达到综合评价的目的。

4. 社会影响后评价

社会影响后评价是指对已经完成的项目的目的、执行、过程、效益、作用和影响进行的系统的、客观的分析；通过对项目建设实践的检验总结，确定项目的预期目标是否实现，项目规划是否合理有效，项目的主要经济社会效益指标是否达到；通过分析评价总结经验教训，并通过及时有效的信息反馈，为提高未来新建项目的决策水平和管理水平提供理论依据。20多年来，河北省的高速公路得到了迅速发展，这种超越常规的发展速度在带给我们宝贵经验的同时也产生了一系列前所未有的问题，这些经验和问题如果得不到及时的总结和解决，将会制约河北省高速公路的健康稳定发展。本书综合运用社会影响评价和后评价的相关方法，对河北省高速公路建设的经济社会效益进行评价。

5. 社会调查

社会调查是人们在一定的理论指导下，有目的、有计划地运用特定的方法和手段，收集有关调查对象的信息资料并作出描述、解释和给出对策等的社会认识活动。社会调查研究的方式有很多种，根据调查对象范围的不同，可以把社会调查研究划分为普查、抽样调查、典型调查和个案调查四种类型。普查要对调查总体中的每个个体进行逐个的调查。抽样调查要从调查总体中按一定方式抽取一部分个体作为样本，通过对样本进行调查所取得的结果来推论总体状况。典型调查是有意识、有目的地选择有代表性的单位作为调查对象，通过对典型单位周密细致的调查，实现了解研究总体目的的一种调查。个案调查是选取某一社会单位作为调查对象，详细描述和分析其产生与发展的全过程的一种调查方法。在对河北省高速公路建设的经济社会效益评价中我们主要采用了抽样调查、典型调查和个案调查方法。其中，抽样调查主要是对高速公路建设的主要受益人——沿线居民做的调查，通过问卷了解和分析高速公路对居民生活方式、思想观念等的影响；对高速公路沿线的部分县市进行了典型调查，了解高速公路对县域经济社会发展的总体影响；对高速公路沿线的部分产业园区、村庄等进行了个案调查，了解高速公路对单个园区或村庄产生的影响。社会调查的具体方法主要包括资料收集方法和资料分析方法。资料收集方法一般包括观察法、访问法、问卷法、量表与测验法，本书主要采用了观察法、访问法和问卷法。观察法是一种搜集社会初级信息或原始资料的方法。在社会评价中，一般会采用参与观察方法来全面深入了解项目地区的社会文化现象。对高速公路出入口车流量、靠近旅游点高速公路出口旅游车辆通行情况等，我们使用了观察法。访问法就是实地了解利益相关者对项目的观点、态度和期望等，帮助我们对项目的社会影响进行分析和评价。根据对访问过程的控制程度不同，访问法可以分为结构式访问和无结构式访问。社会评价中一般会根据调查目的事先设计好访问提纲，围绕中心问题进行半结构式的座谈访问，它的优势就在于既能围绕主题，又能摆脱框框限制，有助于发现新问题。我们采用半结构式访问方法对高速公路的业主单位、交通运输管理部门以及受高速公路影响比较明显的发改委、农业、旅游、劳动保障、环境保护等相关部门进行了调查。问卷法是通过问卷形式了解相关利益者群体对项目的态度和行为的一种社会调查方法。问卷可以是封闭性的，也可以是半封闭性的。问卷法方便我们进行定量处理和分析，但问卷的设计、调查的执行等环节都与调查的质量息息相关。我们对高速公路沿线居民进行了大规模的问卷调查，以了解高速公路对沿线居民的生活方式、行为方式、思想观念等方面产生的影响。对收集到的调查资料，我们进行了理论分析和统计分析。

第四节 区域高速公路综合效益分析特征

一 宏观分析与微观分析相结合的特征

高速公路建设的社会经济效益评价就是要评价高速公路建设对地区经济社会发展目标贡献的大小，重点分析评价高速公路建设对地区各项社会经济发展目标所做的贡献与带来的影响。一般来说，社会经济发展目标涉及社会生活的各个领域，虽然高速公路建设的社会经济影响未必会直接涉及社会生活各领域的发展目标，但对高速公路建设的社会经济影响进行评价仍应着眼于全面分析评价角度，从交通运输在整个国民经济的地位和作用出发，来全面地衡量高速公路对社会生活宏观领域各个方面的贡献与影响，这就是高速公路项目社会经济影响评价所具有的宏观性。同时，高速公路项目的社会经济影响也具有微观性，评价高速公路项目的社会经济影响可以具体到一个行业、一个产业、一项社会事业，也可以具体到一个村庄、一个群体甚至一个人。例如，我们可以分析高速公路建设对旅游业的影响，也可以分析高速公路建设对就业的拉动作用，还可以分析高速公路对沿线农民生产生活的影响，等等。

高速公路建设的社会经济影响十分广泛而深远。从影响区域上来说，社会经济效益的分析与量化既要考虑到高速公路在区域社会经济发展中的地位与影响，又要考虑到高速公路建设对区域社会经济发展的推动作用。从影响和作用上来说，既要考虑到高速公路建设对宏观经济和国民经济的贡献，又要考虑到高速公路建设在促进劳动就业、协调区域间发展、带动城镇化进程和扶贫等方面的效益。所以，高速公路建设的社会经济影响评价分析具有宏观分析与微观分析相结合的特征。

二 经济效益评价和社会效益评价相结合的特征

高速公路建设对社会经济发展的影响十分广泛，其中对经济发展水平的拉动、产业结构的调整和优化、改善投资环境等经济方面的影响最容易被政府及相关部门所关注。高速公路建设的社会影响还会涉及社会结构、就业、教育、卫生、文化甚至价值观等，对这些领域的社会影响进行分析一直比较薄弱，关注的人也比较少。这表明以往对高速公路建设的影响评价主要集中在高速公路建设的财务评价和经济评价上，忽视了高速公路建设的社会评价。相对于其他评价而言，社会评价不仅仅关注经济的影响，更重视对人文环境的影响。高速公路项目对所在地区的影响不仅表现在对经济发展的促进作用方面，还表现在受影响人口在特定区域和社会关系下形成的生产、交换方式受到的冲击和改变方面。对人文环境的影响主要表现在高速公路项目本身给项目地区带来的社会物质变迁引起的社会文化变迁，即高速公路建设打破了项目地区长期以来形成的社区人文生态与社会文化结构，使得人们不得不努力适应新的人文环境。我们在对河北省高速公路建设产生的经济效益进行评价的基础上，对社会效益进行了比较系统的评价，使得高速公路建设的经济效益和社会效益评价更科学、全面。

三 定量分析与定性分析相结合的特征

高速公路建设的社会经济影响多而复杂，有些影响是无形的或是潜在的。如高速公路建设对卫生保健、文化水平提高的影响，对生态环境的影响，对人口素质提高的影响等。有的影响因素可以采用一定的计算公式定量计算，如就业效益，但多数难以计量，更难以用一定的量纲采用统一的计算公式进行计算。高速公路建设经济社会效益评价应用投入产出法、系统动力学法、宏观计量经济模型法等定量分析方法，运用各种数学模型对经济社会效益进行量化，评价结果说服力强。但这些定量分析方法需要大量基础数据和资料，建模型的要求也较高，模型方法中存在诸多假设，有时无法准确反映社会经济发展变化的情况，而且在实际应用中受到各种因素影响，可操作性受到一定的局限。有无比较法、综合评价法等定性分析方法简便易操作，能够较好地从宏观层面上把握高速公路建设的社会效益，评价结果直观，但缺少必要的定量计算作为依据。定性分析方法在分析量化困难的社会效益时比较有效。定性分析方法采用文字描述说明事物的性质，而定量分析方法一般有统一的量纲及一定的计算公式与判别标准（参数），通过数量演算反映社会经济效益。因此，分析高速公路建设的社会经济效益应当采用定量分析与定性分析相结合、参数评价与经验判断相结合的方法。在可能的情况下，定性分析应尽量采用直接或间接的数据，以便更准确地说明问题的性质或结论。而定量分析的过程中，也需要对各项定量指标给予必要的说明，以解释从基本数据到结论形成过程中所发生的事物变化的因果关系。

四 有利影响和不利影响兼顾的特征

高速公路一般投资规模大，社会影响深远。对于社会发展来说，高速公路具有缩短人们出行时间、降低运输成本、促进经济社会交流的积极作用，但是高速公路在建设过程中需要进行大量的征地、拆迁工作，对沿线居民生产生活也会带来很多不利影响。以往在社会影响分析中强调高速公路建设的积极影响而弱化了对其不利影响的分析，本书力求通过科学的方法、翔实可靠的数据反映高速公路建设对社会经济发展的有利影响，也力求通过客观、公正的描述反映高速公路建设对社会经济发展产生的不利影响。客观、公正是本研究的重要特征，这对促进交通与社会和谐发展、推进高速公路建设社会经济影响评价具有重要意义。

第二章 河北省高速公路发展背景分析

第一节 城市化与高速公路建设

交通发展与城市化有着密切联系,交通发展是城市化发展的必要条件,经济社会发展水平的提高意味着经济活动强度的提高和范围的扩张,导致对交通运输需求的增长。同时,城市人口规模的不断扩大、大规模人口的迁移和流动速度的加快给城市的交通运输提出了巨大挑战。从城市化与区域发展角度来说,没有发达的交通网络,就无法实现区域一体化。

一 城市化理论视野下的高速公路

城市是工业革命的产物、现代文明的标志,人口集中、工商业发达、居民以非农业人口为主的地区,也是政治、经济、文化、教育和信息中心。城市集中体现着国家的综合实力、管理能力和国际竞争力,具有集聚、规模、组织和辐射等功能效应。城市化是社会发展的必然趋势,是衡量国家和地区社会经济发展水平的重要标志。城市化是一个涉及多方面的综合性的转化过程,其内涵非常丰富,涉及城市数量的增加,城市规模的扩大,城市产业结构的提升,城市经济总量的扩大,生产、生活方式的转变和生活质量的提高,以及城乡关系的协调。因此,研究视角的差异导致了对城市化内涵不同的理解。对于城市化的不同理解,概括起来主要有以下几种理论观点。

人口城市化理论把人口流动看作城市化的重要标志,将城市化定义为农村人口转化为城市(镇)人口或农业人口转化为非农业人口的过程。人口学家研究城市化,主要从人口由农村向城市迁移的角度分析城市化的内在机理,重点关注城市人口数量的增长情况、城市人口在总人口中比例的提高，以及城市人口的分布及其变动等，并分析产生这种变化的经济、社会原因及其后果。

空间城市化理论以美国城市规划学家弗里德曼提出的"中心－边缘理论"为代表。弗里德曼认为，经济活动的空间组织中通常具有强烈的极化效应与扩散效应，中心区和边缘区相互依存，通过中心区自身经济的不断强化而形成对边缘区的支配态势。一方面，中心区通过向边缘区输送商品，吸引边缘区的资本、劳动力，从而对边缘区起着极化作用，并增强中心区的累积效应；另一方面，中心区又通过向边缘区的信息传播和产业关联效应等带动边缘区的经济发展。由于中心区的存在，边缘地区的集聚和发展受到抑制，这样就构成了中心－边缘结构。整个空间经济受作为中心的城市支配，资本、知识、信息等各种要素大量流向中心地域，其他边缘地区相对停滞或走向衰退。

夏振坤与李亨章根据中国的国情，提出了城市化道路的"三阶段论"，他们认为我国的二元结构被人为阻隔，导致了农村生产要素的自由流动和组合基本只能在农村进行，这就造成了我国农业剩余劳动力转移将是一个多阶段、多层次的运动过程。农业剩余劳动力首先是由乡镇企业吸收消化，向小城镇集中，随着小城镇的发展和对经济效益要求的提高再向中小城市转移，最后将踏上向大城市转移的道路。

虽然城市化理论并没有把交通作为城市化的重要研究对象，但是城市化作为一种要素流动的过程，不可避免地要与交通发生千丝万缕的联系，尤其是作为快捷出行重要交通方式的高速公路更是城市化过程中不可缺失的要素。城市化的主要特点是生产和消费在地域上高度集中，城市之间的物流和人流总量大、频率高。这就要求大力发展城市间运输通道，提高其通行能力和通行速度。在这种需求的推动下，发达国家以城市为主要节点的高速公路网规划应运而生，即在进行高速公路网规划时将城市的连接作为一个重要的考虑因素和发展目标，使高速公路网尽可能多地连接全国各大中城市。例如，美国高速公路网连接了全国各州首府及所有 5 万以上人口的城市；德国的高速公路网连接了所有 5 万以上人口城市及 90% 的 5 万以下人口的城市；日本的高速公路网使城乡各地均可在 1 小时内到达高速公路。城市化的发展必然伴随着对高速公路建设的巨大需求。

第二章　河北省高速公路发展背景分析

二　河北城市化水平不断提高

河北省的城市化水平经历了一个不断提高的过程。尤其是1990年以后,河北省城市化率进入快速增长时期。1990年第四次人口普查结果显示,全省市镇人口达到1173.39万人,城市化率为19.21%,与1982年第三次人口普查相比,市镇人口增加447.49万人,年均增加55.94万人,城市化率提高5.52个百分点,年均增加0.69个百分点。2000年第五次人口普查结果显示,全省市镇人口达到1739.35万人,城市化率为26.33%,与1990年第四次人口普查相比,市镇人口增加565.96万人,增长48.23%,城市化率提高7.12个百分点。从图2-1可以看出,从1990年到2000年是河北省城市化水平提高较快的时期。

2003年河北省市镇人口达到2268.54万人,城市化率为33.51%;2006年市镇人口为2640万人,城市化率为38.44%。与2003年相比,2006年市镇人口增加了371.46万人,年均增加了123.82万人,城市化率提高了4.93个百分点。到2008年底,河北省市镇人口达到了2928万人,城市化率为41.9%,与2003年相比增加了659.46万人,城市化率提高了8.4个百分点。2010年河北省城市化率达45%,比2008年提高3.1个百分点。

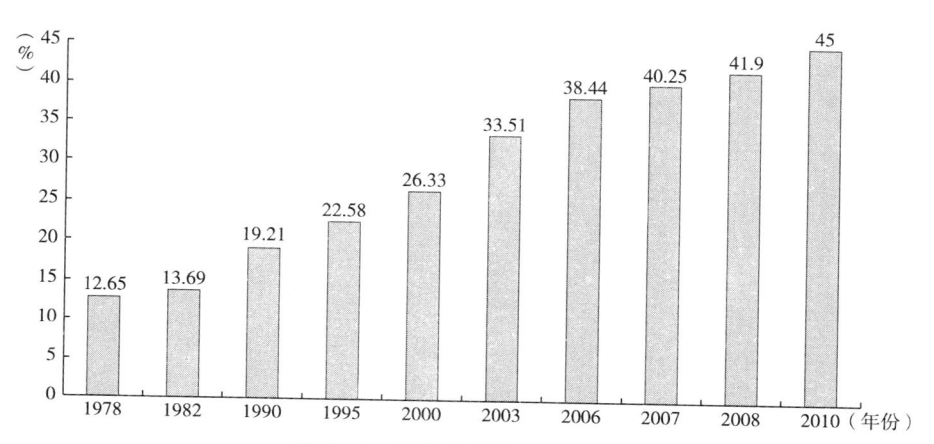

图2-1　河北省城市化水平变迁

资料来源:根据历年《河北经济年鉴》。

尽管河北省城市化水平发展比较迅速，但仍低于全国城市化水平（见图2-2）。

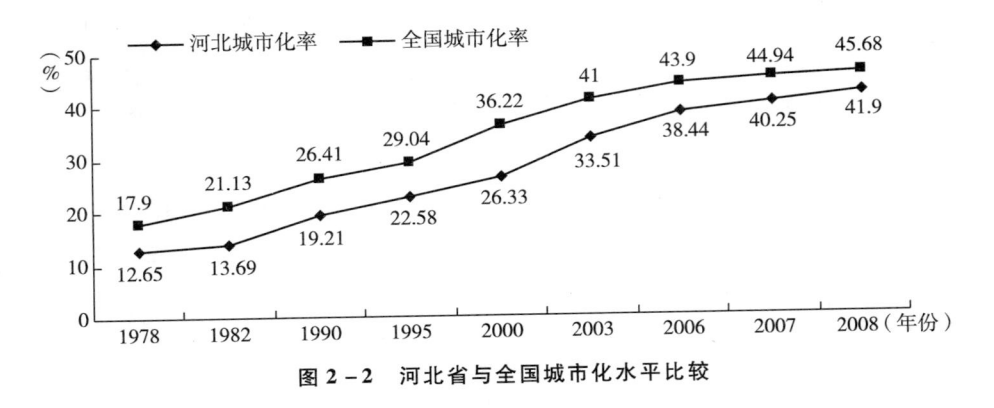

图2-2 河北省与全国城市化水平比较

从图2-2中可以看出，1978年河北省城市化水平为12.65%，低于该年国家城市化平均水平5.25个百分点。1982年第三次人口普查，河北省城市化率为13.69%，同比增长了1.04个百分点，低于全国7.44个百分点。虽然1990年的第四次人口普查的计算口径有些变化，但河北省城市化水平仍然低于全国7.2个百分点，与1982年的差距水平相近。而2000年的人口普查数据显示，河北省与全国城市化水平之间的差距达到了9.89个百分点，是历年差距最大的一年，而后的一些年份中河北省和全国平均城市化水平差距是逐年递减的，如2003年的差距为7.49个百分点，2006年为5.46个百分点，2007年为4.69个百分点，2008年为3.78个百分点，可见随着河北省政策不断倾向于城市化建设，河北省城市化水平与全国的差距也是不断缩小的。

总体上看，1990~2000年河北省城市化变动幅度低于全国2.69个百分点，而从2000年开始到2008年底河北省城市化水平变动幅度达到15.57个百分点，要比全国城市化变动幅度高6.11个百分点。从年平均城市化率变动情况看，也要高于全国0.76个百分点，可见，2000年是河北省城市化变动的分水岭。

有学者运用数学模型对全世界和部分国家1800~1982年180多年的城市化水平进行研究，得出了一些基本规律，其中，时间上的规律是：当城市化率低于30%时，城市人口增长缓慢，发展时期漫长，区域经济以农业

第二章 河北省高速公路发展背景分析

为主导。这时城市化进程处于起步阶段。当城市化率达到30%~70%时，城市化步入中期，属于加速阶段。这一阶段城市化水平每年可以提高1个百分点，区域经济以工业为主导，服务业比重逐步上升，农业比重持续下降。当城市化率达到70%时，城市化水平进入成熟阶段，增长速度开始减慢，城市化处于相对稳定状态。根据这一规律，河北省从2003年进入城市化中期加速阶段，并将进一步快速发展。

2010年，河北省政府办公厅下发的《关于加快城市化进程的实施意见》指出，到2015年，全省城镇人口由2010年的3186万人增加到4100万人，年均增长5.2%，城市化率由2010年的45%提高到54%；城市人口由2010年的1655万人增加到2500万人，年均增长8.6%；城市区域内GDP由2010年的12780亿元增加到22530亿元，年均增长12%；城市区域内全部财政收入由2010年的2095亿元增加到3530亿元，年均增长11%；城市居民人均可支配收入由2010年的16100元增加到23300元，年均增长7.7%。到2020年，在2015年的基础上，全省城镇人口达到5460万人，城市化率达到64%左右，进入全国城市化发展先进行列；城市人口达到3760万人，城市区域内GDP达到39700亿元，城市区域内全部财政收入达到5948亿元，城市居民人均可支配收入达到30000元。

河北省城市化的快速发展为高速公路提供了发展机遇。国内外的发展经验告诉我们，城市化需要交通的现代化，城市化目标的实现必须以现代交通运输为基础。高速公路具有经济、快速、舒适、能力强的特点，成为公路运输的最佳形式，是交通运输现代化的重要标志，因此，高速公路建设成为城市化发展的必要支持条件之一。

此外，高速公路建设也成为缓解"城市病"的一条途径。从发达国家的城市化历程看，当城市化水平达到或超过50%之后，"城市病"表现得最为严重。2010年河北省城市化率已达到45%，"城市病"日益突出。"城市病"的缓解需要通过高速公路建设，将周边区县、新市区或卫星城与老城市联系起来，使交通便捷、土地价格较低、环境优越的新市区能吸引更多的投资以及市区居民迁徙居住，拓宽城市的发展空间，推动城市的可持续发展。

三 人口迁移提升客运需求

人口迁移是一种社会经济现象，可以促使人口总量和构成发生重大变化，改变人口布局，加快城市化发展。城市化发展的主要表现形式是人口自然增长、行政建制变动和农村人口往城镇迁移。在控制人口自然增长、保持行政建制稳定的政策连续性前提下，人口迁移成为城市化发展的主要因素。据河北省统计局的相关模型分析得出的结论，近10年河北省城市化过程中人口迁移起到了重要作用，在市镇增长的50%人口中，迁移人口贡献了32个百分点，人口迁移对城市化的影响巨大。

依据第五次全国人口普查资料，河北省5年间迁移人口中，城市间的人口迁移最为活跃，达到32.94%；其次是乡村向城市的人口迁移，达到21.78%；排在第三位的是乡村之间的人口迁移，占20.24%。从迁出地看，乡村迁出最多，占56.55%；市迁出次之，占37.02%。从迁入地看，迁入城市的占58.04%，居第一位；迁入乡村的占23.95%，居第二位；迁入城镇的占18.01%，居第三位。上述数据资料表明，迁移人口的主体是乡村人口，迁移人口的流动主要是从农村迁往城镇。在省外迁入人口中，迁入市镇的人口明显高于迁入乡村的人口，迁入城镇的人口占61.82%，迁入乡村的人口占38.18%。省外人口迁入的数量虽然较少，但对河北省城市化有一定的积极影响。河北省迁出到外省人口中，从城镇迁出的占29.06%，由乡村迁出的占70.94%，其中迁往北京市的人口占省际迁出人口的比重高达41.58%，迁往天津市的人口占12.51%。

据此测算，1995~2000年省内由乡村净迁入市镇人口128.12万人，省内迁移使全省城市化水平提高1.92个百分点。省际迁移中，市镇人口净迁入23.97万人，乡村人口净迁出33.27万人，省际迁移提高全省城市化水平0.38个百分点。1990~2000年的10年河北省城市化水平提高7.12个百分点，1995~2000年的5年间由于迁移因素促使城市化水平提高2.30个百分点。

在推进城市化进程中，河北省为了实现加快推进城市化的战略目标，进一步深化改革，消除阻滞城市发展的体制障碍，在户籍方面最大限度地放宽条件。凡在县城以上城市稳定居住、购置住房并有固定收入的，均可

第二章 河北省高速公路发展背景分析

登记为城镇户口，免收城镇建设增容费和其他各类费用。农民户口转到城镇后，10 年内在计划生育、承包地等方面仍可享受农村户口相关政策，解除其后顾之忧。农民转移到城镇的，在就业创业、劳动报酬、子女就学、公共医疗等方面与城镇居民享有同等待遇，对进城落户的农民进行免费技能培训。这些政策的实施进一步增强了城市对于农民的吸引力，推动了农民向城市的迁移落户。

城市化的快速发展对客运的发展产生了较大影响。城市化的过程在某种程度上也是一种人口迁移的过程，尤其体现为人口向城市的流动，自然带动了城市及周边区域客运需求的增长。城市化的推进、人口的大量迁移必将带来城市间客运需求持续增长，公路所承担的客运总量迅速增加，因此，城市化率的提高对城市之间的交通提出了较高的要求，尤其对高速公路的快速发展提出了迫切的要求。

表 2-1 河北省社会客运量变化情况

单位：万人

年　份	公路客运量	总　计
1990	20525	25745
1991	21721	26745
1992	26693	31525
1993	30567	35686
1994	30013	35109
1995	32038	36714
2000	60341	65255
2001	67377	72229
2002	71081	76094
2003	60767	65219
2004	72500	77784
2005	75402	80918
2006	77931	83988
2007	82648	88935
2008	87746	94622
2009	70579	77773
2010	83289	90847
2011	91857	99688

四 城市群的发展需要快速交通支撑

在城市化的发展过程中，城市群已经成为领航城市化的重要力量。以大城市为依托的城市群体现出巨大的空间竞争力，是城市发展的主要空间形态，成为又一重要的经济增长极。

城市群作为城市化中后期的一种高级城市形态，从概念和特征上看，是由在一定距离内可以频繁往返进行商务活动的若干不同等级、不同规模的城市所组成的高密度的、关联紧密的城市群体，城市群内各城市间的经济、社会与文化联系密切，规模等级最高的中心城市对群内其他城市有较强的经济、文化辐射和集聚作用。从空间发展的角度看，城市群是以大城市为中心、由多个城市组成的城市区域。城市群能使资源按照市场经济规律在更大范围内实现优化配置，让地理位置、经济实力及结构不同的城市承担不同的功能，实现城市间的分工合作，实现大、中、小城市的协调发展，使得城市群能够获得比单个城市更大的分工收益与规模效益。

河北省委、省政府在 2004 年出台的《关于实施城市化战略的决定》中明确提出，"加快发展壮大中心城市，进一步增强中心城市的辐射带动功能"，"以京津唐、京津保两个三角区为骨架，进一步构筑环京津城镇密集地区；以石家庄为核心，进一步构筑环省会城镇密集地区；加快港群体系和新兴港城建设，构建新的沿海城市发展带"。这表明河北省已经将城市群的发展作为城市化工作的重点。

河北省在 2010 年又进一步出台了《关于加快城市化进程的实施意见》（以下简称《意见》），表明河北省城市化空间布局已由"一线两厢"的空间结构转变为"两群一带"。《意见》中指出河北省将构建"两群一带"（环首都城市群、冀中南城市群和沿海城市带）城市化空间发展新格局，充分发挥环京津、环渤海的区位优势和立体交通体系优势。

1. 环首都城市群

充分利用环首都城市的区位优势，以承德、张家口、廊坊、保定为主体构建环首都城市群，强化承德、张家口、保定、廊坊等中心城市极化作用，加快紧邻北京的 13 个县（市、区）的发展，加快建设环首都新城和特色功能区，全力打造张家口、承德、廊坊、保定 4 个中心城市，建设以怀来、涿鹿、赤城、丰宁、滦平、兴隆为主的环首都生态涵养带、高端旅游带，并形成拥有京津、京唐、京石、京张、京承、京沧等6条区域发展轴的空间布局，着力构筑环首都新型城市群。

2. 冀中南城市群

以石家庄、衡水、邢台、邯郸为主体构建冀中南城市群，发挥省会石家庄市的辐射带动作用，建设邯郸、邢台、衡水3个中心城市，形成京九、京广、石黄3条交通复合轴，打造邯郸、邢台、衡水等若干个各具特色的产业园区，形成拥有晋冀鲁豫沿边产业、贸易经济带的中南部城市协调发展空间布局。

3. 沿海城市发展带

以秦皇岛、唐山、沧州为主体构建沿海城市发展带，加快提升唐山、秦皇岛、沧州的中心城市功能，全力打造由秦皇岛、唐山、沧州3个中心城市和唐海、滦南、昌黎、黄骅等沿海11县（市、区）以及9个产业功能区构成的沿海经济带，形成沿京沈高速公路的秦皇岛—唐山—北京方向发展轴、沿石黄高速公路的黄骅—沧州—石家庄方向发展轴，尤其是要重点发展北戴河新区、曹妃甸新区、渤海新区3个新的经济增长极，以沿海隆起带动全省经济实现跨越发展。

城市群的本质属性之一就是以发达的交通网络实现核心区与周边城市的一体化，使得各种要素能够高效顺畅地流动，其中最重要的就是人的流动。发达国家的经验显示，要想发挥城市群效应就必须做到"同城化"，居民一日内可以方便地往返于城市群内各区域，就像一个城市一样。城市化对区域中心城市之间大通道的客运能力提出了更高的要求，城市群内大容量高效率的客运需求对区域内的交通规划提出了新的挑战，因此，高速、高效是城市群内客运交通必须具备的属性，这使得高速公路发展成为支持城市群发展的必要条件之一。

城市群内区域经济网络复杂、联系紧密，而这一切的基础则是交通运输现代化和高速化。没有交通的现代化和高速化就无法保证区域经济一体化的实现，交通运输是人流、货运的物质载体，城市群的经济联系有赖于它的实现。河北省建设高速公路、构筑快捷运输系统已成为河北省国民经济持续快速发展的支撑。河北省国民经济的发展迫切需要一个完善的、高效的交通运输网络的支撑，区域经济网络必须建立在高速运输网络的基础上，为适应这一战略目标，今后河北省高速公路建设任重道远。

第二节 工业化背景下的高速公路建设

一 工业化与高速公路

工业化是一国经济发展和社会进步的必经阶段，也是社会生产力发展到一定水平的重要标志。学者们对工业化有着多样的理解。在西方，经济学界有一个较为流行的概念，即认为工业化是指工业（即制造业、采掘业、建筑业等）在国民收入和劳动人口中的份额连续上升的过程。根据《新帕尔格雷夫经济学大词典》的解释，工业化被认为是具有以下几个特征的过程，"第一，来自制造业活动和第二产业的国民收入份额上升。第二，从事制造业和第二产业的劳动人口也表现为上升的趋势"。

关于工业化的具体概念，不同角度有不同的界定。从生产工具角度来看，工业化是以机器生产取代手工操作的现代工业的发展过程。从生产方式角度看，工业化是一种生产方式的变革，是一场包括工业发展和农业改革在内的"社会生产力的变革"，"是社会生产力的一场带有阶段性（由低级阶段到高级阶段）的变化"。从资源配置结构的转换角度看，工业化是资源配置的主要领域由农业转向工业的过程。从经济结构变动的角度看，工业化是机器大工业诞生以来经济结构的变动过程。

分析工业化水平的核心指标有两类：一类是人均收入水平指标；另一类是结构指标。人均收入水平指标，一般采用人均收入GDP指标。如进行国际水平比较时，则按照交易汇率或购买力平价法进行合理换算。结构指标包括以下七类：三次产业层次比例体系、工业化程度系数指标、霍夫曼比例系数、工业加工程度指标、基础产业超前系数、生态环保产业进程指标、产业水平满足率指标。

W.霍夫曼认为工业化过程一般要经历四个阶段：第一阶段是消费品工业（类似于轻工业，如纺织、食品工业等）为主导的阶段；第二阶段是资本品工业（类似于重工业，如化工、机械、汽车等）快速发展阶段；第三阶段是消费品工业与资本品工业在规模上大致相当；第四阶段是资本品工业为主导的阶段。

H.钱纳里根据人均收入水平，对工业化过程进行了阶段划分（见表2-2）。

表2-2 钱纳里工业阶段划分

单位：美元/人

人均收入水平 （以1970年美元计）	人均收入水平 （以1980年美元计算）	阶　　段
140~280	364~728	初级产品生产
280~560	728~1456	工业化初期
560~1120	1456~2912	工业化中期
1120~2100	2912~5460	工业化成熟期
2100~3360	5460~8736	工业化发达期
3360~5040	8736~13140	发达经济

资料来源：H.钱纳里等：《工业化和经济增长的比较研究》，上海三联书店，1989。

工业化的主要特点是生产的社会化、专业化和集约化，实行生产的社会化、专业化和集约化旨在最大限度地优化资源配置、实现规模效益和追求垄断利润。运输需求是社会生产的派生需求，社会生产发生变化必然使运输需求发生相应的变化。首先，社会化大生产导致社会生产力的大幅度提高，全社会生产总量大幅度增长，社会生产所需要的原材料和能源总量以及所产出的半成品和成品总量大幅度增加，由此而派生的运输需求总量也大幅度增加。其次，生产的专业化导致各种原材料和能源需要以及各种半成品和成品产出更加集中，从而形成一系列各具专业特色的工业走廊和制造中心，如美国密西西比河沿岸和德国鲁尔工业区"钢铁走廊"和"化工走廊"。于是，各种单一货种的专业化运输需求日益突出。最后，生产的集约化导致各种生产单一产品的厂家进一步减少，而各个生产厂家所需要的原材料和能源、所产出的半成品和成品却进一步集中，于是各地单一货种的专业化运输需求在批次减少的同时，在批量上进一步增加，在运距上也进一步延长。运输需求在总量、批次、批量和运距上发生变化，必然要求运输供给也发生相应的变化，其中包括公路这种交通基础设施的供给。为适应运输需求的变化，公路必须提高其通行能力和通行速度，形成一种通行能力强大且通行速度快的运输通道，而高速公路正好能够满足这种要求。高速公路与一般公路相比，最鲜明的特点就是通行能力强大、通行速度快。高速公路的通行能力一般为二级公路的5~10倍，时速一般为普通公路的1~2倍。因此，国外尤其是发达国家在经济快速发展的工业化推进阶段，即从20世纪50年代中后期开始，无不有计划地大规模建设高速公路，而且这些高速公路大都穿过或连接各大工业走廊或制造中心。

二 工业化水平不断提升

从人均收入变化来看，河北省人均GDP快速持续增长，从1990年的1465元增长到2011年的33969元，增长了约22倍，年均增长2倍（见图2-3）。

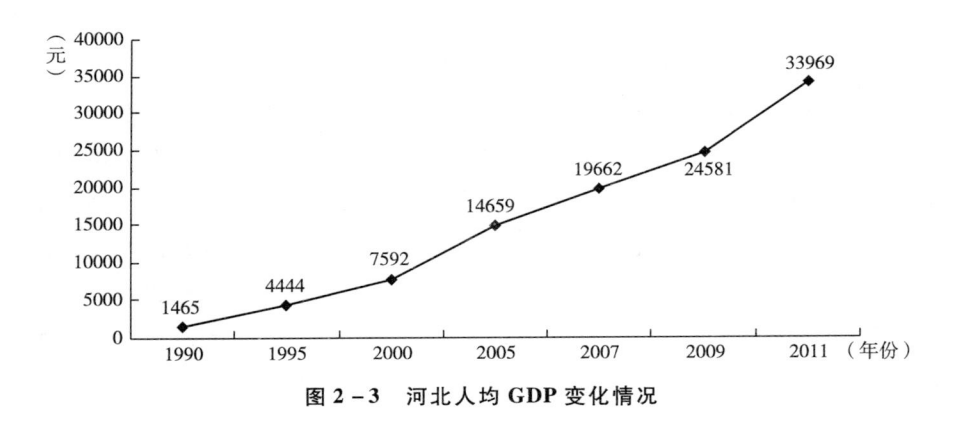

图2-3 河北人均GDP变化情况

从三次产业产值结构变化趋势看（见表2-3），自1990年至2011年，第一产业产值比重一直处于26%以下，而且11年间下降了13.58个百分点；第二产业一直保持在40%以上水平，且一直高于第一、第三产业的比重，11年间增加了10.31个百分点。根据钱纳里和西蒙·库兹涅茨等经济学家的实证研究（见表2-4），工业化进程中产业结构的演变具有一定规律。当第二产业增加值占GDP比重达到40%~60%时，工业化进入中期。其中还有两个重要的转折点，当第一产业增加值占GDP比重降低到20%以下时，第二产业增加值占GDP比重上升到高于第三产业，这时候工业化

第二章　河北省高速公路发展背景分析

进入中期；当第一产业增加值占 GDP 比重降低到 10% 左右时，第二产业增加值占 GDP 比重上升到最高水平，工业化就进入后期，此后第二产业比重转为相对稳定或有所下降。河北省 1997 年三次产业增加值结构为 19.27:48.92:31.81，第一产业增加值占 GDP 比重大于 10% 但小于 20%，且第二产业增加值占 GDP 比重大于第三产业，刚刚开始进入工业化中期。2011 年河北三次产业增加值结构为 11.85:53.54:34.61，仍然处于工业化中期，但一产比重接近 10%，表明河北即将向工业化高级阶段迈进。

表 2-3　河北三次产业产值构成

单位:%

年份	三次产业产值结构		
	第一产业	第二产业	第三产业
1990	25.43	43.23	31.34
1995	22.16	46.42	31.42
1997	19.27	48.92	31.81
2000	16.35	49.86	33.79
2005	13.98	52.66	33.36
2007	13.26	52.93	33.81
2009	12.81	51.98	35.21
2011	11.85	53.54	34.61

表 2-4　经济发展各阶段三次产业结构标准

单位:%

时期	经济发展阶段		三次产业增加值结构
1	前工业化阶段（初级产品生产阶段）		一产 > 二产
2	工业化阶段	初期	一产 > 20%，且一产 < 二产
3		中期	一产 < 20%，且二产 > 三产
4		后期	一产 < 10%，且二产 > 三产
5	后工业化阶段（发达经济阶段）		一产 < 10%，且二产 < 三产

从就业结构来看（见表 2-6），河北省第一产业就业比重从 1990 年的 61.60% 下降到 2011 年的 36.33%，下降了 25.27 个百分点，说明大批的农业劳动力从第一产业流向了二、三产业。第二产业就业比重从 23.01% 上升到 33.31%，上升了 10.3 个百分点，推动了工业化的快速发展。河北省

第一产业从业人员比重从1993年开始降至60%以下,按照配第-克拉克定理三次产业就业结构与工业化的评价标准判断(见表2-5),河北省进入工业化初期,2005年开始河北省第一产业从业人员比重降至45%以下,进入工业化中期。

表2-5 经济发展各阶段就业结构标准

单位:%

时期	经济发展阶段		第一产业从业人员占全社会从业人员比重
1	前工业化阶段(初级产品生产阶段)		60%以上
2	工业化阶段	初期	45%~60%
3		中期	30%~45%
4		后期	10%~30%
5	后工业化阶段(发达经济阶段)		10%以下

表2-6 河北省三次产业就业结构

单位:%

年份	三次产业就业结构		
	第一产业	第二产业	第三产业
1990	61.60	23.01	15.39
1993	58.56	24.55	16.89
1995	53.18	27.03	19.79
1997	49.16	28.28	22.56
2000	49.56	26.20	24.24
2005	43.84	29.24	26.92
2007	40.42	30.96	28.62
2009	39.00	31.73	29.27
2011	36.33	33.31	30.36

从以上分析可以看出,河北省的工业化进程处于工业化中期向工业化后期转变的过渡时期,工业比重可能达到峰值。工业化继续推进,工业结构将实现由以能源、原材料型重化工业为主导向以加工业和技术密集型产业为主导的转变,服务业比重也将明显提升。工业化的阶段性转型对货物

运输的发展产生较大影响：在货运规模总量上，货物运输需求仍将保持快速增长，但增速减缓；在运输货类结构上，能源和基础原材料仍然是运输的重点领域，高附加值产品的运输需求大幅增加；在运输方式结构上，货物运输市场上铁路份额下降，公路份额上升。

三 重工业比重增加提升货运需求

河北工业化的另一重要特征是工业结构总体偏重，资源类产业是河北省的比较优势产业，2009年，河北区位商[①]大于1的6个比较优势产业全部集中在资源类产业。其中，黑色金属矿采选业、黑色金属冶炼及压延加工业两个产业的区位商大于1.5，在全国具有显著比较优势；石油加工炼焦及核燃料加工业、电力热力工业、金属制品业、煤炭采选业4个产业的区位商大于1，在全国也具有一定的比较优势。这说明，现阶段河北省最具比较优势的产业仍然是资源类产业，尤其是以钢铁产业为代表的黑色金属冶炼及压延加工业。

表2-7 河北省历年工业总产值结构

单位：亿元,%

年份	轻工业		重工业		总计
	产值	比例	产值	比例	
2002	1452.30	33.8	2842.38	66.2	4294.68
2003	1619.1	28.4	4089.7	71.6	5708.8
2005	2447.07	22.1	8560.91	77.8	11007.98
2007	1738.50	15.2	9708.86	84.8	11447.35
2009	4904.53	20.4	19158.22	79.6	24062.76
2010	6194.1	19.9	24949.2	80.1	31143.29
2011	7864.19	19.8	31834.61	80.2	39698.80

---

① 在区域经济学中，通常用区位商来判断一个产业是否构成地区专业化部门。区位商是指一个地区特定部门的产值在地区工业总产值中所占的比重与全国该部门产值在全国工业总产值中所占比重之间的比值。如果区位商大于1，可以认为该产业是地区的专业化部门；区位商越大，专业化水平越高。如果区位商小于或等于1，则认为该产业是自给性部门。

表2-8 河北省历年工业资产总值结构

单位：亿元,%

年份	轻工业		重工业		总计
	资产总值	比例	资产总值	比例	
2002	555.36	17.3	2659.00	82.7	3214.36
2005	705.68	13.6	4479.01	86.4	5184.69
2007	785.19	11.3	6168.84	88.7	6954.04
2009	2923.35	14.1	17739.32	85.9	20662.67
2010	3636.15	14.6	21307.59	85.4	24943.75
2011	4314.26	14.5	25373.29	85.5	29687.55

从表2-7、表2-8中可以看出，河北的工业结构中，重工业的总产值以及资产总值所占比例一直高于60%。从工业总产值看，从2002年到2011年，重工业增加10.2倍，占工业总产值的比重增加14个百分点，而轻工业产值仅增加4.4倍，增长速度明显低于重工业。从工业资产总值看，从2002年到2011年，重工业增加8.6倍，占工业总资产的比重增加2.8个百分点，而轻工业总资产增加6.8倍，增速低于重工业。重工业的发展对河北省工业的发展起到了不可忽视的带动作用。

工业化的快速发展使得工业的产业结构发生明显变化，开始由轻工业为主向重工业为主倾斜，从国际经验看，重化工业化的加速发展一般会对运输业产生巨大压力，对货物运输需求产生很大影响。河北省工业化的发展同时伴随着重工业的加速发展，重工业的快速发展必然导致重工业主要产品产量激增以及对原材料的需求量增加，从而产生大幅增长的货运需求。从表2-9中可以看出，从1990年到2011年，河北省公路货运总量增加了2.77倍，公路货运量占全社会货运总量的比例由76%增加到78.6%，可见公路运输一直是河北货物运输的重要方式。铁路对原材料的运输承载能力有限，具有时效低、速度慢的局限性，而快捷高效的高速公路则弥补了铁路的这一缺陷，尤其可以满足一些要求速度的运输需求。因此，河北省工业化的发展提升了对高速公路的运输需求，迫切需要高速公路的快速发展。

表 2-9 河北省全社会货运量变化情况

单位：万吨

年　　份	公路货运量	总　　计
1990	44258	58203
1991	44900	58735
1992	46571	60648
1993	47722	61979
1994	59097	73510
1995	59860	74214
2000	62321	76808
2001	63696	80835
2002	66655	84315
2003	61570	80551
2004	66227	87265
2005	68652	91330
2006	73263	96784
2007	79822	104188
2008	84486	111383
2009	106530	136804
2010	135938	177308
2011	166680	212330

第三节　现代化对高速公路发展的需求与影响

一　现代化与高速公路

现代化是近代以来人类文明的重要标志，是推动人类文明进步的强大动力。随着汽车时代的来临，在各种媒介当中，高速公路和立交桥上的"钢铁甲虫群"经常作为插入画面标志现代化社会的背景，现代化的发展与高速公路息息相关，现代化的发展也推动了高速公路的发展。

一般认为，现代化就是指一个国家或地区由落后的农业国家发展为先进的工业国家的历史过程。现代化的最基本内容就是工业化。当然，工业化的发展结果之一是城市化，实现了工业化与城市化就算实现了现代化，因此工业化与城市化被看作现代化实现的核心指标。我国已故现代化理论大家罗荣渠认为，现代化的实质就是工业化，是指人类社会从传统的农业社会向现代工业社会转变的历史过程。① 现代化是由传统社会向现代社会演进的社会变迁过程，不仅是经济结构的调整和转变过程，也是社会结构的演进过程。所以，现代化的重要内容还包括人们思想观念、行为方式、生活方式等内容的现代化过程。

传统社会是一个不流动的社会。中国传统的农耕文化和固有的生活模式绵延几千年，铸就了封闭与保守的思想意识形态，小农思想有着源远流长的历史根基，厚重的乡土社区文化和人文情结形成了农村传统的乡土社会关系。"现代性"一词源自工业革命，主要以工业化为依据，反映与工业化相关的现代文明，是在工业文明状态下，以个人生活方式、心理状态、价值观念、思维方式等进入一种全新状态为标志的。"传统性"与"现代性"相对应，是与以农业为主业的农耕文化相联系的，在农耕文化主导下，个人生活方式与价值思想观念都呈现封闭性和不流动性。

在一个城市与农村二元分割的社会，城市代表着现代性，成为现代产业的集聚地和现代文明的中心，农村相应地成为传统性的代表，是一个传统的农耕文化社会。这样，城市和农村就形成了现代性和传统性相对的两种人和两种社会。美国学者英克瑞斯这样描述：具有传统性的人是那些固守家门、不愿接受新的生活方式和新观念的人，而具有现代性的人则是那些愿意远离家园，体验和适应新的生活方式、谋求更多自我发展机会的人。高速公路的建设和发展打破了传统社会，为传统社会提供了快速的现代信息，使传统性的人群走出了传统的劳作与生活模式，获取现代社会的生活方式、价值观念。

现代社会是一个流动的社会。流动的社会需要快速的发展条件和发展平台，因此高速公路的全面发展成为现代社会进一步发展的要求。随着各种生产要素的流动，产业分工越来越精细，组织专业化程度、相互依赖程度也越来越高。城市的生活、工作节奏与工业化大生产的方式是一致的，

---

① 郭强：《到底什么是现代化》，《南方日报》2001年5月14日。

人与人之间的交往范围也在逐步扩大，信息交流日益频繁，加之现代技术手段的广泛运用，现代意识与价值观念在日益广泛传播。在追求现代社会的发展过程中，一个现代化的、新型的社会和经济结构在传统社会的转变基础之上，而传统社会的改造不仅仅是对传统经济结构的改造，更重要的是对社会结构和人的改造。这种社会的转型与对人的改造，在很大程度上依赖于流动的动力，而流动的动力在现代社会来看，就是需要高速公路的进一步发展，因此现代化的发展形势对高速公路提出了更高的要求。

二 河北省城市与农村现代化发展的需要推动了高速公路建设

1. 城市现代化

河北省通过"三年大变样"，城市基础设施更加完善、承载力显著增强、环境质量大幅提升、民生得到明显改善。在新时期，如何实现强化城镇带动，提高河北省城市化质量，提升城市软实力，是加快城市现代化发展的基本问题。

以河北省石家庄的建设为例，石家庄正在向建设成为滨河特点突出、高端产业突出、实力地位突出、示范带动突出、服务功能突出、竞争优势突出的现代化省会城市过渡。"十二五"时期，是石家庄市经济发展的转型升级期、城市建设的跨越提升期、社会事业的全面突破期、改革开放的深化攻坚期，是石家庄市由中等收入地区整体跨入高收入地区的关键时期。深入贯彻落实科学发展观，围绕建设富民强市战略目标，牢牢把握科学发展、转型升级、扩大内需、改善民生一条主线，全力实施中心城市带动、经济转型拉动、自主创新驱动、东出西联互动四个主体战略。充分发挥都市圈区位、陆路交通枢纽、国家产业基地、省会城市地位四个比较优势，着力抓好经济结构调整、中心城市建设、空间布局优化、社会公共服务、居民生活改善、生态环境保护、综合配套改革、扩大开放合作八项中心任务。大力推动现代产业基地、正定城市新区、农村居住新区、两港（空港、内陆港）开放新区、综合配套改革五项重点建设，跨越式提升综合经济实力、城市竞争能力、自主创新能力、公共服务能力、资源利用效率、社会和谐程度和人民生活水平。2010年生产总值突破6000亿元大关，平均增速12%左右，人均生产总值达8500美元，达到中等发达国家和地区的水平；全部财政收入达到700亿元，年均增长14%，其中一般预算收入达到300亿元，年均增长14.5%，基本实现现代化，基本达到全面小康的要求。城乡社会面貌发生结构性变化，中心城市建成区面积达到280平方公里，人口达到300万，城市化率达到55%，实现全市人口由农村主导型向城市主导型转变。产业结构调整取得重大突破，服务业增加值年均增长14%，自主创新能力增强，研究与试验投入占生产总值的比重达到3%以上，高新技术产业开发区营业总收入达到3450亿元，基本实现由工业主导型向服务业主导型、由资源支撑型向资本和技术支撑型转变。居民生活发生阶段性跃升，城市居民可支配收入达到36000元，年均增长13%以上，农民人均纯收入达到11000元，年均增长达10%以上，整体步入高收入发展阶段，基本实现由小康型向比较富裕型转变。环境保护出现新局面，基本实现由控制改善型向建设保护型转变，到2015年，努力把石家庄建设成为滨河特点突出、高端产业突出、实力地位突出、示范带动突出、服务功能突出、竞争优势突出的现代化省会城市。

从上述论述可以看出，一个城市的现代化发展离不开交通运输的发展，省会石家庄在现代化的过程中，其都市圈区位、陆路交通枢纽、两港（空港、内陆港）开放新区、现代产业基地建设都离不开高速公路的强交通能力的支撑。从其经济结构调整、中心城市建设、空间布局优化、社会公共服务、居民生活改善、生态环境保护、综合配套改革、扩大开放合作八项中心任务来看，一个城市的现代化更是离不开高速公路的快速发展，高速公路是城市发展任务目标实现不可或缺的必要条件。因此，城市现代化的发展迫切需要高速公路建设的快速发展。

2. 农村现代化

由于各地情况和社会经济发展水平不同，各个国家选择实现现代化的路径也各不相同。对于发达国家来说，现代化主要是指从工业经济社会向知识经济社会演化的过程；对于发展中国家而言，现代化主要是指由农业经济社会向工业经济社会转变以缩小与发达国家差距的过程。我国是处于发展中的人口大国和"三农"大国，不仅具有一般发展中国家推进现代化的基本特征，而且还面临着更为复杂的矛盾和困难。新农村建设就是在探索中国特色现代化道路的基础上作出的重大战略决策，也是实现中国特色现代化的主要引擎。

在现代农业的发展当中,河北省着力打造现代农业示范园区,以园区带动农业的科技进步,推动农业现代化进程。同时把现代农业放在县域经济的大框架下推动,把发展现代农业特别是高端都市农业、生态农业作为县域经济的一个支撑。现在河北农业总的发展势头很好,现代农业的贡献率逐步提高,在服务京津市场、提高农民收入和增强购买力、支撑河北工业化和城镇化发展中发挥了越来越大的作用。

多年来,河北省不断深化改革,着力破除城乡二元结构,在经济结构战略性调整中着力夯实农业农村发展基础,在收入分配格局调整中着力促进农民增收,在保障和改善民生中着力强化农村基础设施和公共服务,不断加大强农惠农政策力度,加快转变农业农村发展方式,努力形成城乡经济社会发展一体化新格局,不仅使农村经济社会发展取得显著成就,而且有效促进了城镇化水平的提高,仅2003~2011年8年间,河北全省城市化率就由33.51%提高到45%,年均提高约1.5个百分点。

从2009年开始,河北省在市、县两个层面开展统筹城乡发展试点工作,围绕推进城乡一体化发展进行了积极探索。2012年,河北省围绕建设社会主义新农村,着力实施幸福乡村计划,推动基础设施向农村延伸、公共服务向农村覆盖、现代文明向农村辐射,加快建设农民幸福生活的美好家园。按照"山、水、林、田、村"综合整治的要求,以加强"房、水、路、电、讯(邮)"基础设施建设和提升"文、教、医、保、服"公共服务水平为重点,加快改善农民生产生活条件,着力保障民生。河北作为一个农业大省,在统筹城乡发展和新农村建设方面进行了理论与实践创新,农村经济社会发展取得巨大成就。

第一,农业生产保持良好态势。(1)粮食生产连续增长。2004年以来,随着一系列强农惠农政策的实施,农民种粮积极性空前高涨,粮食综合生产能力不断提升,全省粮食产量保持了连续增长,从2003年的2387.8万吨增长到2011年的3172.6万吨,创历史最高水平。其他主要农产品产量也全面增长。(2)农业结构不断优化。畜牧、蔬菜、果品三大优势产业产值占农林牧渔业总产值的比重达到68.5%,生产规模化、标准化、组织化程度不断提升,农业产业化经营率达到60%以上。(3)农业生产条件不断改善。现代化装备水平不断提高，农业土地生产率、劳动生产率、农业经营效益都有了显著提高。

第二，农民人均纯收入保持连续快速增长。全省农民人均纯收入从2003年的2853.3元增加到2011年的7119.7元，年均增长12.1%。农民收入结构也在发生明显变化，"十一五"期间，工资性收入占农民人均纯收入的比重由2005年的37.2%提高到2010年的44.5%，对农民收入增长的贡献率达到54.9%。随着收入的增长和农村消费环境的改善，农民生活水平不断提高，消费结构不断改善，农村居民家庭恩格尔系数下降到35%以下。

第三，农村基础设施和公共服务全面改善。近些年来，农村最大的变化就是民生改善。交通、电力、通信等基础设施全面普及，总体上均实现"村村通"。农田水利设施不断完善，节水灌溉面积明显扩大，农村居民饮水安全工程快速推进。农村义务教育经费保障机制全面建立，农村办学条件明显改善，免费义务教育进一步巩固。农村社会保障体系基本建立，新型农村合作医疗制度、农村最低生活保障制度、新型农村社会养老保险制度在全省推广普及，最低生活保障实现应保尽保，保障标准不断提高。

从上述论述可以看出，在现代化的推动下，"工业化－城镇化－现代化"的农村经济发展，需要高速公路建设的不断推动，高速公路是实现农村地区现代化、实现农村地区现代文明的重要影响因素。农村城镇化的发展和农村现代化的提速需要高速公路强有力的支撑。

乡镇工业现代化的发展需要高速公路的支撑。陆学艺先生将中国农村现代化的四部曲概括为家庭联产承包责任制、乡镇企业、小城镇、城乡一体化和区域现代化。家庭联产承包责任制是农村现代化之路的起点，而乡镇企业一直是为农村现代化提供原动力，以小城镇为主体的农村城镇化更是农村现代化中非常重要的一个环节。农村工业的兴起推动了农村的城镇化，农村城镇化的推进使得小城镇成为城乡联合的纽带。农村城镇化对农村工业化的反促进使农村工业化为农村现代化提供更大的经济支持。农村城镇化的发展需要高速公路的支撑和推动。农村工业和农村城镇化是互相促进的，农村工业化强化了城镇化所需要的经济基础，而且工业的集聚推动了城镇规模的扩大和数量的增加。规模小、布局分散、效益差的农村城镇化需要高速公路的建设来进行完善。因此，高速公路能极大地为农村工业化的发展提供支持。

对农民而言，农民需要走出农村，把自己种植的粮、菜、瓜、果等卖出去，购买质量更优、价格更为低廉的生产、生活用品，获得更高的利润，降低消费成本；农村发展需要吸引城乡居民走进农村，实现生态农业、旅游业的发展需要更加便捷的交通。农村现代流通体系的快速发展，以集中采购、统一配送为核心的新型营销体系，连锁化"农家店"都在逐步实现。农村的第二、三产业在不断快速发展，使更多的劳动力从第一产业转移出来，为农业实现第二次飞跃创造条件。同时，很多农村人口将居住在城镇而非乡村，使城镇化得以稳步发展，加之城乡差别、工农差别的缩小和消除等，密切了农村和城镇的联系，对交通快速发展提出更高的要求。

三 河北城乡居民生活方式现代化对高速公路发展的影响

1. 网络化的消费方式对高速公路发展的影响

网络化是现代化的典型特征。随着网络化时代的到来，信息和速度对能够提供高速运输的高速公路提出了新的要求。截至 2012 年 12 月，我国网络购物用户规模达到 2.42 亿，网络购物使用率提升至 42.9%。与 2011 年相比，网购用户增长 4807 万人，增长率为 24.8%。在网民增速逐步放缓的背景下，网络购物应用依然呈现快速的增长势头。团购领域数据显示，我国团购用户数为 8327 万，使用率提升 2.2%，达到 14.8%，团购用户全年增长 28.8%，继续保持相对较高的用户增长率。网络经济快速发展的同时，手机端电子商务类应用也在迅速扩张。网民使用手机进行网络购物相比 2011 年增长了 6.6%，用户量是 2011 年的 2.36 倍；此外，手机团购、手机在线支付、手机网上银行三类用户在手机网民中的比例均有所提升，这三类移动应用的用户规模增速均超过了 80%。

在网络营销受到重视、网民消费观念转变等因素的影响下，不少商家纷纷打破单一经营模式，在传统渠道外开拓网络渠道，以寻求销售的新增长点。传统商家对网络渠道的应用不断深入，传统渠道和网络渠道正在加速融合。网络销售的进一步发展催生物流行业的大发展，并对交通运输提出更高的要求。各种运输方式的衔接、综合运输体系建设、重点物流区域物流组织化水平的提高、区域物流的协调发展、区域物流系统的积极建设、地区之间物流合作的扩大，都对交通运输特别是高速公路的发展提出了更高的要求。特别是连锁经营、统一配送和电子商务等现代流通方式迅速发展，以及物流的信息化、现代化，这客观上要求积极发展满足物流运作的运输服务方式。

2. 现代生活方式、旅游文化等思想意识对高速公路的影响

现代化的发展使人们生活质量进一步提高，现代生活方式以及现代思想意识日益渗透到人们的生活当中。随着人们生活水平的不断提高，人们要实现生活方式、生活观念的现代化，就需要改善其生活条件和交通条件。

汽车的拥有量代表着一个城市的经济水平与现代化程度。经过20多年的发展，我们已经从自行车时代进入了汽车时代。《河北经济年鉴2012》的数据显示，河北省2011年私人轿车数量达到290多万辆，民用车辆拥有量达到1421多万辆，汽车基本进入了千家万户，私家车已经相当普及。汽车数量的快速增加迫切需要交通的跟进。随着城乡现代化的一体化发展，人们之间的联系日益密切，高速公路的需求也日益增加。

旅游是人类长存的生活方式，旅游权利也是现代公民权利的自然组成部分。当前，我国旅游经济已经进入了以国民消费为基础的大众化发展新阶段。2011年，国民旅游参与首次突破2次，总人次达到26.4亿，创造了近2万亿元的旅游收入，2012年的国内旅游人次预计将超过30亿。按照现在的增速，可能不用到2020年，国内旅游市场就会达到50亿人次的规模。通过国庆黄金周暴露出来的高速公路拥堵、热门景区严重超载等问题，可以发现人民群众日益增长且日渐变化的旅游需求与高速公路的支撑能力存在矛盾。特别是随着汽车时代的到来，人们的休闲娱乐时间更多了，外出自驾旅游也日益增多，相应地对高速公路的需求也就日益增加。高速公路可以改善人们的出行条件，从省会石家庄出发在3个小时之内可以到达首都北京以及所有周边省份省会，人们的出行范围不断扩大，出行时间大大节约。因此，旅游的快速发展对高速公路的需求也日益增长。

城乡一体化的快速发展密切了城镇与农村之间的联系，而随着城乡居民生活方式的日益多元化和相互影响，小城镇集聚了向往有着丰富物质和精神文明的城市生活的农村居民和向往有着生态和谐的田园式农村生活的城市居民，这种集聚不是简单的人口集聚，而是城乡价值观念和生活方式融合的体现。城乡价值观念和生活方式的融合与发展相互交织形成进步的价值观念和生活方式。城市文明使农村居民加强了对科学和知识文化的追求，提高了农村居民的文化素质。农村城镇化带动农村居民思想的现代化，这种现代化需要高速公路作为基础硬件条件来进一步提升和发展。

第四节 全球化对高速公路发展的影响

一 全球化与高速公路

全球化是 20 世纪 80 年代以来在世界范围日益凸显的新现象，是当今时代的基本特征。全球化还没有统一的定义，一般来讲，从物质形态看，全球化是指货物与资本的越境流动。总的来看，全球化是一个以经济全球化为核心，包含各国各民族各地区在政治、文化、科技、军事、安全、意识形态、生活方式、价值观念等多层次、多领域的相互联系、影响和制约的多元概念。

一些学者认为经济全球化应包含三层含义。第一，它是生产国际化发展到高级阶段的产物，是一个长期演进的历史过程。第二，经济全球化的根本动因是生产力发展，最重要的现象和特征是生产要素在全球范围最优配置。第三，经济全球化发展的基础在于国际分工。一般来说，世界出口率越高，跨越国界的贸易额在世界生产中所占比例越高，世界经济就越强烈地全球化，全球化在某种程度上表现为全球经济的一体化。

全球化导致各国经济相互渗透，各国资源的配置和产品的销售打破区域和国家界限，即在地域范围上不断扩展，从而使得各种原材料和能源以及半成品和成品的运输距离不断延长，区域间和国际的货物运输总量不断增长，以及对货物的送达速度要求越来越高。这就要求不但要提高各种单一运输方式的运输速度，包括修建高速公路、提高公路运输速度，而且要做好各种运输方式之间的换装衔接，包括高速公路与具有枢纽地位的港口、机场和车站的衔接，从而尽量缩短多式联运的全程运输时间。这就意味着，各国不但要发展高速公路，而且还要使高速公路形成网络。由此可见，国内经济和全球经济的一体化也对高速公路网的发展起到了较大的促进作用。

二　河北省对外贸易发展促进高速公路建设

在经济全球化的发展背景下，河北省对外经济联系不断紧密，贸易总额不断增长（见图2-4）。河北省尤其注重沿海港口建设，更推动了河北的对外经济发展。

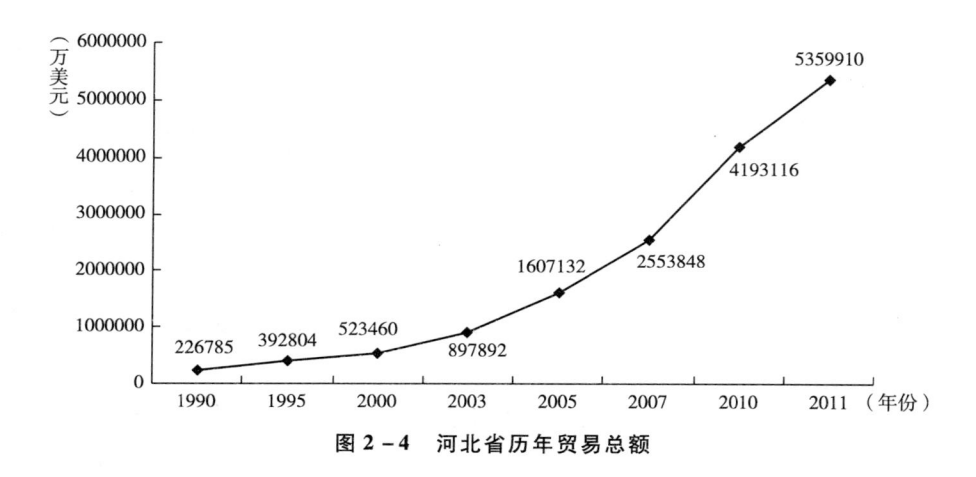

图2-4　河北省历年贸易总额

随着河北省沿海强省的建设，河北省港口建设迅速发展，功能不断完善，逐步形成以秦皇岛港为主枢纽港，以黄骅港、京唐港为区域性重要港口，以曹妃甸为大型深水矿石、原油接卸码头的港口群体系。河北省港口建设紧紧抓住环渤海地区的发展机遇，立足煤炭运输，抓好石油、矿石、钢材以及集装箱等货种的开拓，货物种类呈现多元化发展趋势，港口对全省经济的拉动作用日益增强，成为河北省对外贸易的主要窗口。

黄骅港作为多功能、现代化、综合型的大港口，是河北省中南部，以及鲁北、豫北、晋北和陕西、内蒙古等中西部地区陆路运输距离最短的港口。从沧州黄骅港经石家庄、山西太原、宁夏中卫，由新疆出境，途经中亚到荷兰鹿特丹，将形成世界上最短的亚欧大陆桥新通道，它比原亚欧大陆桥缩短500公里。亚欧贸易通过此通道比远洋运费节省20%，时间节省40%，是一条极富潜力的国际贸易"黄金走廊"。

为了配合黄骅港的建设步伐，以黄骅港为核心的综合交通网络逐步形成和完善。307国道、石黄高速、朔黄铁路、地方铁路以及正在筹建的邯黄铁路、保沧高速、邯黄高速横贯东西；205国道、海防公路、津汕高速以及建设中的津沧高速纵贯南北，渤海新区将成为中国北方重要的区域性交通枢纽。黄骅港广阔的腹地借助新通道的打通，借助黄骅港这个便捷的出海口，加强与东北亚地区的合作，增进与中亚、欧洲、东北亚国家地区的沟通与交往，促进投资、贸易、航运、金融等方面的国际合作与联系，从而拉动通道沿线经济带的崛起和发展，形成新的经济增长极，也突出和加强黄骅大港作为我国东出西联的战略桥头堡作用。

公路运输是综合运输体系的重要组成部分，其在各种运输方式中通达性最强、服务范围最广、承运量最大，是综合运输体系中最基本的运输方式。高速公路以其快捷高效的特点直接与具有重要枢纽节点功能的港口、机场和车站相连接，实现高速公路与其他运输方式的无缝衔接，从而形成完善的综合运输体系，以满足对外贸易快速增长的需求，适应经济全球化的发展。

第五节 河北省高速公路发展的内在动力与支持体系

高速公路的建设和发展是经济社会发展水平的风向标。河北省高速公路的发展虽然在全国排名第三，但同世界的发展水平还有一定的差距，建设和管理方面的体制也都不是很完善。随着国民经济的快速发展，物流、人流、商品流大幅度增加，提高运输效率、降低运输成本的要求日益迫切，加快高速公路建设成为经济社会发展的需要。发展高速公路是河北省人民生活水平提高的必然要求，也是科学发展观在交通现代化进程中的具体体现。

一 河北省高速公路发展的内在动力

发展高速公路是我国全面建成小康社会和实现现代化的迫切需要，也是经济全球化背景下提高竞争力的重要条件。从新时期经济社会发展需求看，高速公路是影响全局的基础性先决条件。"十二五"时期，经济社会的快速发展势必带动全社会人员、物资流动总量的升级，新型工业化对运输服务效率和质量也提出了更高的要求，特别是工业化、现代化、城镇化和现代物流的快速发展使得高速公路建设更显迫切。高速公路是现代社会必需的基础设施，是各种经济社会活动联系的纽带，是兼具出行方便性与机动性的最佳交通方式。高速公路在集约利用资源、提高运输效率、优化产业布局、促进城市化和现代化发展等多方面具有显著优势，是经济社会发展的关键要素。经济社会的快速发展是推动高速公路建设的内在动力，具体来讲，城市化、工业化、现代化以及全球化的经济社会快速发展是推动河北省高速公路发展的内在动力。

河北省经过20多年的快速发展，到2012年全省通车里程突破5000公里，形成了河北省高速公路基础网络，但相对于众多的人口和快速增长的交通需求，河北省高速公路总量依然不足，需要进一步形成网络规模效益。总之，随着经济社会的快速发展，生活方式的转变和生活质量的提高，为了满足对交通服务越来越高的要求，搞好公共服务，优化跨区域资源的配置和管理，很有必要进一步提高高速公路建设的水平。经济社会发展对高速公路未来发展的需求还会日益增大。河北省高速公路经过多年的发展，具有了一定规模，运行质量和运营效益在不断提高，但是面对日益增长的交通尤其快速、便捷、安全的高效能交通的需求，还有巨大的发展空间。

近年来，河北省工业化进程加快、产业结构优化升级将促使客货运输规模和结构发生很大变化，要求公路运输必须向高效、优质服务的方向发展；城镇化进程的加快、城镇人口的大幅增加将会产生巨大的公路交通需求；人民生活水平的提高和经济总量的增长，对交通运输在质和量上都将提出新的要求。

新农村建设的现代化迫切需要完善高速公路整体功能，提高公共基础建设服务能力。新农村的发展需要把改善公共基础设施、提供公共服务能力作为重要目标，要达到这一目标，高速公路建设需要进一步完善高速公路整体网络和功能，提高服务能力，使高速公路在为沿线地区公共基础建

第二章 河北省高速公路发展背景分析

设服务方面满足新农村建设的需要。

河北省委、省政府提出的实现"三年大变样"和由此进行的产业结构优化和经济区域布局调整、加快推进城市化进程，对高速公路发展提出了更高更快的要求。已形成的高速公路网为社会经济的发展提供了强力支撑，吸引着产业聚集，已经成为全国交通繁忙、活跃的地区，随着港口航运的开发，还将具有巨大的发展需求。

继珠三角、长三角之后，环渤海地区成为东部沿海新的增长极，近二三十年应该是环渤海地区加快发展的黄金时期。目前，环渤海各省市都提出了加快发展的战略部署，沿海经济带和外向型经济的发展，要求必须加强对经济腹地的开发和密切各经济区域的联系。要实现京津冀都市圈的区域经济一体化，首先要实现交通一体化，而高速公路在其中应处于主导地位，必须超前、领先发展。

党的十八大进一步要求加快构建现代综合交通运输体系，各种运输方式都加快发展步伐。首先，要求高速公路在更高层次上实现连续性、无缝隙衔接，进一步提高高速公路的集疏运能力；其次，要求提高整体高速公路网通行效率，加快构建高效、现代的综合运输体系，现代物流基地建设、新兴产业园开发、新港口机场建设等更需要高速公路全面跟进。河北省已进入一个以科学发展观为指导、改变经济发展方式、建设和谐社会的新时期，高速公路建设事业也在进入一个提高建设、管理质量的新时期，社会发展要求提升高速公路建设的现代化管理程度、高速公路建设与本省经济社会发展的适应度，继续为河北省整体发展提供基础性支持条件。

总之，由于经济社会的快速发展，城市化发展、工业化发展、现代化发展以及全球化发展的需求逐步形成了一种内在动力，推动着高速公路建设的发展。中国城镇化率已经突破50%，这是城乡社会结构发生历史性转折的重大标志。同时，社会发展的外部条件和内在动力正在发生深刻变化，随着农民生活水平的提高，公共服务供求矛盾日益凸显，高速公路作为基础设施的跟进和服务质量的提升势在必行。

二 河北省高速公路发展的支持体系

高速公路是随着社会经济的发展应运而生的现代交通系统，在其建设发展过程中，从规划设计、投资建设、运营管理到可持续发展等诸方面，都与社会经济发展存在一定的关联性，高速公路建设的发展状况与对高速公路的支持体系密切相关。从高速公路建设的现实需要看，迫切需要统一全面的总体规划指导布局和投资决策。在对过去 20 多年交通和高速公路发展情况进行总结分析的基础上，从三方面完善河北省高速公路发展的支持体系。

1. 河北省经济发展为高速公路发展提供支持

近 20 多年来，河北省高速公路的发展十分迅速，用了发达国家 40 年走过的历程。此期间，是我国"八五"计划到"十一五"计划时期，也是河北省国民经济高速发展、社会明显进步的关键时期，经济有了长足的发展，为高速公路建设提供了强有力的支撑。

根据河北省统计局、国家统计局河北调查总队 2012 年省国民经济形势发布会提供的数据信息，2012 年河北省国民经济发展稳中有进，经初步核算，全省生产总值 26575 亿元，按可比价格计算，比上年增长 9.6%。在拉动经济增长的"三驾马车"中，投资需求贡献率最大，初步测算为 60.9%。统计数字显示，2012 年全社会固定资产投资完成额为 19661.3 亿元，同比增长 20%。其中，民间投资完成额为 14717.2 亿元，增长 27.5%，占到固定资产投资完成额的 75%。工业投资和技改投资实现较快增长。2012 年全省工业投资完成额为 9330.3 亿元，而工业技改投资完成额为 5891.4 亿元，占工业投资完成额的 63.1%。

随着城镇化、现代化的快速发展，城乡居民的收入和生活水平都有了很大的提高。2012 年社会消费品零售总额 9154 亿元，比上年增长 15.5%。消费需求贡献率为 43.2%，同比提高了 0.4 个百分点，扭转了近年来下降的趋势，这种积极变化表明河北省的扩大消费政策措施取得了积极成效。2012 年河北省规模以上工业完成增加值 11069.6 亿元，其中重工业增长 13.0%，轻工业增长 14.8%。其中，规模以上工业高新技术产业增加值 1301.0 亿元，增长 15.6%；装备制造业增加值增长 15.0%，比全省规模以上工业快 1.6 个百分点。农民收入增速已经连续三年快于城镇居民。据了解，2012 年，农村居民人均纯收入为 8081 元，增长 13.5%，其中工资性收入增长 17.0%、家庭经营纯收入增长 8.3%、财产性收入增长 5.8%、转移性收入增长24.8%,而城镇居民人均可支配收入为20543元,比上年增长12.3%。

由此可见,河北省经济的快速发展和城乡居民收入的不断上升为高速公路的发展提供了支持。经过这几年的发展,河北省不断加大对高速公路建设的投资和支持力度,使高速公路建设取得了长足进步和发展。河北省通过推行新的管理模式,进一步增强了投资能力。2009年,河北省高速公路建设投资开创历史,全年可完成高速公路建设投资360亿元,高速公路建设从新开工高速公路数量、高速公路建设完成投资金额、高速公路施工规模等多方面来看,都是河北省历史上最多、最大的一年。

2. 政府的高度重视及制度、政策的制定对高速公路发展提供支持

党中央、国务院,中央军委,交通运输部,河北省委、省政府的主要领导对河北省的高速公路建设十分关心,给高速公路建议以很大的关怀和支持,1987~2008年22年间先后126次来到河北省相关高速公路或视察工作,或部署高速公路建设工作,或参加开工、通车典礼,对高速公路建设的重视程度不断增强。

同时,在省委、省政府的正确领导下,2003年河北省交通运输厅制定了《河北省2003至2007年高速公路建设计划》,并报经省政府批准实施。

另外,还应从其他一些方面给予高速公路发展以大力支持,比如每年给予高速公路储备土地的建设用地指标,对于已被规划为商住用地的高速集团存量及储备土地,其他地域或部门都不得擅自进行规划调整;还要继续投入财政配套资金,弥补高速公路建设资金不足,加大投入弥补资金缺口;等等。要实现河北省高速公路的快速发展,还必须尽快建立一个城市化、工业化、现代化、国际化的现代交通政策支持体系。在高速公路运营管理领域,积极探索现代化的管理模式和服务手段,高速公路智能化水平不断提高。

智能交通建设是提高高速公路通行能力和服务水平的关键。在全省交通系统认真践行"三个服务"宗旨和"建设民生交通、效能交通和现代交通"的新形势下,省高管局把发展智能交通作为高速公路运营管理的重点工作,突出重点,整体推进。《河北省智能交通发展战略(2013~2020)》提出要建成能够基本适应河北省现代交通运输业发展要求的智能交通体系，力争到 2020 年进入全国智能交通建设先进行列，率先实现交通运输现代化。该发展战略确定了河北省智能交通建设的发展目标：到 2020 年，建成能够基本适应河北省现代交通运输业发展要求的智能交通体系，建立更加全面、高效的交通运输运行监测网络，实现跨区域、大规模的智能交通集成应用和协同运行，建成高效的综合交通运输体系，提供安全便利的出行服务和高效的货运服务，提高政府科学决策水平，力争到"十三五"末进入全国智能交通建设先进行列，率先实现交通运输现代化。实现交通运营管理效率明显提高、交通安全监管和应急能力显著增强、交通综合分析与决策能力明显提高、综合交通信息服务水平全面提升。2013 年至 2020 年是加快发展现代运输业的重要时期，智能交通的作用更加凸显、任务更加繁重，全系统各级各部门一定要把智能交通摆在更为突出的位置，强力推进信息化工作。具体保障措施有：各级交通运输部门要建立科学的领导体系，加强智能交通组织领导；加强与智能交通发展相关的管理制度建设，促进智能交通发展的制度创新；推动智能交通赢利模式的建立，加大智能交通资金投入；加快培养一批精通业务、精通信息化技术和懂管理的高素质、高能力的复合型人才。

第三章 河北省高速公路建设与区域交通网络建设

第一节 河北省高速公路建设进程回顾

交通运输作为社会基础服务系统，其产生的社会经济效益要远大于交通运输部门自身的经济效益，这一点已成为共识。与普通道路相比，高速公路的经济社会效益在效益的产生方式、相关性、显著程度等方面更具有特殊性。高速公路的建设对国民经济的发展具有重要意义，在加速生产物资的流通、促进与其他运输方式的联运、促进工业和大城市人口向地方分散、节省运输费用、缓解道路交通阻塞、改善旅行条件、减少交通事故、加快沿线地区经济发展、提高沿途土地价值等方面发挥着决定性作用。

一 河北省高速公路逐步迈入全国先进行列

河北省是全国较早建设高速公路的省份之一，从 1987 年河北省第一条自己设计、施工、监理的京石高速公路破土动工开始，河北省高速公路走过了 20 多年的发展历程。20 多年来，河北省高速公路从无到有、从稀疏分布到网络布局，实现了突飞猛进的发展，在国民经济和社会事业发展中发挥了显著作用。经过 20 多年的快速发展，至 2010 年底，全省通车里程达到 4307 公里，[①] 初步形成了河北省高速公路基础网络。高速公路的快速发展，对河北省经济社会和交通运输发展产生了巨大的促进和推动作用。

1. "八五"时期，河北省高速从无到有，开启河北高速建设时代

改革开放以来，按照"先重点、后一般"，"先骨架、后网络"和"骨架—一般干线公路—地方道路"的发展思路，河北高速公路建设开始

---

① 《河北经济年鉴 2011》。

起步。1987年3月，素有"河北第一路"之称的京石高速公路破土动工，这是河北省第一条依靠自己力量建设的高速公路。1994年12月18日，京石高速公路河北段全线全幅贯通，时任国务院副总理邹家华亲临剪彩，并欣然题词："河北交通，日新月异。"它的建成，不仅开创了河北省自主建设高速公路的历史先河，还为河北省大规模推进高速公路建设奠定了人才和技术基础。通车后，其带来的巨大社会经济效益统一了人们的思想。从此，关于河北省要不要修高速公路的争论停止了，人们将关注的重点转到了怎样发展和如何加快发展上来。1995年10月18日，河北省第一条穿越山岭重丘区的高速公路——石太高速公路建成通车，这不仅为河北省建设同类型高速公路积累了经验，还为河北省建设适应重载运输和大交通量通行需要的高等级公路，更好地承担西煤东运任务进行了有益的尝试。到"八五"期末，河北省高速公路通车里程达到310公里，① 开始步入全国先进行列。

2. "九五"时期，河北高速公路建设走上快速发展之路

1997年12月30日，河北省利用世界银行贷款修建的高速公路——石安高速公路建成通车，开辟了河北省利用国际金融组织贷款建设高速公路的新路子。石安高速公路的建成通车更大意义在于引进了国际科学管理模式，即FIDIC条款（国际咨询工程师联合会工程实施合同条款），推动了河北省高速公路建设、管理水平与国际惯例全面接轨，标志着河北省高速公路建设进入了以现代化管理为导向的新阶段。从石安高速公路开始，河北省修建的高速公路都开始运用FIDIC条款。1999年12月18日，保津高速公路全线建成通车，标志着河北省高速公路突破1000公里大关，成为当时全国第二个高速公路通车里程突破1000公里的省份。"九五"时期河北省高速公路通车里程达1168公里，平均每年通车达233.6公里。②

3. "十五"时期，河北高速公路开始形成"路网"雏形

到2001年底，全省高速公路通车里程已达1565公里，居全国第二位。③ 以京石、石太、石安、唐津、唐港等为主的14条段高速公路，呈

---

① 河北省高速公路管理局内部资料。
② 河北省高速公路管理局内部资料。
③ 《河北经济年鉴2002》。

第三章　河北省高速公路建设与区域交通网络建设

"三纵三横三条线"布局排开，为京津和河北省经济建设的发展提供了良好的公路交通条件。2003年，在省委、省政府的正确领导下，河北省交通运输厅制定了《河北省2003至2007年高速公路建设计划》，并报经省政府批准实施。这一年，河北省在全国率先提出了高速公路"路网"概念，确定了"五纵六横七条线"的高速公路网新布局。高速公路建设进入一个新的快速发展时期。到2005年底，青银高速公路（河北段）贯通，河北省高速公路通车总里程迈上2000公里台阶，达到2135公里，是当时全国第5个突破2000公里的省份。[①]

4. "十一五"时期，河北高速步入构建"五纵六横七条线"高速公路网的关键时期

2003年8月河北省政府批复《河北省2003至2007年高速公路建设计划》。2003年至2007年的5年间，成为河北高速公路发展的最好最快时期，期间建成和在建高速公路里程达到2630公里，超过2003年前15年的总和；建成通车1256公里，通车里程达到2853公里，[②] 创造了河北省高速公路建设新速度。全省11个设区市实现了市市有高速公路，国道主干线河北省境内高速公路全部建成通车。由此，河北高速公路建设发生了三大转变，即由以京津为主转变为以河北为主，由骨架建设转变为网络化建设，由平原高速建设转变为山区高速建设。2008年11月，张石（保定段）和唐曹两条（段）高速公路建成通车，河北省高速公路通车里程达到3234公里，成为全国第5个突破3000公里的省份，[③] 这是河北省交通发展的一个新的里程碑，标志着河北省高速公路建设迈上了一个新台阶。目前已建成通车高速公路4307公里，实现了设区市市市通高速。高速公路密度由2002年底的每百平方公里0.85公里增加到2010年的每百平方公里2.30公里，[④] 超过了日本、法国等发达国家水平。

纵观河北高速公路发展历程不难发现，河北省高速公路建设一直是在加速推进。当时，京石高速公路从开工到全线全幅开通历时8年，如今，

---

① 《河北经济年鉴2006》。
② 根据1988~2008年《河北经济年鉴》数据计算。
③ 《河北经济年鉴2009》。
④ 根据2003年、2011年《河北经济年鉴》数据计算。

建设同等规模的高速公路用时一般3~5年。高速公路通车里程突破1000公里，用时12年；突破2000公里，用时6年；突破3000公里，用了3年时间；而今，突破4000公里，仅用了2年时间。

二 高速公路已成为全省公路网主骨架

公路网是指在一个地区，根据交通运输的需要由各级公路组成的一个四通八达的网状系统。公路网分为干道网和地方道路网，前者由国道和省市干道组成，后者包括县道和乡镇道路及专用路等。河北省高速公路发展迅猛，到"九五"期末，全省建成高速公路14条（段），并使省级干线路网布局得到明显完善，公路总体通行能力和服务水平得到显著提高，初步形成了以北京为中心，天津、石家庄为枢纽，辐射10个中心城市、4个港口、两个煤炭基地，呈"两纵两横""开"字形布局的高速公路网络系统，造就了河北"三纵三横三条线"的高速公路布局。此后，河北省建设高速公路的步伐越来越快，经过"十五""十一五"时期的快速发展，全省高速公路网络化格局日益完善。河北省高速公路经过1990~2009年的快速发展，通车里程不断增加，在河北省路网中的骨架作用愈加明显，自"河北第一路"——京石高速建成通车，至2009年底，河北已经建成通车京石、石安、京秦、京沪、石太、石黄、青银等29条（段）高速公路，国家规划的国道主干线河北省境内高速公路全部建成（见表3-1）。高速公路已成为河北公路网的主骨架，形成了"五纵六横七条线"的路网布局，建成了省会与省辖市之间、省会与京津及周边省会城市之间高速公路相连接的网络系统，极大地缩短了省内中心城市间以及与外省的时间距离，并且对于推进开发、开放和城镇化进程，服务京津冀经济一体化，促进环渤海湾经济圈发展，可谓意义重大。

表3-1 河北省高速公路"五纵六横七条线"网络布局

项目		内容	现有高速公路
五纵	纵1	冀蒙界（赤峰）—承德—遵化—唐山—天津—黄骅—冀鲁界（滨州）	沿海高速公路； 承唐高速（唐山段）； 唐津高速； 长深高速沧州段

第三章　河北省高速公路建设与区域交通网络建设

续表

项目		内　　容	现有高速公路
五纵	纵2	北京—廊坊—天津—沧州—德州	京沪高速（冀）
	纵3	北京—霸州—任丘—衡水—威县—冀豫界（开封）	大广高速
	纵4	北京—保定—石家庄—邢台—邯郸—冀豫界（安阳）	京石高速（冀）；石安高速
	纵5	冀蒙界（宝昌）—张北—万全—涞源—石家庄	张石高速
六横	横1	冀辽界（朝阳）—平泉—承德—北京—怀来—张家口—冀蒙界（集宁）	京张高速（冀）；丹拉高速（冀）；京化高速；京承高速（冀）
	横2	冀辽界（山海关）—秦皇岛—唐山—宝坻—香河—北京	京秦高速
	横3	北戴河—京唐港—天津—霸州—徐水—阜平—冀晋界（五台）	京津塘高速（廊坊段）；保津高速；保阜高速
	横4	黄骅港—黄骅—沧州—石家庄—冀晋界（阳泉）	石黄高速
	横5	冀鲁界（临清）—威县—邢台—冀晋界（五台）	邢临高速公路
	横6	冀鲁界（聊城）—邯郸—涉县—冀晋界（长治）	青兰高速（冀）；邯长公路
七条线	线1	承德—秦皇岛	承秦高速（规划在建）
	线2	宣化—阳泉—冀晋界（大同）	宣大高速
	线3	密云—平谷—三河—香河—廊坊—霸州	密涿高速
	线4	唐山—乐亭—京唐港（支线、青坨营—唐海）	唐港高速公路
	线5	沧州—河间—高阳—保定	保沧高速公路
	线6	冀鲁界（夏津）—清河—南宫—宁晋—赵县—石家庄	青银高速（冀）；石太高速
	线7	衡水—德州	衡德高速公路

资料来源：河北省高速公路管理局。

三　河北省高速公路运行效能不断提高

1. 全省高速运营效益明显显现

河北省高速公路运营的经济效益连年增长。到2010年，河北省已建成高速公路运营状况良好,在为顾客提供优质服务的同时,投资成本也在迅速回收。从2001年到2009年,随着不同条(段)高速公路的建成通车,巨额的投资成本以通行费年增长30%左右的速度得到了快速、稳定的回收,取得了明显的经济和社会效益,并以蒸蒸日上的势头向前发展。高速公路运营效益不仅体现在经济收益上,还体现在"绿色通道"上。从2005年开始,河北省各条高速公路全部纳入鲜活农产品运输"绿色通道"范围,对整车合法装载运输鲜活农产品车辆免收车辆通行费。"绿色通道"的开通,大大提高了肉、蛋、奶、蔬菜、水果、水产品的新鲜程度,经过南北贯通、东西相连的高速公路,大江南北的新鲜农产品得到了及时运输。

2. 高速公路的社会效益日渐凸显

"十五"期间,河北省新建高速公路里程达570公里。"十一五"期间,新建高速公路里程达2172公里,是"十五"时期的3.8倍。截止到2010年底,河北省高速公路通车里程达到了4307公里,处于全国第三位。[①] 高速公路的建设与发展对沿线区域经济的发展发挥了重要作用,为经济社会科学发展、和谐发展奠定了坚实的物质基础。"十一五"末,河北省已经形成了围绕京津、环绕渤海、贯通相邻五省的高速公路网络体系,实现了95%的县城30分钟上高速。

高速公路建设的社会效益主要体现在促进社会和谐进步上,主要表现为促进地区协调发展、统筹城乡发展、加快经济欠发达地区人口脱贫致富等诸多方面。近几年,张承地区和冀中南地区高速公路的建设步伐加快,为资金引进、项目建设和企业入驻提供了良好的条件。随着河北省高速公路事业的迅猛发展,高速公路对辐射区域产业结构调整、生产力布局、缩小城乡发展差异、加快落后地区的发展步伐具有重要的作用。高速公路的贯通不仅使沿线居民的思想观念发生巨大变化,而且带来了大量的就业机会。根据河北省提出的《关于加快高速公路建设的安排意见》,2009年、2010年,全省共续建、新建高速公路33条(段),总投资约2000亿元。[②]

---

① 河北省高速公路管理局内部统计数据。
② 河北省高速公路管理局内部资料。

据测算，这些项目建成后，将直接拉动全省 GDP 增长约 6000 亿元，提供直接、间接就业机会 400 余万个。

3. 高速公路的文化建设坚持不懈

文化是一个部门、一个单位存在的灵魂，良好的文化建设能够统一思想、凝聚智慧，激发员工的工作热情和激情。河北省高速公路管理的各级部门都非常重视文化建设，持续开展了"爱我交通，我为交通做贡献"和创建学习进取型机关活动，取得了显著成绩，被交通部授予"全国交通系统先进集体"和"全国交通系统创建文明行业先进单位"称号。新时期，为适应信息化管理的要求，高速公路管理局在网站上开辟了"高速文化"专栏并创办了《河北高速》杂志，总结高速公路建设管理经验，塑造高速公路人，弘扬高速公路文化。受此影响和鼓舞，每个基层单位对荣誉称号分外重视，"青年文明号"和"巾帼示范岗"是他们追求的目标。2002年，原省道路开发中心所辖 3 条高速公路的 24 个收费站就已全部荣获各级"青年文明号"。其中，国家级 1 个、省级 6 个、省直级 17 个；获得三星级荣誉称号的收费站 8 个、服务区 1 个；获得省级"巾帼示范岗"荣誉号的 2 个、省直级 1 个。此外，石黄处的 3 个路政大队、1 个服务区通过了省直"青年文明号"验收。

4. 高速公路安全生产目标实现

为了确保实现高速公路安全生产的目标，各管理部门常抓不懈，安全生产和综合治理工作进一步加强和完善。主要表现在三个方面。一是进一步加强了值班和紧急重大情况报告工作。管理系统内各单位均落实了 24 小时值班制度和重大紧急情况 1 小时上报制度，昼夜 24 小时有专人值班，上下联络畅通，反应迅速，情况处理及时。二是提高应变能力，建立了紧急重大情况和突发事件处置预案制度。全体员工强化了责任意识和应急意识，建立完善了切实可行的应急预案体系。针对交通事故、安全生产、雾雪封路、汛期暑期保畅、群众上访和地方问题纠纷等方面的内容，建立健全了情况处置预案，明确了责任单位及部门，强化了组织领导，细化了人员岗位职责，做到了发生问题能够在第一时间内及时处理，确保紧急重大情况和突发事件的及时处置。三是建立健全安全生产责任制，加强了重点部位的安全管理。管理部门与各单位签订了安全生产责任状，明确了责任,认真落实;加大了对关键部位的安全检查和监控力度,坚持重点督察和平时检查相结合,认真做好收费站、服务区、加油站、食堂的防火、防盗、防中毒等工作,落实了排查整治措施,消除了事故隐患,连续5年没有发生一起安全生产事故。

5. 高速公路保畅治超效果显著

保畅治超是高速公路管理中的重点内容之一。寒暑期是高速公路的客流高峰期,也是保证高速公路行程安全的关键,所以寒暑期保畅和超载治理成为高速公路管理重点。针对管理内容主要采取了两方面的工作。一是认真做好寒暑期保畅工作。高速公路管理部门在管理处分别成立了寒暑期保畅领导小组,设立了办公室,公布了举报电话,路政实行24小时不间断巡逻。尤其是冬天,为应对雨雪天气,组织除雪队及时清扫积雪,做到了雪停后24小时内清除双向四车道内的积雪,48小时内完全清除路面范围内的积雪,确保高速公路的安全畅通。二是加大超载治理力度,确保车辆行车安全。统一各级路政部门对超载治理的认识,加大对超载车辆的治理力度和处罚力度。在超载车辆中以石太高速最为严重,针对现实情况,高管部门多次与外方进行协调,以期解决问题;石青公司还专门增加了路政人员的编制,加大了对该路段的治理力度,从源头上堵住了超载车辆进入河北省高速公路,维护了路产路权,保障了道路的畅通。

第二节 河北省高速公路对区域交通事业发展的影响

一 促进全省公路网络成形

1. 以高速公路为骨架的河北省路网已经成形

河北省高速公路的发展,不仅仅是高速公路通车里程激增的过程,更是高速公路在整个交通网络中角色转换的过程,即由原来的辅助变为主导,由原来的简单连接变为现在交通大动脉和网络主骨架。随着河北省高速公路的发展,到2009年底,全省公路通车总里程达到15万公里,等级以上公路14.3万公里,实现了设区市市市通高速、所有县通二级以上高等

第三章 河北省高速公路建设与区域交通网络建设

级公路、所有乡镇通油（水泥）路、所有建制村通公路，其中98%的建制村通油（水泥）路，公路密度达到每百平方公里79.65公里，[①] 基本形成了以高速公路为主骨架、以干线公路为重要连接通道、以农村公路为毛细血管的较为完善的公路网络和运输体系（见图3-1）。预计到2020年，河北区域公路网会布局合理，物畅其流、人畅其行，经济环保，形成以国家高速公路网和地方高速公路网为骨干、等级以上公路网为快速联络通道、城市道路和县乡公路直达门户的现代公路网。

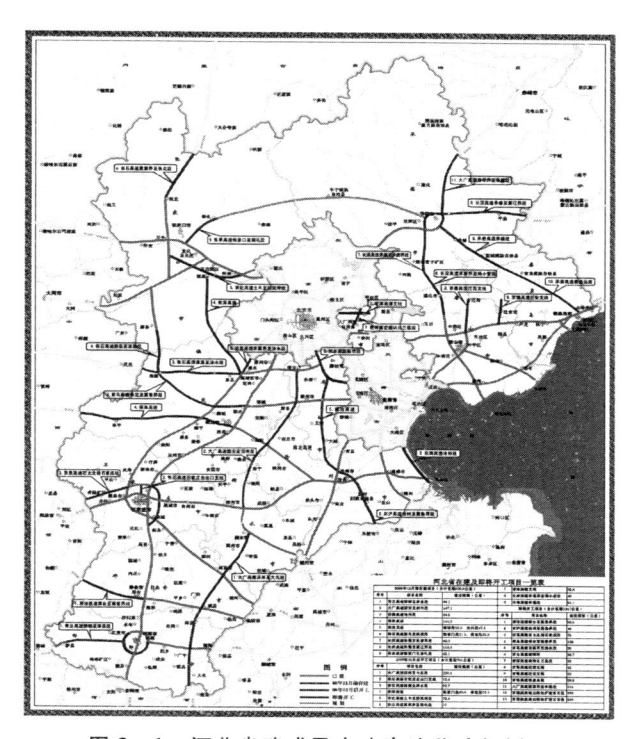

图3-1 河北省建成及在建高速公路规划图

2. 拉动全省等级以上公路建设快速发展

在现代意义的公路网中，一级公路和二级公路具有较高的通行效率，相对高速公路具有更高的灵活集疏能力，且造价一般低于高速公路。因此，必须配备相当比例的国省干道与高速公路相伴而行，使公路网的联络

---

① 《河北经济年鉴2010》。

集散作用发挥到最大。伴随河北省高速公路网的逐渐成形,原有国道和省道逐渐丧失了长距离运输通道功能而演化成为更具地方意义的地方公路,这就必然要求条件允许的县市之间都应互通等级以上公路,高速公路网络自身也要求有大量的等级以上公路连接线路。另外,也只有具备了相当数量的等级公路,才能使不同层级的公路在面临突发事件时能够相互呼应,更好地发挥应急作用。

因此,伴随着河北高速公路的快速发展,全省的等级以上公路也屡屡踏上新的台阶。1990~2002年是河北省等级公路的温和发展阶段,这一时期全省公路以年均3.1%的速度递增。到2003年,河北省提出了"通过抓高速公路、农村公路,促进一般干线公路"的发展思路。自此,河北省的等级公路为了适应高速公路建设和全省经济社会发展的需要,走上了跨越式的发展道路。2003年到2008年的5年间,全省共投资261.3亿元,年均投资增幅为15.3%。新改建一般干线公路4199公里,相继实施了数十条重要国省干线公路新改建项目,着力解决打通大中城市出入口、接通西部山区和坝上地区断头路等问题,路网结构日趋合理。到2008年底,全省国省干线公路通车总里程达到1.6万公里,已经实现了所有县通二级以上高等级公路,并且,全省一般干线公路好路率达到81%。[①]

3. 促进高速公路沿线的农村交通状况极大改观

河北高速公路修建中的另一特点就是注重沿线城镇、农村的有效利用。据统计,为了提升高速利用率,推动沿线交通发展,到2008年底,全省共修建连接线近150条(段),全长约1300公里,[②] 直接增强了与地方的联系。而农村特色农业发展的一个迫切需要就是能有效利用高速公路带来的高效率和低成本,所以在干线公路不断完善的情况下,农村公路建设就成了农村经济发展、农民收入提高的必然选择。

进入21世纪以来,河北省更是把加快农村公路建设作为发展农村经济、解决"三农"问题的突破点。2004年1月,河北省政府以1号文件正式批转省交通厅提出的《河北省农村公路发展目标及实施意见》。河北省

---

① 河北省高速公路管理局内部资料。
② 河北省高速公路管理局内部资料。

第三章　河北省高速公路建设与区域交通网络建设

农村公路建设由此进入实质性落实阶段，农村公路迎来了千载难逢的发展良机。2004~2008年，河北省农村公路建设在5年时间里完成投资近300亿元，新改建农村公路8.2万公里，接近于新中国成立以来前54年总和的2倍；到2008年底，河北省农村公路总里程达到12.97万公里。[①]

二　促使河北省公路运输能力明显提升

随着全省高速路网的构建和立体式公路网的形成，全省各设区市之间的区域通道已经形成，各中心城市之间已经实现了公路交通的无缝连接。公路交通的改善直接带来了全省人流和物流的增长，及全省汽车拥有量的激增，促进了公路交通运输能力的迅速提升。在此，通过河北省公路货运量、公路客运量、全省汽车拥有量、全社会旅客周转量、全社会货物周转量5个指标的变化情况对河北省公路运输能力的提升加以证明。

如图3-2所示，河北省公路货运量自1990年的44258万吨增长到了2008年的84486万吨，年均增长5.1%。

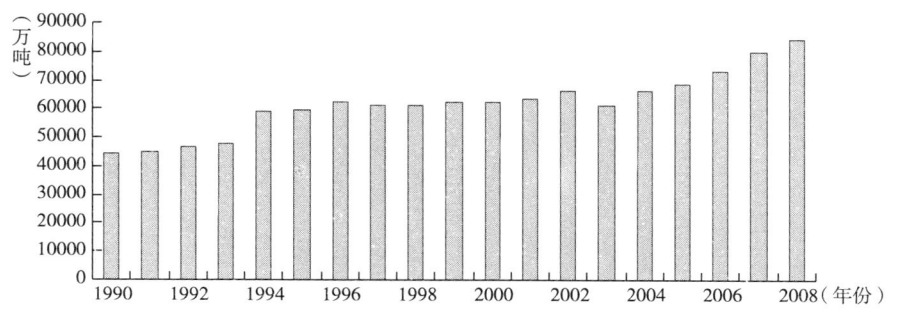

图3-2　1990~2008年河北省公路货运量变化情况

数据来源：1990~2008年《河北经济年鉴》。

如图3-3所示，随着河北高速公路的快速发展和公路网的不断完善，全省客运总量从1990年的20525万人增长到了2008年的87746万人，年均增速为18.2%。

如图3-4所示，仅以民用汽车拥有量为例，可以看出，2001~2008

---

① 河北省高速公路管理局内部资料。

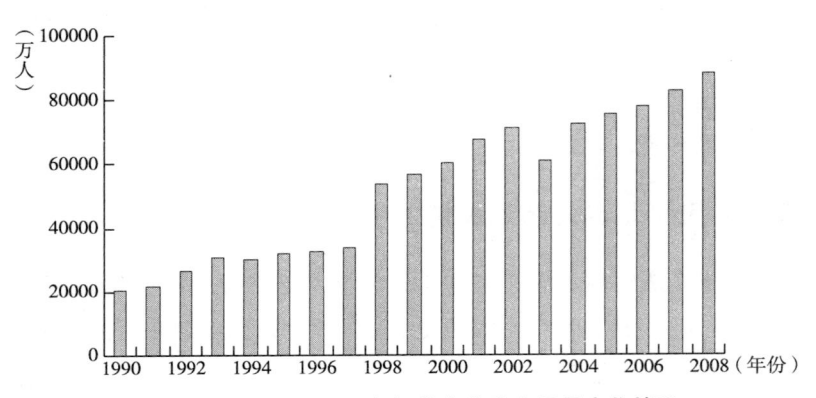

图 3-3　1990~2008 年河北省公路客运量变化情况

数据来源：1991~2009 年《河北经济年鉴》。

年，全省民用汽车总量从 1198784 辆增长到了 3886160 辆，年均增速为 32.1%。

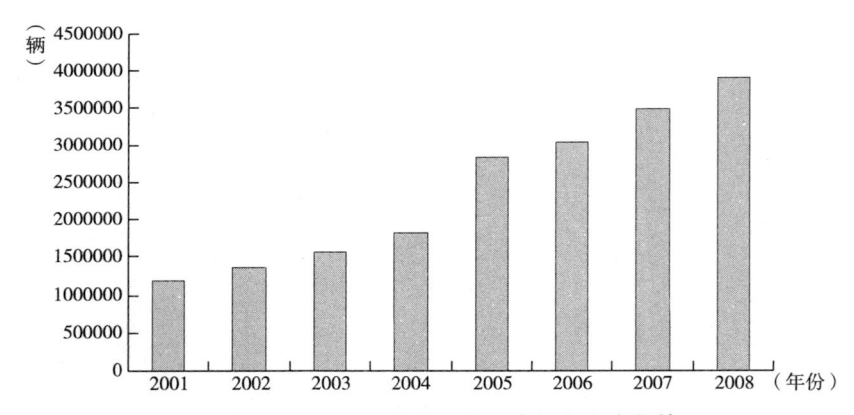

图 3-4　2001~2008 年河北省汽车拥有量变化情况

数据来源：2001~2008 年《河北经济年鉴》。

如图 3-5 所示，1990~2008 年河北全省旅客周转量从 108.44 亿人公里增长到了 597.47 亿人公里，年均增速为 25.1%。这一变化直观地反映了全省客运总量和客运里程的双重增长态势，是高速路网建设中全省公路运输能力提升的一个直接体现。

从图 3-6 所示，1990~2008 年河北全社会货物周转量呈持续增长态势，这得益于货运总量和货运历程的双重增长，直接与全省公路运输能力

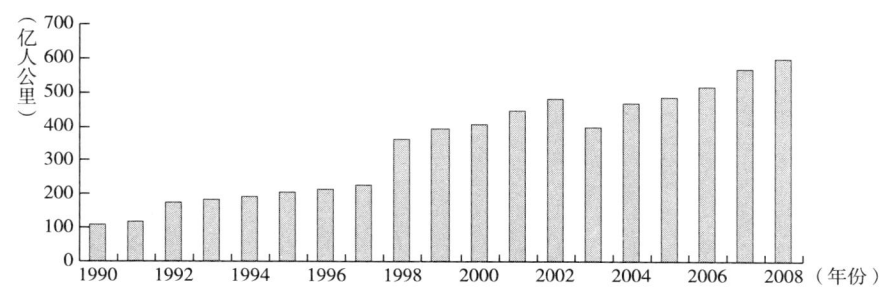

第三章 河北省高速公路建设与区域交通网络建设

图 3-5 1990~2008 年河北省全社会旅客周转量变化情况
数据来源：1991~2009 年《河北经济年鉴》。

提升相关。全社会货运周转量从 1990 年的 215.42 亿吨公里增长到了 2008 年的 890.96 亿吨公里，年均增速达到 17.4%。

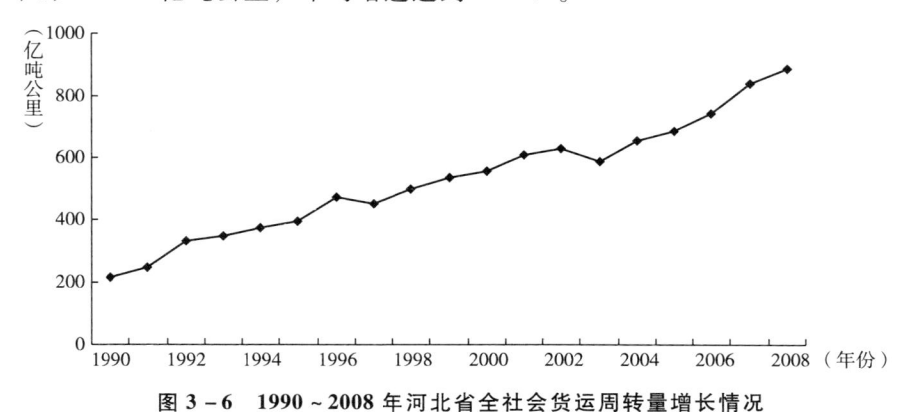

图 3-6 1990~2008 年河北省全社会货运周转量增长情况
数据来源：历年《河北经济年鉴》。

三 提升了公路交通的运营效率

1. 节约了时间成本

在 20 世纪 90 年代初，即高速公路通车前，河北省北部的张家口、承德、唐山、秦皇岛 4 个设区市如有事须到省会石家庄办理时，均须先到北京停留休整，下午或者第二天再开车到石家庄，来回最少得 3 天时间。现在，以上 4 个地区的大部分县（市）到石家庄的时间在 5~6 个小时，这就意味着一天就可以打一个来回。在时间就是效益、时间就是金钱的当今社会，高速公路修建带来的整个社会时间成本的节省意义非凡。

2. 全省交通事故率下降

高速公路网在保障交通安全上也发挥了重要作用，很多高速公路吸引了其他公路多达70%的交通量，而这些低等级公路的事故率通常要比高速公路高得多，交通分流大大降低了现有公路的事故件数。以石黄高速公路的部分路段为例，交管部门的统计数据显示，石黄高速修通后，河北省石家庄至沧州原307国道的事故件数下降了近1/3，衡水段原有公路事故件数则下降了近40%。

3. 提升了公路交通应急能力

从经济社会发展周期看，目前已进入突发事件的高发期，高速公路在应对突发事件方面可发挥重要的支撑作用。高速公路运输具有流量大、速度快、冲击力强的特点，能为各级政府部门快速高效处置突发事件提供有效条件，能为突发事件提供急运力保障。因此，应建立国家层面与省级层面的高速公路网管理与应急处置中心，将高速公路网的日常运营监管与应急处置相结合，积极探索高速公路管理部门与路政、交警联动处置突发事件的联动机制，实现对高速应急保障的常态化管理。

第三节　高速公路在构建区域现代交通网络体系中的功能与作用

一　河北省现代交通网络体系现状

河北省现代交通网络由铁路、公路、水运、航空和管道运输五种方式构成。其中铁路和公路是主骨架，航空、水运和管道运输等方式为辅助，五种运输方式共同构成了协调发展的综合运输体系。京广、京哈、京包、京沪、石德、石太等铁路干线纵横交织，国道101、102、104、106、107、205、207、307、308、309等横贯东西，京港澳、京沪、石太、唐津等二十几条高速公路相互连接，构成了河北省陆路交通网络。该网络与海运线、航空线以及管道运输线相结合，形成河北省现代交通网络体系。

河北民航运输业始于"八五"期间，航空机场大多数都是"军转民"。河北民航运输业起步晚，处于北京、天津、郑州三大空港之间，航空运输

第三章 河北省高速公路建设与区域交通网络建设

优势难以发挥,近年来处于低速发展状态,以旅客运输为主;水上运输主要是海运,由于秦皇岛港、黄骅港、京唐港所处的优势地理位置及其担负的晋煤东运的重要任务,使得港口货物吞吐量仍保持增长趋势,旅客吞吐量也有了突破性的进展且稳中有升;管道运输主要承担华北油田的输油任务。

相对于其他运输方式而言,铁路和公路是河北的主要运输方式。河北省铁路网是以北京为中心的全国铁路网,途经河北,呈放射状向全国延伸分布。近年来火车提速,中短途客、货运输转向公路,铁路运输所占比例总体上处于稳中有降的趋势。公路和铁路一样是河北省最主要的运输方式,近年来公路建设发展较快,通车里程以高速度递增,经济运距日益增加,公路客货运输所占比例逐年提高,到1999年已远远超过铁路而跃居首位,成为河北省最主要的运输方式。

从表3-2中可以看出,在河北省综合运输中,公路和铁路在全省运输中作用显著,铁路主要担负大宗物资的中长途客运及对外物资交流任务,公路主要承担中短途客货运输、铁路和水运物资集散、个体交通运输等任务。

从河北省的交通运输发展趋势看,公路运输承担的任务逐年稳定增加,铁路运输量在总运量中所占的比重在逐年下降,航空、水运虽然发展较快,但是在总运量中所占的比例很小。随着高速公路的飞速发展,公路运输这种机动灵活、适用性强的运输方式在全省综合运输中的作用越来越重要。

表3-2 2008年河北省综合运输构成表

单位:%

运量类别	铁路	公路	水运	航空	管道	合计
客运量	7.20	90.73	—	2.07	—	100
客运周转量	51.69	48.31	—	—	—	100
货运量	21.37	75.85	1.58	0.01	1.19	100
货运周转量	52.56	17.10	29.84	—	0.50	100

资料来源:《河北经济年鉴2009》。

二 搭建起了河北立体式大交通的新格局

1. 高速公路连接着河北省各大港口

已经建成的京秦高速公路和沿海高速公路与秦皇岛港直接相连,另外秦皇岛港与北京和河北腹地紧密相连,在建的承秦高速公路也将与秦皇岛港紧密连接,打通了西煤东运的高速通道;京唐港除了与沿海高速公路相连外,最近还建成了唐港高速公路,搭建了唐山与京唐港之间的快速通道,并且通过这条高速公路与京秦、长深等高速公路连接,构建起了京唐港的高速公路支撑平台;曹妃甸港也有唐曹高速公路与之直接连通,并与沿海高速连接;最南端的黄骅港则有石黄高速公路与之直接相连,打通了东西方向的快速运输通道,而在建的沿海高速公路沧州段将使沿海高速公路贯穿全省,打通黄骅港的南北高速运输通道。

正是有这些高速公路的连通和支撑,全省港口均得到了快速发展。如图3-7所示,河北省港口货物的吞吐量在2000年之前在低位波动,而2000年之后开始迅速攀升。这与河北高速公路的发展时间基本契合,明显体现出了高速公路对于沿海港口发展的有力支撑作用。到2009年,河北省的沿海港口吞吐量已达到50875万吨,是2000年的4.72倍。

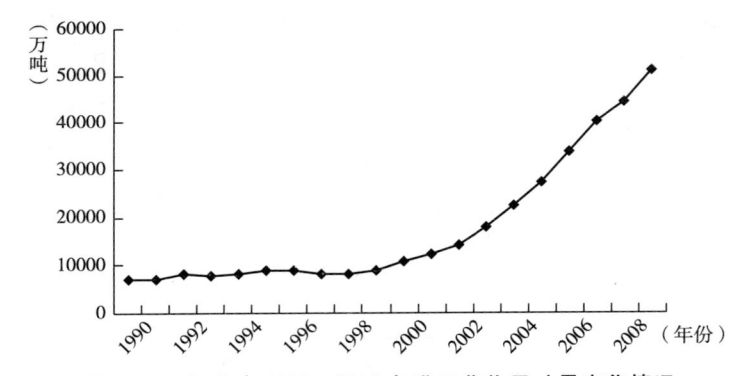

图3-7 河北省1990~2009年港口货物吞吐量变化情况

资料来源:1991~2009年《河北经济年鉴》。

2. 高速公路有力地支撑了河北省空港发展

目前,河北省有石家庄的正定机场、秦皇岛的山海关机场和邯郸的邯郸机场三个民用机场,这三个机场都有一条或多条高速公路与之相通,极大地满足了群众的登机需要。随着河北省高速路网的加快建设,为了积极打造全方位、立体式的大交通格局,唐山、秦皇岛、承德等地都在进行机场的规划和建设。预计在"十二五"期间,河北省将改造扩建石家庄机场,打造成区域型枢纽机场、北京主要分流机场和备降机场,加快秦皇

第三章　河北省高速公路建设与区域交通网络建设

岛、张家口、承德新机场建设和邯郸机场改扩建，谋划建设沧州、邢台机场，从而基本形成河北省立体式大交通格局。

三　促进河北综合交通运输结构不断优化

随着河北以高速公路为主导的高等级公路的网络化发展，公路已成为主要运输通道上的骨干运输方式之一，并有力刺激和推动了铁路、民航、水运的发展，提高了火车站、港口、机场等客货运枢纽的覆盖面和辐射能力，合理地优化了全省的运输结构。

从表3-3不难看出，随着河北省立体式交通网络的基本成形，公路交通的主导地位愈加稳固、不断增强。同时也可以发现，公路货运总量提升的同时，全省铁路、水运尤其是港口吞吐量也都出现大幅增长。整个货运结构已经发展为以公路为主导，以铁路、港口为支撑，以水运、民航、管道为补充的运输结构。该运输结构恰恰是高速公路网络快速发展的一个必然结果。这一结构不再单纯依赖某一运输系统，这使得河北省的交通运输系统在能力不断提升的前提下朝着多元化的道路发展，应急能力更强，结构更加合理，对省经济社会发展的支撑力度也更大。

表3-3　河北省社会货运量

单位：万吨

年份	总量	铁路	地方铁路	公路	水运	民航	管道	港口吞吐量
1990	58203	11501	597	44258	363	0.10	2080	6960
1991	58735	11460	626	44900	345		2030	7236
1992	60648	11734	664	46571	354		1989	8156
1993	61979	11929	733	47722	340		1988	7877
1994	73510	12056	740	59097	409	—	1949	8404
1995	74214	12106	879	59860	404	—	1844	8815
1996	76786	12159	969	62235	439	0.10	1953	8944
1997	76347	12452	1117	61568	363	2.00	1962	8426
1998	75559	11720	1109	61564	414	2.70	1858	8420
1999	76141	11723	1313	62340	504	3.70	1570	9012

续表

年份	总量	铁路	地方铁路	公路	水运	民航	管道	港口吞吐量
2000	76808	12546	1314	62321	571	3.09	1366	10771
2001	80835	14954	2293	63696	945	3.80	1236	12558
2002	84315	15368	2915	66655	1105	2.62	1184	14432
2003	80551	16646	3815	61570	1172	2.48	1161	18002
2004	87265	18216	4504	66227	1700	1.81	1120	22515
2005	91330	19051	5690	68652	2539	1.45	1087	27341
2006	96784	19646	6214	73263	2778	0.88	1096	33805
2007	104188	20920	7498	79822	2162	0.77	1283	39962
2008	111383	23808	10446	84486	1762	0.98	1326	44065

资料来源：1991~2009年《河北经济年鉴》。

从表3-4中不难看出，相对于货运的多元化发展路径，客运的情况恰恰相反。到2008年，公路运输在全社会客运量中的比重已经超过了90%，并且呈现继续增加的态势。这种局面应归功于河北省公路网络的形成和完善。公路与铁路相比而言直接带来了时间成本的节省，再加上近年来全省汽车拥有量的不断攀升，公路客运总量在整个运输结构中的比例不断增加也就成了一个必然的结果。

表3-4　河北省全社会客运量

单位：万人

年 份	总 计	运输方式				
		铁 路	地方铁路	公 路	水 运	民 航
1990	25745	5034	45	20525	183	4.0
1991	26745	4849	34	21721	172	3.0
1992	31525	4832	32	26693		
1993	35686	5118	20	30567		1.0
1994	35109	5093	8	30013		3.0
1995	36714	4655		32038		21.0
1996	36589	4272		32303		13.6

第三章　河北省高速公路建设与区域交通网络建设

续表

年份	总计	运输方式				
		铁路	地方铁路	公路	水运	民航
1997	38021	4254		33755		12.0
1998	58403	4633		53761		8.7
1999	61575	4704		56862		8.6
2000	65255	4902		60341		12.0
2001	72229	4841		67377		10.7
2002	76094	5004		71081		9.1
2003	65219	4441		60767		10.7
2004	77784	5270		72500		13.8
2005	80918	5492		75402		23.8
2006	83988	6024		77931		33.3
2007	88935	6238		82648		48.8
2008	94622	6816		87746		59.4

资料来源：1991～2009年《河北经济年鉴》。

第四节　河北省高速公路在全国的地位

一　高速公路建设位居全国前列

河北省环绕首都北京和北方最大的贸易港口城市天津，西邻全国重要的煤炭基地山西，境内东部秦皇岛是全国最大的能源输出港和全国第二大港口。因此，河北省既是北京通往全国各地的必经之路，又是山西、陕西、内蒙古等地煤炭外运的重要通道，河北省交通运输网在全国占有重要地位。

鉴于在全国交通运输网的重要地位，河北省非常重视高速公路规划和建设，20多年间，由无高速到突破4000公里大关，凝聚了河北高速人的辛劳和汗水。截止到2010年底，河北省高速公路通车里程达4307公里，居全国第3位，仅次于河南和广东，说明河北省高速公路投入和建设在全国是领先的。从高速公路里程占公路总里程的比例看，河北省为2.79%，居全国第8位，表明河北省已经初步形成了以高速公路为主骨架的公路交通运输网络。从高速公路密度来看，河北省为2.29公里/百平方公里，居全国第9位。一般来说，人口密度为370~570人/平方公里，高速公路的合理密度应该在3公里/百平方公里左右。根据2010年底的统计数据，河北省的人口密度为383人/平方公里，人口密度与高速公路合理密度基本吻合，表明河北省高速公路适应了经济社会发展。从万人拥有高速公路长度来看，河北省为0.6公里/万人，居全国第15位（见表3-5），表明河北省的高速公路建设还存在一定空间。河北省高速公路在经历快速发展之后进入优化提高的阶段。

发达国家高速公路建设经验表明，土地面积大、人口密度高的国家对高速公路的需求量大，高速公路的建设规模与当地的经济发展水平密切相关。改革开放后，中国的经济实力有了快速提升，必将出现一个高速公路的发展高峰期。河北省的高速公路发展历程与全国一致，在经历了快速发展后，进入了稳定的发展状态。

表3-5 全国31个省（市、自治区）高速公路指标比较

地 区	公路总里程（公里）	高速公路里程（公里）	高速公路占公路总里程比例（%）	高速公路密度（公里/百平方公里）	万人拥有高速公路长度（公里/万人）
北 京	21114	903	4.28	5.38	0.46
天 津	14832	982	6.62	8.69	0.76
河 北	154334	4307	2.79	2.29	0.60
山 西	131644	3003	2.28	1.92	0.84
内蒙古	157994	2365	1.50	0.20	0.96
辽 宁	101545	3056	3.01	2.09	0.70
吉 林	90437	1850	2.05	0.99	0.67
黑龙江	151945	1357	0.89	0.30	0.35
上 海	11974	775	6.47	12.30	0.34
江 苏	150307	4059	2.70	3.96	0.52
浙 江	110177	3383	3.07	3.32	0.62
安 徽	149382	2925	1.96	2.09	0.49
福 建	91015	2351	2.58	1.94	0.64

续表

地　区	公路总里程（公里）	高速公路里程（公里）	高速公路占公路总里程比例（%）	高速公路密度（公里/百平方公里）	万人拥有高速公路长度（公里/万人）
江　西	140597	3051	2.17	1.83	0.68
山　东	229859	4285	1.86	2.79	0.45
河　南	245089	5016	2.05	3.00	0.53
湖　北	206211	3674	1.78	1.98	0.64
湖　南	227998	2386	1.05	1.13	0.36
广　东	190144	4839	2.54	2.69	0.46
广　西	101782	2574	2.53	1.09	0.56
海　南	21236	660	3.11	1.94	0.76
重　庆	116949	1861	1.59	2.26	0.65
四　川	266082	2682	1.01	0.56	0.33
贵　州	151644	1507	0.99	0.86	0.43
云　南	209231	2630	1.26	0.69	0.57
西　藏	60810		0.00	0.00	0.00
陕　西	147461	3403	2.31	1.66	0.91
甘　肃	118879	1993	1.68	0.44	0.78
青　海	62185	235	0.38	0.03	0.42
宁　夏	22518	1159	5.15	1.75	1.84
新　疆	152843	843	0.55	0.05	0.39

资料来源：根据2011年《中国统计年鉴》计算。

二　在全国率先探索投资方式

1. 投资结构多元化发展

高速公路建设离不开大量资金的支撑，从1994年到2010年，河北省共投入1695亿元进行高速公路建设，为高速公路快速发展提供了强有力的保障，这样的资金投入在全国都是屈指可数的。面对巨大的资金需求，河北省高速公路建设坚持发展创新，积极实行项目业主、投资主体和筹资方式三个"多元化"，各省在高速公路建设过程中出现的一大难题——筹措资金难，在河北省被很好地破解。

高速公路建设与效益

第一，通过实行项目业主多元化，改变了省交通运输厅一家唱主角的局面，鼓励和支持有条件的设区市做项目法人。省交通运输厅通过解放思想，破除了交通建设就一定要交通部门当业主的思维定式，树立让有能力的投资者当主角的观念，除省交通运输厅下属的3家项目法人外，还允许各设区市作为业主。河北省已建成通车高速公路33条（段）中，分别由省高速公路管理局和各设区市交通运输局管理。其中，市管高速公路有16条，分别是：石家庄市1条，张石高速石家庄段（含石家庄北出口支线）；承德市1条，京承高速；张家口市4条，张承高速张家口至崇礼段、张石高速张家口段一期二期、京化高速、丹拉高速；唐山市3条，唐港高速、唐曹高速、承唐高速（含唐山西外环高速）；保定市2条，张石高速保定段（含密涿支线）、保阜高速；沧州市1条，津汕高速；衡水市1条，衡德高速；邢台市1条，邢临高速；邯郸市2条，青兰高速冀鲁界至邯郸段、青兰高速邯郸至涉县段。这一思想观念的转变，极大地促进了河北高速公路发展。

第二，通过实行投资主体多元化，尝试通过吸引外资和民间资本创立新的投资主体，先后启动了石安、京秦、京沪、京张、保沧等高速公路的建设。在吸引外资方面，河北省一直把利用外资作为高速公路建设的"重头戏"。截至2010年底，省交通部门共争取各类国际金融组织贷款6.4亿美元，先后建设了省境内石安、京秦、京沪3条高速公路，在全国公路项目利用外资中名列前茅。石安高速公路利用世界银行贷款额度巨大，该项目工程总投资约为46.841亿元人民币（不含连接线），其中世界银行贷款2.4亿美元。这2.4亿美元不仅建设了石安高速公路，更重要的是为河北省高速公路建设资金的筹集开辟了新的思路。从此，河北省交通部门把利用外资作为高速公路建设的一条重要筹资途径，又分别从亚洲开发银行为京秦、京沪争取到2.2亿美元和1.8亿美元的国际贷款。6.4亿美元为河北高速公路建设解决了资金问题，更带来了先进的技术和管理方法，推动河北省高速公路建设、管理水平与国际惯例全面接轨。

高速公路建设周期长、所需投资大、回收期长，但利润率高、投资收益稳定，历来是国有投资垄断、民间投资被限制进入的行业。河北省高速

第三章　河北省高速公路建设与区域交通网络建设

公路管理部门破除了交通建设单纯依靠国家投资的思维定式，树立了市场筹融资观念，在吸引民间资本方面进行了大胆尝试。保沧（保定到沧州）高速公路是河北省第一条民营资本参与投资建设和运营管理的高速公路，该项目总投资 48.4 亿元，民营企业保定长城汽车股份有限公司以 34% 的投资比例成为股东之一，这意味着河北省高速公路建设进入投资主体多元化时代。

第三，实行筹资方式多元化，通过积极利用银行贷款、出让已建高速公路收费权、出售高速公路股权、出让或预租加油站经营权等多种筹资方式，基本解决了高速公路项目的资金筹措难题。河北省通过推行新的管理模式，进一步增强了投资能力。2009 年，河北省全年完成高速公路建设投资 360 亿元，在新开工高速公路数量、高速公路建设完成投资金额、高速公路施工规模等方面都是河北省历史上最多、最大的一年，创下了许多新纪录。这与河北省高速公路新管理模式的推行密切相关。河北省管高速公路原来实行分散式管理，融资能力有限，不能适应高速公路建设快速发展的需求。通过对高速公路管理机构进行整合后，成立了省高速公路管理局，这样银行的贷款对象变成了省高速公路管理局。由于对所有贷款实行统贷统还政策，银行不再担心贷款对象整体的还款能力，从而大大增强了河北省高速公路建设的贷款能力。

2. 建设资金监管力度不断增强

河北省高速公路经过 24 年建设经验的积累，在高速公路项目建设和施工技术管理方面已经较为成熟。但是，作为主要由政府配置资源的高速公路建设领域也容易成为腐败的滋生地。对此，省交通运输厅高度重视，从 2003 年开始相继制定了各项制度。从 2005 年 8 月开始，河北省率先在在建高速公路中推行"十公开"，即以发展规划及建设计划编制、项目审查和审批管理、招投标过程、征地拆迁管理、施工过程管理、设计变更管理、质量监督、竣工验收、资金使用以及建设市场管理等 10 个方面为抓手，推出了一系列具有针对性和可操作性强的公开措施。通过制度创新真正实现了高速公路建设领域的"机制反腐"和"制度反腐"，受到了交通部和省委、省政府的高度重视并给予积极评价，向全国交通系统和全省进行了推广。

党风廉政建设是行业生存发展的重要保障。几年来，省高速公路管理局以"建廉政行业,树交通新风"为主题,坚持"教育、制度、监督"并重,构建具有行业特色的预防和惩治腐败体系,开展预防职务犯罪教育,联合省检察院共同开展高速公路工程建设专项预防职务犯罪工作,明确了专项预防工作的重点部位、关键环节和专项预防主要措施,建立起了预防职务犯罪的长效机制。省高速公路管理局响应省交通运输厅党组号召,大力推进"十公开",打造阳光工程,形成了公开竞争的良好机制,建人民满意工程理念不断深化,管理手段进一步优化,管理水平不断提高,推动了工程建设的顺利进行。以在建高速公路为切入点,重点督察工程建设中的招投标、转包分包、设计变更、材料采购、质量监督等主要环节和养护、收费、路政执法等重点领域,使各项工作的程序更严格、行为更规范。

表3-6 河北省已通高速公路基本情况(截止到2010年底)

单位:公里,亿元

名称	始终点	总里程	总投资	通车时间	管理单位
G1 京哈高速	京秦高速(香河段): 京界—津界	21.303	5.8	1999年	河北省京秦 高速公路管 理处
	京秦高速(冀): 宝坻(津界)—山海关(辽界)	199.31	54.4	1999年	
	京秦高速北戴河支线: 榆关镇—北戴河	17.63	4.8	2000年	
G2 京沪高速	京津塘高速(廊坊段): 京界—津界	6.84	0.92	1990年	华北高速公 路股份有限 公司
G3 京台高速	京沪高速(冀): 青县(津界)—吴桥(鲁界)	140.996	38.45	2000年	河北省高速 公路京沪管 理处
G4 京港澳高速	京石高速(冀):京界—石家庄	221.526	24	1994年	河北冀星高 速公路有限 公司系中外 合作企业
	石安高速:石家庄—安阳(豫界)	216.05	46.841	1997年	石安管理处

第三章 河北省高速公路建设与区域交通网络建设

续表

名称	始终点	总里程	总投资	通车时间	管理单位
G5 京昆高速	张石高速（保定段）： 主线涞水—曲阳（石保界）；	135.566	93.6	2008年	张石高速公路保定管理处
	张石高速（保定段）： 支线涞水至涿州段	25.951		2008年	
	张石高速（石家庄段）： 曲阳（石保界）—鹿泉， 含支线石家庄绕城高速北段曲阳桥至正定机场段（16.034公里）	64.793		2008年	张石高速公路石家庄管理处
G6 京藏高速	京张高速（冀）： 康庄（京界）—宣化小慢岭	79.189	27.82	2002年	河北华能京张高速公路有限责任公司
	丹拉高速（冀）： 宣化小慢岭—冀蒙边境老爷庙	99.422	21.7924	2005年	丹拉公路张家口高速公路管理处
G7 京新高速	京化高速一期： 甘子堡京界—土木段	21.653	14.5	2008年	河北华能京张高速公路有限责任公司
G25 长深高速	承唐高速（唐山段一期）： 唐山市西外环高速公路终点—遵化市党峪镇南小营村	18.46	1.5	2005年	河北唐津高速公路有限公司
	承唐高速（唐山段一期）： 遵化市党峪镇南小营村—承唐交界处	25.2	2.5	2010年	
	承唐高速唐山段唐山西外环高速： 丰南—唐山西	34.4	3.5	2005年	
	唐津高速： 唐山北—汉沽（津界）	58.209	15.9	1999年	
	长深高速沧州段：津界—鲁界	69.068	25.5	2005年	
	承唐高速承德段： 双滦区大栅子—承唐交界处	82.3	62.6	2010年	承唐高速承德管理处

续表

名称	始终点	总里程	总投资	通车时间	管理单位
G45 大广高速	京承高速（冀）： 承德—司马台（京界）	77.1	18.5	2005年	河北承德京承高速公路建设管理处
	固安至深州段	186.3	100.47	2010年	大广高速京衡筹建处
	深州至大名段	220.429	113.87	2010年	大广高速衡大筹建处
G18 荣乌高速	保津高速：徐水—冀津界段	105.4	24	1999年	河北唐津高速公路有限公司
G20 青银高速	青银高速（冀）： 清河（鲁界）—石家庄	181.859	46.2	2006年	河北省青银高速公路管理处
	石太高速：石家庄—旧关（晋界）	69.44	27	1995年	河北石青高速公路有限公司
G22 青兰高速	冀鲁界至邯郸段： 馆陶（鲁界）—邯郸	93.79	27.13	2008年	邯长高速公路管理处
	邯郸至涉县段：邯郸—涉县	99.1	28.2	2010年	
	邯长公路：涉县—更乐	13.1		2004年	
G1811 石黄高速	石黄高速：石家庄—沧州	207.1	44.37	2000年	石黄高速公路管理处
	沧黄高速：沧州—黄骅港	93.585	25.9	2007年	
	石黄高速衡水支线： 衡水小榆林—衡水	23.4	4.1		
宣大高速	宣化（京藏高速）—阳原（晋界）	127.8	38.6	2000年	宣大管理处
张石高速	张家口段一期：张北—宣化	90.23	28.6	2006年	张石高速公路张家口管理处
	张家口段二期：宣化—涞源界段	76.929	46.5	2009年	
	保定段：蔚县—涞源	33.5	76.2	2010年	张石高速公路保定管理处
	保定段：涞源—涞水	92.8		2010年	

第三章 河北省高速公路建设与区域交通网络建设

续表

名称	始终点	总里程	总投资	通车时间	管理单位
保沧高速公路	保定—沧州（石黄高速）	122.5	48.4	2008年	河北保沧高速公路有限公司
河北沿海高速公路	秦皇岛（京哈高速）—津界	160.236	63.2	2009年	河北沿海高速公路管理处
	沧州段：黄骅段津界—鲁界	51.5	48	2010年	
密涿高速	廊涿高速公路：廊坊—涿州	58.4	33.96	2008年	河北省廊涿高速公路管理处
唐曹高速	唐山丰南—曹妃甸	63.673	53.5	2008年	唐港高速公路管理处
唐港高速公路	王盼庄—京塘港	80.2	16.5	2000年	唐港高速公路管理处
衡德高速公路	衡水—山东德州	61.3	11	2003年	衡德高速公路管理处
邢临高速公路	邢台（京珠高速公路邢台南—冀鲁界	104.64	22	2005年	邢台市高速公路管理处
保阜高速	保定（保沧高速公路）—阜平晋界段（忻阜高速公路）	147.21	114.67	2009年	河北保阜高速公路有限公司
张承高速公路	张家口至崇礼段	62.1	37.72	2010年	张承高速公路管理处
廊沧高速	廊坊段：永清县（与拟建的京津南通道相连）—沧州青县交界处	93.3	71.7	2010年	廊沧高速管理处
	沧州段：青县—沧县南顾屯	48		2010年	
京化高速	一期：京冀界甘子堡村北—怀来县土木镇西	21.6	14.5	2008年	京化高速管理处
	二期：土木镇西—阳原县化稍营张石高速公路	71.281	43	2010年	

资料来源：河北省高速公路管理局。

三 在河北争先应用技术创新成果

1. 依靠科技创新，提高工程质量

河北省十分注重以科技创新提升高速公路工程内在质量，工程质量逐步提高，许多先进技术、先进设备、新材料、新工艺逐步运用到公路建设中。2001年全国高速公路评比中，河北受检的6条路有5条进入前十名，获得总分第一名。河北高速公路建设针对桥头跳车、沥青路面早期车辙、高填方路基的超限沉降等质量通病，通过对关键技术、关键环节进行分析，找到了解决之路。以青银高速公路为例，在建设过程中开展了14项有关路面结构优化、高速公路地基处理、路基填料试验、质量管理系统开发等方面的科研课题研究。其中"高速公路路堤填料CBR试验及工程适宜性研究"和"分布式光纤监测系统在桥梁工程中的应用研究"分别荣获河北省交通运输厅科技成果一等奖和河北省科技进步三等奖。在保沧、廊涿高速公路建设中，先后采用了T梁喷淋养生、特大桥桥面钢筋阴极保护技术，开展了预应力梁的应力测试技术研究、抗裂沥青混合料技术研究、夯实水泥土桩复合地基变形与稳定性研究等课题研究，并在实践中取得了良好效果。在沿海高速公路建设中，结合工程实际，"沿海高速公路盐渍土路基填料改性与施工技术""沿海高速公路软土地基施工控制技术"在唐山段T5、T6标段中应用改性材料处理盐渍土3.1万立方米，节约占地30亩，很好地指导了施工生产。接着又开展了"泡沫聚苯乙烯在高速公路软基段路堤减轻及抢险工程中的应用研究""双钢轮振荡压路机在公路桥梁上的应用""DX挤扩灌注桩在公路桥梁上的应用"等科研项目，并将课题研究成果应用到工程建设中去，提高了工程质量，降低了工程造价。如原设计为直径1.0米的振冲碎石桩变更为直径为0.6米的夯扩挤密碎石桩，节约投资约846万元。据统计，通过优化设计，采取新工艺、新技术，沿海高速公路项目共节省资金2426万元。

在高速公路建设过程中，河北省始终坚持"安全、环保、和谐、耐久、节约"的理念，打造资源节约型行业。在高速公路项目尤其是山区高速公路项目的建设中，把新理念和新技术结合起来，充分体现公路建设以人为本、全面协调的理念，力求达到节约公路建设资源、环境友好的目

的，实现全省高速公路建设的可持续发展。如石安高速在施工中使用了大量的粉煤灰，少占用耕地1.1万亩，同时减少了环境污染，取得了良好的经济效益和社会效益，受到世界银行官员和国家计委的充分肯定；丹拉高速下八里至老爷庙段以及京承高速公路、石黄高速公路充分利用旧路改造，大大节约了耕地；青银高速河北段建设伊始，低路基就成为基本的理念，路基平均土方量仅为每公里6.1万立方米，平均填土高度1.9米，创河北省高速公路建设节约用土之最。

2. 依靠信息网络，提高智能化水平

智能交通建设是提高高速公路通行能力和服务水平的关键。在全省交通系统认真践行"三个服务"宗旨和"建设民生交通、效能交通和现代交通"的新形势下，省高速公路管理局把发展智能交通作为高速公路运营管理的重点工作，突出重点，整体推进，并以京石路为试点，开发实施"高速公路公众出行信息服务系统"。该系统提供的信息包括京石路路况信息、收费站简介和地理信息、服务区简介及区位图、大型桥梁地理图、路政和交警部门信息、沿线周边县市天气情况、延伸服务提示及通行费查询、客运信息查询、沿线旅游咨询等板块。该系统采用了先进的鹰眼搜索系统，点击即可得到京石路具体路段的放大或缩小详图。系统还设计了量距、量面功能，进行精准的出行线路距离测量、出行区域面积计算。该系统在奥运会期间发挥了巨大作用，保障了奥运期间京石高速公路的通畅。同时，在京石、京秦高速公路廊坊段设计了不停车收费系统，大大提升了京石、京秦高速公路的通行能力。宣大高速公路海儿洼大桥健康监测系统、京张高速公路官厅特大桥健康监测系统建成使用，将建立起桥梁健康与监控信息库，及时掌握桥梁运营状态，延长桥梁使用寿命。在路政管理方面，运用现代科技手段，充分利用卫星定位系统、移动视频系统和路政管理系统，加强监控调度，整合资源，强化巡查，保证了巡查时间和巡查效果。

四 高速公路管理模式独树一帜

1. 管理机构和体制改革

高速公路是社会的循环系统，与政府公益性目的之间存在重要的价值关系,它决定了政府必然介入高速公路系统。河北省高速公路管理体制改革是以此为基点的,它不同于有些地方完全将高速公路市场化,也不同于一些地方完全将高速公路纳入行政管理之内,它是成立了省高速公路管理局(集团公司),既有效地进行规划指导,又有效地激发出市场调节的活力。这样改革的好处是能够引导高速公司处理好赢利与公益的关系,防止高速交通市场恶性竞争,为高速公路建设提供有效的资金支持。

(1)河北省高速公路主管部门的设立

2008年以前,河北省高速公路的筹建和管理工作分别由原省高速公路管理局、省道路开发中心、国际金融组织贷款项目办公室和省交通运输厅引资办公室4个单位来负责完成。1990年,为了加快京石高速公路建成通车,对该路段的路政、交通安全、养护维修和收费工作实行统一管理,11月13日,经河北省编委冀编〔1990〕130号和159号文批准,成立了河北省交通运输厅高速公路管理局。原高速公路管理局设在石家庄,下设3个管理所、7个收费站,为正处级事业单位,编制469人,归省交通运输厅领导。1991年,为了促进高速公路快速发展,开始谋划石青、石黄、唐津高速公路的筹建,同时成立河北省道路开发中心,负责石青、石黄和唐津高速修建与管理。河北省道路开发中心经河北省编制委员会批准,以冀〔1991〕169号文件批复成立,为正处级事业单位,编制48人。随着河北省改革开放的深入,交通运输厅开始探索引进国际金融组织资金修建高速公路,于1994年经冀机编办〔1994〕31号文批准,成立了河北省交通运输厅国际金融组织贷款项目办公室,为厅属处级事业单位,定编40人。

(2)河北省高速公路主管部门的改革

原高速公路管理局锐意进取、探索改革,率先进行了公司化管理的尝试,为以后高速公路管理的公司化运营积累了宝贵的经验。1992年,河北省交通运输厅以14号文批准原省高速公路管理局成立"河北省高速公路禄发实业总公司",这是河北省第一家以公司名称命名的高速公路管理部门。1994年,又成立了河北省高速公路开发有限公司,公司化管理进程进一步加快。1998年,省交通运输厅组建京津塘高速公路(河北段)、唐津高速公路(河北段)的相应领导机构,上市发行股票。

第三章　河北省高速公路建设与区域交通网络建设

（3）河北省高速公路主管机构的整合

在国家和河北省实行大部门制的大环境下，为了整合行政资源，有效协调管理，适应高速公路快速发展和网络化需要，经河北省政府批准，在成功整合原高速公路管理局、国际金融组织贷款项目办公室、道路开发中心和省交通厅引资办公室 4 家单位基础上组建河北省高速公路管理局。2008 年 10 月 28 日，省机构编制委员会下发了《关于印发〈河北省高速公路管理局（河北省高速公路集团）机构编制方案〉的通知》（冀机编〔2008〕92 号），撤销省交通运输厅国际金融组织贷款项目办公室、省高速公路管理局、省道路开发中心和省交通运输厅引资办公室，组建河北省高速公路管理局（河北省高速公路集团），为省交通运输厅所属副厅级事业单位，机关事业编制 120 人，领导 7 人。根据工作需要，省高速公路管理局（省高速公路集团）设立 3 个直属事业单位，即指挥调度中心、高速公路路政总队和服务管理中心，机构规格相当于处级；省沧黄高速公路管理处并入省石黄高速公路管理处，省京秦高速公路廊坊段管理处并入省京秦高速公路管理处；撤销了省保津高速公路管理处和省保沧高速公路筹集处事业单位建制。从此，河北省高速公路管理部门完成了优化整合，形成了以交通运输厅为领导，以高速公路管理局为主管部门，由 8 个机关部室、3 个直属单位、8 个管理处、6 个管理公司和 5 个筹建处组成的管理体系（见图 3-8）。

2. 管理机关内部建设

（1）加强领导班子建设，提高驾驭全局的能力

领导班子重视政治理论学习，严格落实中心组理论学习制度，提高领导班子的政治理论水平和政治敏锐性；同时领导班子也注重业务知识学习，提高成员的业务素质。认真坚持民主集中制，按照"集体领导、民主集中、个别酝酿、会议决定"的原则，自觉实行集体领导下的分工负责制。凡涉及工程建设、收支计划和人事、财务等重大问题，一律由班子集体讨论决定；凡是班子成员职责范围内的事情，独立负责地做好工作，充分调动了每个成员的积极性，增强班子的凝聚力、战斗力。强调团结协作，领导班子能够做到党政之间、正职与副职之间互相协调，主动沟通；班子成员之间能够互相尊重、互相信任、互相支持，自觉维护班子内部团结，形成齐心协力抓工作的良好氛围。推进廉政建设，教育领导干部廉洁自律，

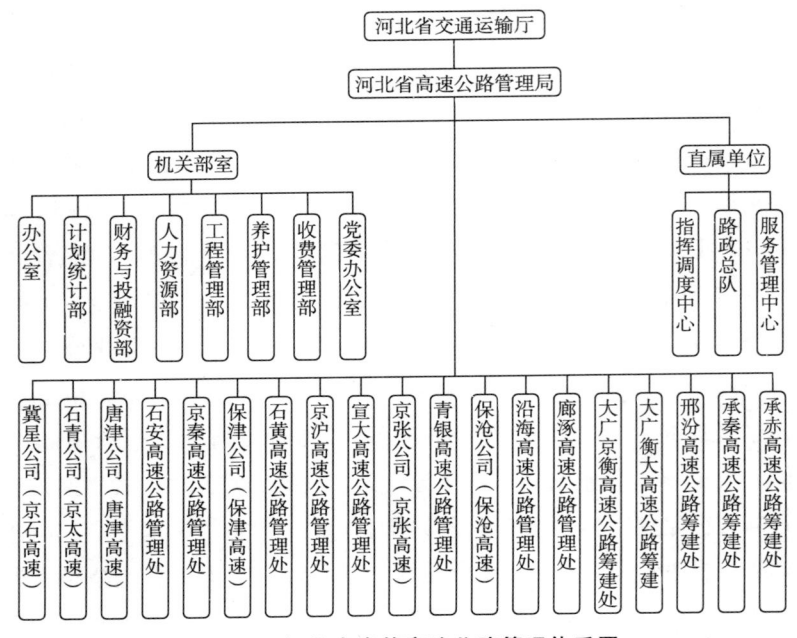

```
                           河北省交通运输厅
                                │
                         河北省高速公路管理局
              ┌──────────────────┴──────────────────┐
            机关部室                               直属单位
   ┌───┬───┬───┬───┬───┬───┐              ┌───────┬───────┬───────┐
  办  计  财  人  工  养  收  党           指      路     服务
  公  划  务  力  程  护  费  委           挥      政     管理
  室  统  与  资  管  管  管  办           调      总     中心
      计  投  源  理  理  理  公           度      队
      部  融  部  部  部  部  室           中心
          资
          部
```

（机关部室下属分公司/管理处/筹建处：冀星公司（京石高速）、石青公司（京太高速）、唐津公司（唐津高速）、石安高速公路管理处、京秦高速公路管理处、保津公司（保津高速）、石黄高速公路管理处、京沪高速公路管理处、宣大高速公路管理处、京张公司（京张高速）、青银高速公路管理处、保沧公司（保沧高速）、沿海高速公路管理处、廊涿高速公路筹建、大广京衡大高速公路筹建、邢汾高速公路筹建处、承秦高速公路筹建处、承赤高速公路筹建处）

图 3-8　河北省省管高速公路管理体系图

自觉抵制社会上的不良风气影响，这需求干部处处起到模范带头作用。

（2）加强机关建设，努力为生产一线服务

出台并落实了《机关效能建设实施意见》、"绩效考评制"、"首问负责制"、"一次性告知制"和"限时办结制"等，提高了工作效率和服务质量。紧密结合党纪政纪条规的学习教育和"五增强"作风教育活动，全面提高了机关人员的自身素质。努力改变工作作风，确实做到了想基层所想、急基层所急，深入基层，主动为基层解决问题。机关先后几次在生产一线召开主任办公会，为基层解决很多难题。同时，推行首问负责制，克服了"门难进、脸难看、事难办"的不良作风，以提高自身办事效率。塑造自身形象，自觉遵守各项规章制度，严于律己，特别是机关人员到基层检查指导工作时能够轻车简从、廉洁自律，为生产一线作出了表率。

（3）加强队伍建设，提高队伍的整体素质

在对高速公路的管理中，主管部门一直倡导"团结、务实、创新、进取"的工作作风，以提高干部职工的综合素质。制订了系统的学习培训计划，开展了创建高效规划、周到服务的文明机关，创建文明执法、规范行政

第三章　河北省高速公路建设与区域交通网络建设

的执法队伍，创建服务热情、奉献社会的窗口形象活动。尤其是原高管局以建局15周年为契机，开展了以"爱高速、爱高管局"为主题的系列教育活动，引导职工热爱本职、献身高速，并成功举办了建局15周年庆典，振奋了精神、鼓舞了士气，也增强了干部职工的集体荣誉感和责任感。

3. 以提供优质服务为重心的管理创新

（1）养护管理

高速公路的养护管理主要包括三项内容。一是日常养护，主要工作是路面日常清扫、挖补路面坑槽、路面灌缝、路边绿化、维护安全防护设备等；二是路面养护，重点是路面车辙病害治理；三是桥梁检测加固，主要工作是定期组织监理、质监、设计、施工等单位进行质量检查，建立健全建设、监理、施工三级质量保证体系，实行质量否决制。在相关部门的精心养护下，各条高速公路得以安全、顺畅运行。

以京秦高速养护状况为例，2000～2009年京秦高速公路的养护费用基本保持在800万～1700万元。因为专项费用用途不一，所以数目差别较大，最少是300万元，最多是22123万元。在巨额资金的投入下，京秦高速公路得到了良好的养护，养护质量指标（MQI）达到94%以上，设备完好率保持在96%左右，好路率连年保持100%（见表3－7）。其他路段高速公路基本上与京秦高速的养护效益差别不大。

表3－7　2000～2009年京秦高速公路养护投入及效果一览表

指标 年份	总投入 （万元）	日常投入 （万元）	专项投入 （万元）	养护质量 指标（MQI）	设备完好率 （%）	好路率 （%）
2000	1100	800	300	100	96	100
2001	2161	1171	990	99.5	98	100
2002	1990	1100	890	99.5	—	100
2003	3303	980	2323	99.8	98	100
2004	5389	1100	4289	95.7	96	100
2005	23081	958	22123	94.8	96	100
2006	1153	1153	—	98.2	95	100
2007	22522	1272	21250	98.5	95	100
2008	5111	1526	3585	98.5	95	100
2009	6565	1656	4909	96.7	—	100

资料来源：2000～2009年京秦高速管理局述职报告。

(2) 收费管理

高速公路管理局始终把收费工作作为运营管理工作的重中之重,通过制定切实可行的收费考核目标和考核办法,对收费任务进行层层分解,并且建立了奖惩机制,充分调动了收费人员的积极性;建立和完善了各个岗位的管理制度,严格落实《收费人员作业标准》和《收费人员五坚持五提倡十严禁》,规范了收费行为,收费人员的服务意识也明显提高;同时注重收费稽查工作,通过各种形式的稽查,堵塞了收费工作中的漏洞,净化了收费环境。

(3) 路政管理

路政管理一在队伍,二在执法。为此高速公路管理部门不断强化路政执法队伍建设,开展了"严肃执法纪律、树立文明形象"教育整顿和全员岗位练兵活动,举办了全局路政系统法律知识竞赛和队列比赛,提高路政人员的政治业务素质。同时,还加强制度建设,制定了一系列规章制度,如完善了"执法公示制度"和"内部监督工作制度",制定了"学习培训制度"、《高速公路路政督察管理办法(试行)》、《河北省高速公路管理局行政执法责任制实施方案》、《高速公路巡查管理办法》、《高速公路施工安全管理规定(暂行)》、"行政许可审查制度"以及《路政管理考核实施细则》等,实行目标管理、量化考核。

在高速公路路政部门的辛勤工作下,路政管理效果明显。高速公路发展的24年中,各条高速公路基本上没有出现"两错"个案和"三乱"现象;发生路政案件破案率均保持在97%以上,结案率也保持在了97%左右,为收回路产损失赔偿和治理超限车辆作出了贡献。2008年,在高速公路管理部门的机构合并下,路政工作实现了统一管理。当年,共处理路政案件5998起,收缴路产赔补偿费3212.5万元;破案率99.97%、结案率99.48%、索赔率99.92%,超限率也控制在了5.8%以内;全年没有发生重大安全生产责任事故,没有出现公路"三乱"现象。

(4) 服务区管理

河北省高速公路服务区管理工作不仅是全省交通系统的亮点,而且在全国高速公路服务区系统中也是一面旗帜。高速公路管理部门在对服务区管理的指导思想上,始终坚持把高速公路作为为全省人民提供公共服务的

第三章　河北省高速公路建设与区域交通网络建设

载体，作为展示河北省文明形象的品牌窗口来进行全方位建设。通过"经常抓、抓经常；重点抓，抓重点；反复抓、抓反复"的工作方式，提升了服务质量，提高了经济效益。主要表现在以下五个方面。

一是全面推行星级管理和星级服务，省管高速公路服务区实施了经营管理"六统一"（即统一标志标识、统一礼仪规范、统一规章制度、统一工作流程、统一服务标准、统一考核办法），以管理促服务、以服务创效益，所属服务区全部实现星级达标。

二是转变经营理念、经营方式，降低成本，提高效益。大力强化和创新三个品牌建设，即以"六统一"为核心的管理品牌建设、以"家文化"为核心的文化品牌建设和以"一路一特色、一区一品牌"为核心的服务品牌建设。餐饮上增加花色品种，超市增设地方名优特产专柜，满足顾客需求。超市、餐厅采用自动收费系统，实时提供营业情况和各种财务数据，既为经营决策提供了依据，又强化了内部管理。

三是完善硬件设施，提高服务水平。对服务区停车场、超市、卫生间进行了改造，硬件设施明显改善；另外通过"集中采购、统一配送"三级运行机制降低了经营成本，实现了让利于民。

四是层层落实安全生产责任制，加强加油站安全管理，安装了电子报警系统，从技术上解决了安全生产即时防控问题。狠抓安全生产措施的落实，确保不发生安全生产责任事故。另外将服务前移，问询、投诉以面对面方式向顾客提供延伸服务，主动接受社会监督，化解了误会、消除了矛盾。

五是深化体制改革，转变管理模式。2006年所有服务区全面采用经营权向社会公开招标转让的管理模式。同时，自2006年11月起，所有服务区实现了统一管理，服务区管理体制改革取得了重要突破。截至目前，各服务区经营状况良好，经营能力和服务水平上了一个新台阶。

五　公共服务质量全国先进

1. 服务质量明显提升

交通运输作为服务商品也是要讲究质量的，在交通市场上谁的服务质量高，谁能够为消费者提供优质服务，谁就能吸引更多的服务受体，占有更多的市场份额。① 鉴于此，河北省高速公路各服务单位广泛开展了岗位练兵和技能培训活动，各门类服务更加专业化和精细化。在经营上突出特色餐饮、绿色餐饮和西餐服务，开办了特色商品超市等，进行了明档化餐饮改革，拓宽了经营范围，提升了服务质量，得到了过往司乘人员的普遍欢迎和广泛认可，经济效益也实现了较大幅度增长。以2008年为例，全年实现营业收入4.5亿元，同比增长108%；利润总额7874万元，同比增长107%；净利润及折旧1.1亿元，同比增长110%。其中，原禄发、广告、路讯、养护、路缘泉水业分公司实现营业收入1.3亿元、利润总额1345万元、净利润及折旧2170万元，原国融中心实现营业收入2.98亿元、利润总额4470万元、净利润及折旧6854万元，原开发中心服务区实现营业收入2283万元、利润总额2059万元、利润及折旧1935万元。

2. 硬件环境明显改善

服务区是高速公路为司乘人员提供服务的重要基点。河北省的服务区建设比较完备，在此基础上，2008年又实施了以玉田、香河、唐山、石家庄服务区为重点的升级改造工程，对加油站、停车广场、综合服务楼、餐厅、洗手间等主要服务区域进行了改建、扩建和装修完善，并配套实施了高标准的绿化亮化工程。全年总共完成投资9517万元，是2007年的2.6倍。其中，原禄发公司完成投资1219万元，原国融中心完成投资8000万元，原道路开发中心各服务区完成投资298万元。通过大规模的升级改造，更新了服务设施、完善了服务功能、改善了服务环境、提升了服务档次，赢得了社会公众的广泛认可和好评。

3. 软件服务全面提升

2008年对全省服务区调查显示，顾客满意率达到95%以上，投诉处理率达到100%，投诉反馈率达到100%；全省9个服务区被省交通运输厅评定为五星级服务区，17个服务区被评定为四星级服务区。各服务单位认真贯彻落实温家宝同志在涿州服务区视察时的指示精神，在抗击冰雪灾害、支援汶川地震、服务奥运盛会过程中发挥了重要作用。一是在全国油品供应紧张的情况下，所有加油站优先保证了运送粮油、鲜活农产品、电煤车

---

① 谷中原：《交通社会学》，民族出版社，2002，第110页。

第三章　河北省高速公路建设与区域交通网络建设

辆的油料供应，不限量、不加价，并免费为 588 名受灾司乘人员提供了餐饮服务。二是积极为援助汶川灾区贡献力量，为 1011 辆抗震救灾车辆提供义务维修服务，为 10872 名抗震救灾人员免费提供自助餐，为 775 名抗震救灾人员免费提供食宿服务。三是开展各类涉奥培训 179 期，培训员工 6545 人次；开设西餐厅 7 个，增设就餐席位 255 个。四是实施了"迎奥运"环境专项整治工程，统一制作更新了指示牌、菜单等中英文标志，增设了无障碍服务设施，营造了文明、舒适的环境。

4. 安全服务有效保障

各服务单位贯彻"安全第一、预防为主"的方针，认真履行安全管理职责，全面落实安全生产责任，形成了主要领导亲自抓负总责、分管领导具体抓负全责的工作机制。制定了《服务区确保食品卫生安全实施方案》《服务区紧急、重大突发事件应急预案》《服务区处置大规模恐怖爆炸事件实施细则》等各种预案、细则 186 项，组织安全培训 85 期，开展较大规模的反恐防暴演练 19 次，增加保安人员和专职安全员 286 名。对加油站、自助餐台、停车广场等安保重点部位、关键环节，进行了全过程控制，确保安全经营。

5. 服务工作细致周到

各服务单位认真落实首问首办负责制、限时办结制和责任追究制，主动为过往司乘人员提供亲情服务、人性化服务和延伸服务。服务区免费提供 24 小时开水、出行信息、常用药品、便民工具箱、旅游向导、行车指南、应急救援等服务，社会公众满意度不断提高，服务区窗口形象不断提升。仅 2008 年就发生拾金不昧、救助迷失少年、捐资助学等好人好事 1197 件，收到感谢信 399 封、锦旗 102 面。当年，香河服务区荣获"省直巾帼文明岗"称号，涿州服务区荣获"全省交通系统行风建设优秀基层单位"称号，沧州、玉田、元氏、涿州、香河服务区保持"全省交通系统文明服务示范窗口"称号。

6. 服务品牌逐渐确立

"服务"是高速公路运营管理的重心。各管理服务部门努力在"服务"上做文章，不断提升服务质量、品位和水平；各条高速公路普遍推出了延伸服务、微笑服务、春雨服务等特色内容，在营造安全、舒适通行环境的同时，为过往车辆和司乘人员提供优质的服务。京石高速建设提出了"一家人"标准，确定了"一路畅通、一路平安、一路关爱、一路无忧"的"四个一"目标；京张高速以"和谐大道"为核心，推进"1+1+X"的品牌战略，提出了"以人为本、以车为本、以站为本"的服务理念，他们所创造的"京畿坦途、上善大道"的文化品牌已经闻名省内外。随着高速公路服务领域的拓展，河北省的服务品牌得到了广泛认可，高速公路的服务文化也不断丰富和升华。

96122高速公路公共服务系统，是河北省交通行业为社会公众提供服务的一个窗口，是连接社会公众的桥梁。96122高速公路公共服务系统的开通，加快了河北省高速公路交通运输的信息化进程，为高速公路应急援助体系建设提供了畅通的渠道。96122高速公路公共服务系统以满足社会公众对交通信息的需求为出发点，采用电话、短信、网站等方式，向公众提供交通出行信息查询、交通政务信息咨询、交通政策法规和实时路况信息发布、公路紧急援助、公众交通投诉和建议等动态综合性服务，这些服务必将为公众出行提供方便，为高速交通行业树立良好形象。

第四章 高速公路建设对河北经济发展的影响与贡献

第一节 河北省高速公路建设的经济效益总体分析

高速公路国民经济总效益由两部分组成：一是高速公路基础设施建设投资的国民经济效益；二是高速公路运行的国民经济效益。高速公路基础设施建设投资的国民经济效益指的是由于高速公路建设对材料、机械等的需求所产生的经济效益；高速公路运行的国民经济效益指的是高速公路运行在调整产业结构、优化产业布局等方面产生的经济效益。

一 高速公路与河北省国民经济的相关性分析

高速公路与经济发展存在协整关系以及因果关系，因此我们利用河北省 1993~2008 年高速公路与经济发展状况的年度数据，构建反映高速公路与经济发展动态关系的向量自回归模型。[①]

我们用高速公路里程（HGL）来反映高速公路的发展状况，用地区生产总值（GDP）反映经济发展状况。选用 1993~2008 年河北省高速公路线路里程和生产总值作为原始数据，考虑各年度数据可比性，将 GDP 数据用 1978 年 GDP 为 100 的生产总值指数（RGDP）替代；为了消除异方差和数据剧烈波动影响，将时间序列变量做了对数变换，生产总值指数的对数值和高速公路里程的对数值分别记作 LRGDP 和 LHGL。模型建立与检验过程借助于马克威分析系统（MARKWAY 4.0 统计分析软件）完成。

用 MARKWAY 分析系统建立 LRGDP 和 LHGL 统计量的向量自回归模

---

① 杨艳、李健：《基于 VAR 的高速公路与经济发展关系动态效应分析》，《交通科技与经济》2007 年第 5 期。

型，以 AIC 准则和 SC 准则作为选择时滞的标准，当时滞为 2 时，AIC 值和 SC 值达到最小。构建滞后 2 年的模型如下：

$$LRGDP_t = 0.1591 + 1.9458 LGDP_{t-1} - 0.0129 LHGL_{t-1} - 0.9935 LRGDP_{t-2} + 0.0379 LHGL_{t-2} \tag{1}$$

式（1）拟合的复相关系数达到 0.9997，接近 1，表明拟合程度很高，从 F 检验看方程整体拟合得非常好，能够有效表达变量之间的关系。式中 $LRGDP_t$ 为 t 年 GDP 可比价的自然对数值，$LHGL_{t-1}$ 为 $t-1$ 年高速公路里程的自然对数值，二者分别反映了（当年）国民经济和（上一年）高速公路的发展速度。从 LRGDP 拟合图看，拟合效果很好，从 LRGDP 残差散点图看拟合误差在 0.04 以内，并且没有奇异值。

表 4-1　河北省地区生产总值与高速公路里程变量数据

年份	地区生产总值（亿元）	生产总值指数（1978年=100）	高速公路里程（公里）	LRGDP	LHGL
1993	1690.84	400.8	200	5.9935	5.2983
1994	2187.49	460.5	229	6.1324	5.4337
1995	2849.52	524.5	229	6.2625	5.4337
1996	3452.97	595.4	278	6.3892	5.6276
1997	3953.78	669.8	494	6.5070	6.2025
1998	4256.01	741.4	607	6.6086	6.4085
1999	4514.19	808.9	1009	6.6957	6.9167
2000	5043.96	885.8	1480	6.7865	7.2998
2001	5516.76	962.8	1563	6.8699	7.3544
2002	6018.28	1055.3	1591	6.9615	7.3721
2003	6921.29	1177.7	1681	7.0713	7.4271
2004	8477.63	1329.6	1706	7.1926	7.4419
2005	10096.11	1507.8	2135	7.3184	7.6662
2006	11515.76	1709.8	2329	7.4441	7.7532
2007	13709.50	1928.7	2853	7.5646	7.9561
2008	16188.61	2123.4	3234	7.6608	8.0815

数据来源：1994~2009 年历年《河北省统计年鉴》。

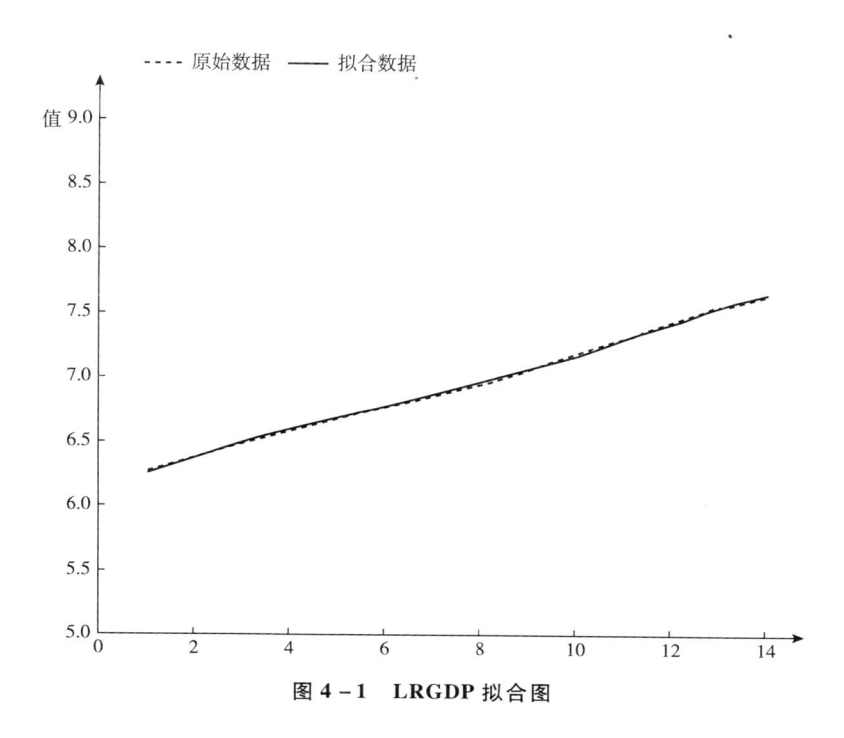

第四章 高速公路建设对河北经济发展的影响与贡献

图 4-1 LRGDP 拟合图

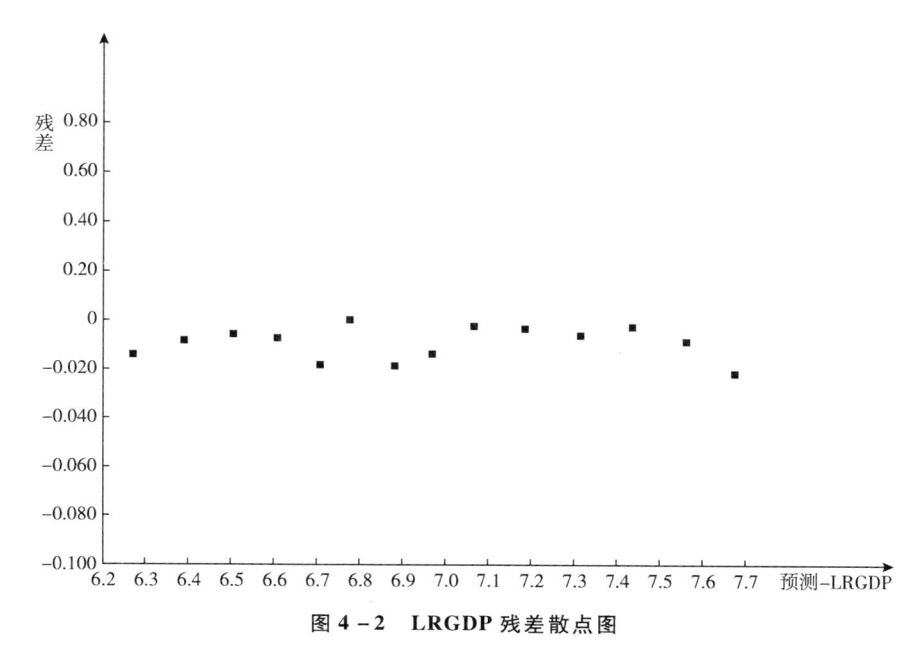

图 4-2 LRGDP 残差散点图

GDP 增长可以看作两方面因素共同作用的结果。一是前两年 GDP 增长，前一年影响强，前两年影响弱，由于相邻年间增速相近，前一年和前两年共同作用相当于 95.23%；二是前两年高速公路增长，前一年有一定负面影响，前两年影响明显，假定相邻年间高速公路发展速度相近，前一年和前两年共同作用相当于高速公路增速的 2.5%。式（1）中 0.1591 为常数项。

高速公路建成两年内对国民经济产生明显影响，特别是第二年对经济增长产生明显影响。高速公路里程增长，促进国民经济增长。高速公路里程每增长 1%（HGL * 0.01），LHGL 增长 0.995% [Ln (1.01)]，带动 LRGDP 增加 0.0249%，拉动 GDP 增长 0.0249%（$x \to 0, e^x - 1 \approx x$）。

以 2008～2010 年为例，2008 年高速公路里程比上年增长 1%（增加 32.34 公里），拉动 2010 年 GDP 增加 0.0249%。2009 年 GDP 为 17027 亿元，比上年增长 10%，不考虑物价上涨因素，并按 10% 增长率推断，2010 年 GDP 将达到 18730 亿元，因而，高速公路里程增长 1% 可带动 GDP 增加 4.66 亿元。2008 年实际高速公路里程比上年增加 381 公里，可促进 2010 年 GDP 增加 55 亿元，预计到 2020 年新增里程累计可带动 GDP 增加 550 亿元以上。我们把全部高速公路里程看作前若干年新增交通量，由于这些高速公路都处在营运期，会持续促进经济发展，因此，对 2010 年来说，2008 年以前建成了 3234 公里高速公路，促进经济总量增加 466 亿元，占 GDP 的 2.49%。

综上所述，高速公路对经济增长发挥着较大的作用，并且高速公路对经济促进作用有时滞性，高速公路建成后两年对经济增长拉动作用最大。因此，高速公路发展应根据当地经济发展水平和社会需要适度超前两年多修建，并与国民经济均衡发展。

二　高速公路建设对河北省国民经济的贡献率分析

1. 贡献率的理论分析

贡献率是分析经济效益的一个指标。它是指有效或有用成果数量与资源消耗及占用量之比，即产出量与投入量之比，或所得量与所费量之比。计算公式为：

第四章　高速公路建设对河北经济发展的影响与贡献

贡献率（%）= 贡献量（产出量，所得量）/投入量（消耗量，占用量）×100%

把贡献率用于分析经济增长中各因素作用大小的程度时，其计算方法可以写成：

贡献率（%）= 某因素贡献量（增量或增长程度）/总贡献量（总增量或增长程度）×100%

式中实际上是指某因素的增长量（程度）占总增长量（程度）的比重。

根据上述定义，高速公路建设对国民经济的贡献率可以用下列公式表示：

$$P = \frac{\Delta Y}{G} \qquad (2)$$

式（2）中：P——高速公路建设对国民经济的贡献率；

ΔY——高速公路建设引起的国内生产总值增量；

G——国内生产总值。

在式（2）中，G可以通过《河北省统计年鉴》直接得到，但ΔY难以直接得到，需要引入投资乘数概念才能求得。

乘数最早是由英国经济学家卡恩于1931年在《经济学杂志》上发表的《国内投资与事业的关系》一文中提出来的，后来凯恩斯在《就业、利息和货币通论》中利用了这个概念，并提出了投资的乘数原理，用以反映一定量投资对于总收入和就业所发生的连锁反应和推动作用。

投资乘数的作用过程可以表示为：当一个部门的投资增加时，首先引起对资本品需求的增加，继而引起资本品生产的增加和资本品部门就业和收入增加；其次，在资本品生产增加的基础上，消费品的需求也增加，消费品部门的就业和收入也增加；再次，在资本品和消费品部门收入增加的基础上，必然促进服务业经营规模的扩大；最后，资本品、消费品和服务业经营扩大必然引起投资的进一步增加。如此循环，使国民经济成倍地增长。这个过程用图4-3描述如下。

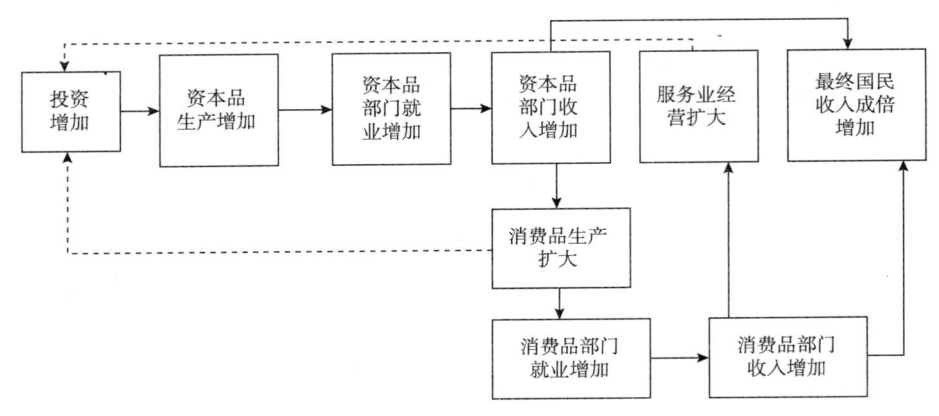

图 4-3 投资乘数的形成过程框架

高速公路建设首先会增加对材料、机械等的需求，使它们所属行业的需求增加，同时也增加了对这些行业产品的消耗。在这些行业需求和消耗增加的基础上，为这些行业提供生产和服务的行业需求和消耗也会增加，然后再通过产业之间的产业链关系，使国民经济相关行业的需求和消耗均增加。如果其他行业投资保持不变，那么由于公路建设投资使这些行业增加的消耗所增加的投入量，就是这些行业为了满足公路建设的需求投入需要增加的量。这些投入增量产生的增加值之和就是公路建设投资带来的国内生产总值增量。这部分增量和公路建设投资增量之和与公路建设投资增量之比就是公路投资产生的投资乘数。用公式表示为：

$$K = \frac{\Delta Y}{\Delta I} \tag{3}$$

式中：ΔI ——高速公路建设投资的增量；

ΔY ——由于高速公路建设引起的国内生产总值增量。

式（3）可写成：

$$\Delta Y = K \times \Delta I$$

则式（2）可写成：

$$P = K \frac{\Delta I}{G}$$

2. 贡献率的计算过程

在利用投资乘数的定义计算贡献率时，需要使用投入产出表。投入产

第四章　高速公路建设对河北经济发展的影响与贡献

出表又称部门联系平衡表或产业关联表。它是根据国民经济各部门生产（或服务）中的投入来源和使用去向纵横交叉组成的一个棋盘式平衡表，用来揭示各部门间技术、经济相互制约的数量关系。在利用投入产出表时，首先要明确表中两个重要的系数，即直接消耗系数 a_{ij} 和完全消耗系数 b_{ij}。a_{ij} 是指 j 部门在生产过程中所消耗的第 i 部门的产品数量；b_{ij} 是指 j 部门为了得到单位最终产品，完全消耗的第 i 部门的产品数量。如果把公路建设称为一个行业的话，就是公路建筑业。在一般的投入产出表中，公路建筑业包含在建筑业中，为了计算高速公路建设引起的 ΔY，需要首先把公路建筑业从建筑业中分离出来。

公路建设会直接消耗人工、木材、钢筋、水泥等材料，选取在计算年份修建的有代表性的几条公路（在一般情况下，应该是所有公路），分别计算它们所消耗的人工及材料数量，把它们推广到研究范围内的所有公路，利用《公路工程估价指标》对这些材料进行估价，把这些消耗量转化成材料消耗的价值。这些材料在行业划分时分属国民经济不同的产业部门，如果把这些材料划归到相应的国民经济部门，那么国民经济部门所对应的这部分消耗就是公路建设所消耗的国民经济部门产品的价值。在投入产出表基本结构（表4-2）中，公路建筑业所对应的纵列数字 x_{in} 也叫中间投入，$i = 1, 2, \cdots, n$。

表4-2　投入产出表基本结构

投入 \ 产出		中间使用				最终使用	总产出
		1	2	…	n	合计		
中间投入	1	x_{11}	x_{12}	…	x_{1n}	W_1	Y_1	X_1
	2	x_{21}	x_{22}	…	x_{2n}	W_2	Y_2	X_2
	…	…	…	…	…	…	…	…
	n	x_{n1}	X_{n2}	…	x_{nn}	W_n	Y_n	X_n
	合计	C_1	C_2	…	C_n	W	Y	X
增加值		N_1	N_2	…	N_n	N		
总投入		X_1	X_2	…	X_n	X		

在表4-2中，所谓中间使用，就是国民经济其他部门在生产过程中所消耗的本产品的价值。根据常识，公路建筑业同建筑业一样，其行业总产出

主要是以固定资产形成总额形式存在的最终使用部分，而用作其他行业的中间使用的部分所占行业总产出的比例甚少，这样公路建筑业所对应的中间投入部分和中间使用部分均可以以价值型的数字表示，公路建筑业就可以从建筑业中分离出来，成为投入产出表中国民经济系统的一个独立行业。

根据投入产出表中的基本关系式：

$$a_{ij} = \frac{x_{ij}}{x_j}$$

式中：a_{ij}——直接消耗系数；

x_{ij}——第 j 部门生产过程中所消耗的第 i 部门产品的数量；

x_j——第 j 部门的总产值（具体到公路建筑业是以货币计量的公路建筑、施工单位在一定时期内完成的建筑产品的总量）。

计算出各行业之间的直接消耗系数，建立直接消耗系数矩阵 A，再根据：

$$B = (I - A)^{-1} - I$$

式中：B——完全消耗系数矩阵；

I——单位矩阵。

把完全消耗系数乘以公路建筑业的总产值得到由于修建高速公路而使各行业增加的消耗。在其他行业投入不变的情况下，由于公路建设带来的各行业增加的消耗所需增加的投入量就是各行业的投入增量，根据投入产出表中总投入与增加值的比例关系可以计算出由于公路建设投资带来的各行业增加的投入量产生的增加值，这部分增加值之和就是因为公路建设投资带来的国内生产总值的增量 ΔY。

通过上面的分析可知，根据投入产出表可以计算 ΔY，而 ΔI 直接由公路投资额计算出来，那么就可以根据 $K = \frac{\Delta Y}{\Delta I}$ 来计算投资乘数。

表 4-3 河北省高速公路建设过程中的消耗系数

行业名称	直接消耗系数 a_{ij}	完全消耗系数 b_{ij}
农业	0.0095	0.0221
煤炭采选业	0	0.0352

第四章 高速公路建设对河北经济发展的影响与贡献

续表

行业名称	直接消耗系数 a_{ij}	完全消耗系数 b_{ij}
石油和天然气采选业	0	0.028
金属矿采选业	0	0.049
非金属矿采选业	0.0354	0.0498
食品制造及烟草加工业	0	0.0186
纺织业	0	0.0083
服装皮革羽绒及其他纤维制品业	0.0065	0.0102
木材加工及家具制造业	0.0055	0.0126
造纸印刷及文教用品制造业	0.0060	0.013
石油加工及炼焦业	0.0067	0.0283
化学工业	0.0086	0.0289
非金属矿物制品业	0.2334	0.2917
金属冶炼及压延加工	0.0792	0.114
金属制造业	0.0529	0.062
机械工业	0.0481	0.0642
交通运输设备制造业	0.0019	0.01
电气机械及器材制造业	0.0022	0.01
电子及通信设备制造业	0.0038	0.0124
仪器仪表及文化办公用机械制造业	0.0020	0.014
机械设备修理业	0.0538	0.0608
其他制造业	0.0003	0.0049
废品及废料	0	0
电力及蒸汽热水生产和供应业	0.0120	0.0586
煤气生产和供应业	0.0000	0.0112
自来水的生产和供应业	0.0065	0.0147
公路建筑业	0	0
建筑业	0.0266	0.0486
货物运输及仓储业	0.0055	0.0295
邮电业	0.0000	0.0049
商业	0.0002	0.0368
饮食业	0.0005	0.0035
旅客运输业	0.0037	0.0076

续表

行业名称	直接消耗系数 a_{ij}	完全消耗系数 b_{ij}
金融保险业	0.0039	0.0098
房地产业	0.0000	0.0015
社会服务业	0.0000	0.0141
卫生体育和社会福利业	0.0000	0.0033
教育文化艺术及广播电视业	0.0035	0.0086
科学研究事业	0.0027	0.0036
综合技术服务	0.0000	0.0008
行政机关及其他行业	0	0

根据表4-3中完全消耗系数的结果，把完全消耗系数乘以高速公路建设投资总额，得到由于修建公路而使各行业增加的消耗。把基于这部分消耗各行业增加的投入看作公路建筑业对各行业的投入，根据投入产出表中总投入与增加值的比例关系计算出由于公路建设投资而带来的各行业的增加值（投入产出表参考河北省统计局编写的《河北省2007年投入产出基本流量表》）。这部分增加值之和就是因为高速公路建设投资带来的国内生产总值的增量 ΔY，根据公式 $B = (I - A)^{-1} - I$ 计算出高速公路建设投资的投资乘数 $K = 2.92$，即高速公路每投资1万元，由此带来国内生产总值增长2.92万元。

根据投资乘数可得出各时期河北省高速公路建设对国民经济的贡献率，其结果见表4-4。

表4-4 各时期河北省高速公路建设国民经济贡献率

年 份	投资乘数	投资总额（亿元）	GDP贡献（亿元）	平均贡献率（%）
1989~1995	2.92	52	151.84	0.05
1996~2000	2.92	290	846.8	0.8
2001~2005	2.92	182	531.44	0.3
2006~2010	2.92	980	2861.6	0.74

由表4-4分析可知，河北省高速公路建设对全省国民经济的快速、可持续发展做出了巨大贡献，在刚刚过去的"十一五"期间，河北省高速公

第四章 高速公路建设对河北经济发展的影响与贡献

路建设创造 GDP 达到 2861.6 亿元，平均每年对全省 GDP 的贡献率达到 0.74%。

三 高速公路运行对河北省国民经济的贡献分析

1. 高速公路发展促进经济发展方式的转变和产业结构调整

根据产业结构的演进规律，在工业化初期，社会经济对第一产业的依赖程度逐渐降低，对第二产业的依赖程度迅速上升，对第三产业的依赖程度缓慢上升，社会经济对第二产业的依赖程度最高；在工业化中期，社会经济对第一产业的依赖程度继续降低，对第二产业的依赖程度缓慢下降，对第三产业的依赖程度迅速上升，对第二产业和第三产业的依赖程度相近；在工业化后期，社会经济对第一产业和第二产业的依赖程度都继续下降，对第三产业的依赖程度继续上升，对第三产业的依赖程度最高。

从 20 世纪 80 年代中后期开始，河北省的产业结构开始发生标志性变化：第三产业增加值占 GDP 比重在 1988 年超过第一产业，产业结构序列转换为二、三、一。国民经济增长主要依靠第一、二产业推动转变为主要依靠第二、三产业推动，结构调整取得突破性进展。

从国际通行模式下 GDP 三次产业构成比例看，当人均 GDP 为 2000 美元时，三次产业增加值的合理比例应该是 15.4∶43.4∶41.2。30 年来，河北省第一产业增加值占 GDP 比重大幅下降，第二产业增加值占 GDP 比重保持基本稳定，第三产业增加值占 GDP 比重明显上升。第二、三产业增加值年均分别增长 11.9% 和 12.8%，第一产业增加值年均增长 5.3%。由于产业增长速度的差异导致各产业增加值占全省生产总值的比重发生了显著变化。三次产业增加值比重由 1978 年的 28.52∶50.46∶21.02 调整为 2007 年的 13.17∶52.82∶34.01（见表 4-5）。而在这一年，河北省人均生产总值达到 19877 元。

表 4-5 河北省三次产业构成

年份	第一产业	第二产业	工业	建筑业	第三产业
1978	28.52	50.46	45.44	5.02	21.02
1979	30.07	50.07	44.13	5.94	19.86

续表

年份	第一产业	第二产业	工业	建筑业	第三产业
1980	31.06	48.29	42.91	5.38	20.65
1981	31.92	46.35	41.49	4.86	21.73
1982	34.04	42.88	37.91	4.97	23.08
1983	36.05	40.57	36.00	4.57	23.38
1984	33.55	43.90	39.08	4.82	22.55
1985	30.33	46.44	41.40	5.04	23.23
1986	28.27	47.47	42.48	4.99	24.26
1987	26.38	49.04	44.34	4.70	24.58
1988	23.14	46.11	41.24	4.87	30.75
1989	23.85	45.56	41.17	4.39	30.57
1990	25.43	43.23	39.52	3.71	31.34
1991	22.10	42.90	38.91	3.99	35.00
1992	20.11	44.83	40.50	4.33	35.06
1993	17.84	50.15	44.84	5.31	32.01
1994	20.66	48.14	42.35	5.79	31.20
1995	22.16	46.42	40.37	6.05	31.42
1996	20.30	48.21	42.37	5.84	31.49
1997	19.27	48.92	43.03	5.89	31.81
1998	18.58	48.97	42.81	6.16	32.45
1999	17.86	48.48	41.98	6.50	33.66
2000	16.35	49.86	43.65	6.21	33.79
2001	16.56	48.88	43.11	5.77	34.56
2002	15.90	48.38	42.88	5.50	35.72
2003	15.37	49.38	43.49	5.89	35.25
2004	15.73	50.74	44.97	5.77	33.53
2005	14.89	51.83	46.21	5.62	33.28
2006	12.69	53.10	47.68	5.42	34.21
2007	13.17	52.82	47.82	5.00	34.01
2008	12.57	54.22	49.22	5.00	33.21

第四章　高速公路建设对河北经济发展的影响与贡献

2. 河北省的产业结构演变与高速公路的发展密切相关

河北省的高速公路建设与运营极大地促进了河北省工业的发展。高速公路不仅带来了经济发展的预期,也促进了经济技术开发区的建设和工业的发展。

1993 年,河北省的工业发展出现了突飞猛进的势头,这和 1986 年河北省开始修建京石高速公路密切相关。进入 21 世纪后,河北省的高速公路建设因为特殊的地理位置仍然平稳发展,产业结构进一步向工业产业发展,第一产业增加值占 GDP 比重进一步降低,第三产业增加值占 GDP 比重稳步增加。2004 年以后,工业产业出现了超常规的增长,这和河北省高速公路的超常规发展密不可分。河北省在全国率先提出了高速公路"路网"概念,确定了"五纵六横七条线"的高速公路网新布局。高速公路建设进入一个新的快速发展时期。2003~2007 年的 5 年间建成和在建高速公路里程超过 2003 年前 15 年的总和。这种超常规的高速公路建设给河北省的产业结构和经济结构带来了很大的影响。到 2008 年,河北省的产业结构比例为 12.57∶54.22∶33.21,第一产业增加值占 GDP 比重继续降低,第二产业增加值占 GDP 比重最高,第三产业次之。不包括建筑业,第二产业中的制造业比重比第三产业还高出 16 个百分点,可以看出在高速公路带来工业发展的同时,河北省的产业结构也出现了不平衡。

产业结构的调整不仅包括产品结构的调整及各产业的比重调整,而且产业的空间布局调整和区域合作也理应被包括在内。近年来,河北省形成了秦皇岛港、唐山港、黄骅港沿海港群体系。以唐山港为依托的曹妃甸工业区建设和以黄骅港为依托的渤海新区也为河北建设沿海强省提供了有力支撑。它们周边发达的高速公路网络建设为产业结构的调整提供了基础支撑。

2008 年,河北省政府常务会议正式批准《河北省沿海港口布局规划》。根据该规划,河北省沿海港口将建立煤炭、原油、液体化工产品、铁矿石、集装箱、粮食等六大货种运输系统。这些沿海港口的货运最终需要腹地便捷的高速公路作为前提和基础,才可以使沿海布局的思路在重大行业里显现出来。比如,钢铁行业向有资源条件的地区转移,向有建设深水港口条件的沿海地区聚集,未来河北钢铁产业布局的方向已经相当清晰。在曹妃甸，首钢京唐钢铁厂一期一步工程已经投产，2010年底前可形成970万吨精品钢生产能力。石钢搬迁至黄骅港项目也正列入国家《钢铁产业调整的振兴规划》。

加大与央企和京津的合作，提升产业结构。河北省已经大力加强了与央企的合作，如中石化、中石油、中船重工、中盐、兵装等央企都与河北省有合作。这也是近年来河北省产业结构调整中的一个特点。此外，做好与北京、天津的对接也是实现河北省产业结构升级的一条重要途径。

3. 高速公路建设对河北省经济结构的促进作用及影响

首先，高速公路建设推动了河北省经济结构优化。20世纪80年代末期高速公路开始兴建之时，正是我国城乡经济体制改革推进的时候。首先实施的农村改革促进了第一产业比重在一个时期的快速增长。然后，随着以国企改革为重点的城市经济体制改革的逐步推进，第二、三产业得到了迅速发展，三次产业比例关系发生了新的调整和变化，工业主体地位增强。全省初步形成了以钢铁、装备制造、石油化工、医药、建筑建材、食品、纺织服装等产业为主体，富有河北省特色的工业体系。河北省作为传统的工业大省，以传统重工业和能源业为支柱产业的经济构成是河北省经济结构的一个根本特点。

其次，高速公路建设促进地区经济结构改变。河北省各地基础条件各异，生产要素分布也各不相同。比如，1990年之前，黄骅市自然条件差，完全靠天吃饭，农业一直占主导地位。到1990年，黄骅市乡镇企业异军突起，工业迅速发展，三次产业结构调整为32.1∶49.7∶18.2，第二产业比重接近50%，由于当时第三产业发展比较缓慢，第一产业比重仍占到30%以上。随着经济成长带动要素流动，"八五"时期后，黄骅市第三产业持续发展，经济结构逐年优化。2005年以后，随着黄骅大港的建设和启动，以及沧黄高速及津汕高速黄骅段的通车运行，黄骅市第三产业中交通、毛衣编织等行业发展迅猛，三次产业结构调整为10.8∶47.9∶41.3，第三产业比重突破40%，仅次于第二产业。2009年，黄骅市三大产业结构更加优化，比重调整为10.8∶38.1∶51.1，第三产业比重已经突破50%。20年间，黄骅市的产业结构由"一、二、三"格局变为"二、一、三"格局，再逐步变为"二、三、一"格局。由于黄骅市东临港口、北接京津，服务性的黄

第四章　高速公路建设对河北经济发展的影响与贡献

骓地位逐年显现，第三产业将会占主导地位，至2009年，产业结构已转变为"三、二、一"格局。

其他各个市也都出现了不同规模、不同层次的经济结构调整和转变。比如怀来县，随着京张高速公路的通车，怀来经济高速发展能力不断增强，2009年全县生产总值完成68亿元，全部财政收入完成9.57亿元，三次产业结构为13.2∶31.4∶55.6，第三产业发展迅猛。除了三次产业的调整以外，各市与高速公路有紧密联系的行业也出现了蓬勃发展之势，特别是受高速公路建设带动，交通运输、物流、旅游等行业都有了较大程度的改善和提高。同时，各市的非公有制企业随着市场的活跃而大力发展。

最后，经济发展方式改变，建立现代产业体系。一是壮大主导产业，培育经济发展核心支撑。二是培育新兴产业，提升企业发展新的活力。三是按照增量调优、存量提升、做大做强的思路，不断加快优势传统工业的集聚与转移，优化提升传统服务业，大力发展现代农业，从而提高竞争力。为了推进产业结构优化升级，转变经济发展方式，2009年底，河北省委、省政府提出了《关于加快构建现代产业体系的指导意见》。该意见指出，必须加快建立既符合产业演进规律又体现河北省特色的现代产业体系。

4. 高速公路的便利条件促进转变经济发展方式

第一，通过在高速公路沿线建设重大项目，促进河北省经济发展方式改变。长期以来，河北省产业结构一直偏重，且产业技术层次较低，初级产品所占比重较大，一旦市场需求出现波动，弊端就会暴露无遗。2007年以来，河北省把重大项目建设作为推进产业结构调整、拉动经济增长、建设沿海经济社会发展强省的战略支撑。2006年，河北省共下达两批重点建设计划（打捆163项，单项660项），截至2006年11月底，曹妃甸煤码头、怀安热电厂、沧化实业集团万吨乙丙酰胺生产线等21个项目通过国家审批或核准。这些项目都处于高速公路沿线，交通便捷，带动力强。2007年，河北省计划安排重点项目400项，其中前期项目60项，续建和新开工项目340项，年度计划投资600亿元，建成投产100项。这些项目从不同的角度，立足于便利的地理位置和高速公路交通的便利条件，给河北省经济发展和经济结构调整带来了生机。一是抓好全省"一号工程"曹妃甸科学发展示范区建设，通过建立循环产业发展的实验基地，打造沿海经济隆起带的"龙头"。二是抓好钢铁、石化、装备制造等重大产业项目。这些产业是河北省产业的支柱，大多有便利的高速公路网络及连线。通过发展这些传统产业，延伸产业链，提高产业配套能力和技术装备水平，壮大主导产业，优化经济结构。三是抓好基础设施和基础产业项目，重点抓好电源点、电网、高速公路、铁路等大项目的建设，提高对全省经济和社会发展的保障能力。四是抓好高新技术和农业产业化项目。这些项目都具备便捷的交通，并有高速公路及连接线通过。通过它们可以培育先导产业和新的经济增长点，为增强经济发展后劲奠定基础。总之，这些项目对拉动经济增长、调整河北省经济结构、增强经济发展后劲发挥了举足轻重的作用。

第二，在交通便捷的高新区积极建立现代产业体系，转变经济发展方式。河北省现有的产业中大多是传统产业，而且多数产品位于产业链、价值链的中低端，对经济增长的即期支撑作用有限。据统计，2009年，河北省地区生产总值达到17026.6亿元，新兴产业所占比重在3%左右，也就是500亿元左右。这就意味着，河北省确立的这三大新兴产业还有很长一段路要走。而处于高速公路周边的高新区建设越来越成为河北省建立现代产业体系的重要途径和载体。

落址于河北省保定市高新技术开发区的英利集团是一家太阳能光伏企业，发展势头强劲。像这样的高科技企业，具有新技术、新能源、新材料、电子信息、生物医药等方面的优势，是河北省转变经济发展方式的努力方向。2009年，河北省高新技术产业完成投资856亿元，比上年增长56%；2009年全省规模以上高新技术企业实现产值2380亿元，同比增长19%。

第三，加快产业体系建设，加快产业结构调整。在利用高速公路的便利打造现代产业体系方面，张家口市也是一个典型案例。张家口市高速公路通车总里程达728公里，居全省第一、全国前列。境内已建成京张、宣大、丹拉、张石、京新等高速公路。张家口市三大产业集聚区，总规划面积80平方公里。为打造充满活力和竞争力的投资环境，构筑产业发展的载体和平台，张家口市利用荒山、荒坡及未利用地规划建设了总面积130平

第四章　高速公路建设对河北经济发展的影响与贡献

方公里的"三大产业集聚区"和"四大物流园区"。其中，西山产业集聚区重点发展机械装备制造、绿色食品加工等产业，东山产业集聚区重点发展电子信息等高新技术产业，望山循环经济产业集聚区重点发展循环经济型产业。2009年底，三大产业集聚区起步区一期工程基础设施建设基本完成，已有总投资300多亿元的29个项目入驻园区。

张家口市四大物流园区，总规划面积50平方公里。其中，商贸物流园区以110国道、京包铁路、张石高速、丹拉高速和西山产业集聚区为依托，重点发展农业冷链物流和工业加工制造物流；空港物流园区以军民合用机场和东山产业集聚区为依托，重点发展高新技术产品以及小型货物快速转运等物流；南山物流园区以便捷通达的公路、铁路网为依托，重点发展以大型货物仓储、转运、配送、加工为主的物流业；京西物流园区以大秦铁路和张涿高速为依托，重点发展以农副产品检测、加工、批发、配送为主的物流业。同时，张家口还在加快推进怀来华人华侨创业园、下花园玉带山产业园、张北风机制造园等园区建设，全力打造园区经济隆起带，培育新的经济增长极。

第四，淘汰落后产能，加快产业结构调整。2008年以来，河北省在淘汰落后产能和污染企业外迁、优化企业生产布局上下了不少功夫，2008年成为7个超额完成淘汰指标的省份之一。污染企业盘踞中心城区的时代渐渐远去。腾出的土地，大多地处黄金地段，或改造成绿地，或用以发展现代服务业等新产业；腾出的市场，由技术含量高、环境污染小的先进产能来填充。有一组数据能直观地反映河北省在淘汰落后产能、节能减排上的作为：2009年，河北省生产总值增长10%；化学需氧量削减率居全国第二位，二氧化硫排放削减量提前一年半达到"十一五"目标；全年河北省单位生产总值能耗下降5%以上。

经济结构调整的目的是转变增长方式，提高经济增长的质量和效益，不能脱离当地的资源禀赋优势和地缘经济优势。位于河北省东北部的迁安市，地处环渤海经济圈的中心位置，依托铁矿资源，形成了以铁矿资源开发及链条延伸为主的产业格局，是典型的资源型经济主导的城市。迁安新规划的发展蓝图中，果断提出了加快资源型经济转型、建设现代产业体系、推进经济发展方式转变的战略部署，确定了以培养精品钢铁、现代装备制造和现代物流三大主导产业为重点，以三大主导产业为核心支撑的新型产业格局。2009年，全部财政收入达到71.6亿元，增长0.6%，三次产业比重由2008年的404∶62.6∶33调整为4.3∶61.6∶34.1，走出了一条可持续的产业发展之路。

总之，随着更便捷的高速公路及其路网的建成，河北省充分利用环京津和环渤海优势，扩大引资规模，提高引资质量，瞄准国际市场，优化出口产品结构，已经初步形成了以调整优化经济结构为核心，通过产业结构调整带动经济结构全方位调整优化的态势。同时，逐步实现以提高科技创新能力为突破口，带动产业竞争力提升，减少能耗、降低排放，使产业走向高端化和品牌化的经济发展方式的转变。

四　河北省高速公路营运经济效益分析

营运经济效益是指公路项目建成后，改善了区域交通状况，降低了运输成本，促进了公路运输业的发展，刺激了区域间客货运量的增加，对各个相关部门净产值的增长所作出的贡献。

高速公路营运期间所产生的经济效益，主要是指由于缩短了城市和区域间的通行时间、增加了通行车辆的数量而带来的经济效益。比如，北京至石家庄间的路程，按小汽车时速算，由过去6小时以上缩短为3小时。由于通行时间缩短，提高了车辆利用率，降低了运输成本，节约了人们外出时间，也由于高速公路的安全性提高，减少了交通事故发生。到2009年底，全国高速公路累计通行车辆9.6亿辆（次），产生了可观的经济效益。

1. 时间节省所产生的经济效益

高速公路运力是普通公路运力的4倍。高速公路具有量大、高速、舒适、安全等特点，由于全立交、全封闭、分向分道行驶，行车速度快、车流均衡，减少了交通阻塞和事故发生，缩短了运行时间，减少了货物在运输过程中的损耗。河北省的高速公路主要为双向四车道，每条单行线上有紧急停车带，在平原微丘重丘地带时速为100~120公里，山岭地带时速为60~80公里，客运平均时速为100公里，中长途比例大；普通公路双车道居多，限速60公里/小时，客运平均时速50公里，短途运输比例大。因此，高速公路客运量相当于普通公路的4倍。

2. 劳动力时间节省产生的经济效益

在进行运输时间节省的研究时一般涉及客运时间价值和货运时间价值这两个概念。高速公路中通行的客流中有劳动人口和老年人口、儿童、学生等。老年人口、儿童、学生在高速公路上可以享受到便捷、舒适的服务，这种服务的价值可以体现在运输成本或客运购票价格上。劳动人口在途中一方面享受了高速服务，另一方面也节省了在途时间，从而延长了工作时间。

衡量劳动者节省时间产生的经济效益可以考虑以下几方面因素。一是车流量，按不同类型客车的核定载客人数和实载率计算。比如，小汽车通常可以乘坐4人，按3人计算；9~30座客车可以按平均载客20人计算；30人以上客车多为长途客运汽车，载客比例应在80%以上。二是乘客中劳动者比例，考虑因素有就业人口比例和外出人口结构。全省2010年初常住人口达到7034.4万人，其中就业人口占54%左右。外出人口中，老年人口、儿童、学生平时外出较少，多数为劳动人口。因此，乘客中劳动者比例应该在60%以上。三是乘客平均出行距离。2003~2010年全国公路旅客平均出行距离为55公里，即相当于普通公路1小时车程；高速公路平均出行距离应该在其2倍左右，按106公里计算，也相当于高速公路上客车运行1小时。

河北省2010年初公路里程达到152135公里，其中，高速公路达到4035公里，占2.65%，高于全国平均水平1.62%。2008年，河北省公路运输8.77亿人（次），相当于全省每人出行12.5次，旅客周转量1236.65亿人公里。由于我们无法获得详细的高速客流统计数据，参考线路长度，按1:8比例划分旅客周转量，高速公路运送旅客达100亿人公里，城乡劳动力价值每小时6元，2008年高速公路为旅客节约6000万小时工作时间，可以创造经济效益3.6亿元。

3. 货物运输时间节省产生的经济效益

高速公路货车最高时速可以达到100公里，平均时速约90公里，普通公路车辆限速60公里/小时（一级公路比例与高速相当，即使速度可以提高，最高速度与平均时速相差也不大；95%的公路属于二级以下普通公路），平均时速约 50 公里。高速公路的货物动力远远超过普通公路。

截止到 2010 年 9 月，河北省公路货物运输量达到 95936 万吨，占全社会货运量的 76% 左右，是主要运输途径之一。公路货物周转量达 17349162 吨公里，占全社会总量的 17% 左右。铁路和水运的长途运输比例高，公路运输以中短途为主，平均运输里程为 105.5 公里，相当于普通公路两小时左右路程。

货物在途时间节省产生的价值：

$$B = P \times Q \times T \times R/24$$

其中，B 为货物在途时间节省产生的价值，P 为每吨在途货物的平均价格，Q 为货物周转量，T 为运输节省时间，R 为社会贴现率。

a. 每吨在途货物的平均价格。公路运输的主要货物包括生产资料和商品，商品的单位价值高，而生产资料的数量大。比如，小汽车按吨计算要达 5 万元，空调等电器价格较高，轻体货物（如衣服）价格也较高，粮食、蔬菜等产品价格较低。生产资料有煤炭及制品、金属矿石、石油天然气及制品、矿建材料、钢铁、非金属矿石、水泥、木材、化肥和农药等，其中煤炭及制品的运输量最大。以煤炭平均价格 700 元/吨和港口货物进出口结构为参考，在途货物平均价格应该在 1000 元/吨左右。

b. 货物周转量。按普通公路与高速公路的线路长度 1：3.6 计算货物周转量，高速公路的货物周转量达到 65.6 亿吨公里，占 7.36%。

c. 运输节省时间。在高速公路上每吨公里货物周转比普通公路节省时间 0.008889 小时。

d. 社会贴现率。由国家发改委公布，为 12%。

e. 货物在途时间节省产生的价值按公式 $B = P \times Q \times T \times R/24$ 计算为 2.9 亿元。

货物运输在途时间节省产生的经济效益高达 2.9 亿元，高速公路的运营为企业、商家和个人的货物运输降低了成本，提供了更为广阔的利润空间。

第四章　高速公路建设对河北经济发展的影响与贡献

4. 运输成本下降产生的经济效益

2009年，无高速时货物运输成本在0.40~0.45元/吨公里，[①] 有高速时货物运输成本在0.25元/吨公里，[②] 相差0.15~0.20元。2008年的运输成本应与此相近。货物平均装卸成本在1元左右。重货物流价格按每吨公里运费加0.05元，无高速的在途费用为0.45元/吨公里，有高速的在途费用为0.30元/吨公里。2008年眉山至北京的长距离重货物流价格在0.32元以上，中小吨位货物物流价格在0.35~0.45元。

总体来说，高速公路运输比普通公路运输成本下降产生的经济效益，经计算为9.84亿元。

5. 交通事故下降产生的经济效益

高速公路的运量大、路况好、安全性高，同时吸引了周边国道和省道的运量，减少了周边道路的阻塞和事故发生。依据交管部门统计数据显示，石黄高速修通后，石家庄至沧州原307国道的交通事故发生件数下降了近1/3，衡水段原有公路事故发生件数下降了近40%。高速公路事故发生件数按同长度普通公路1/2计算，同时，高速公路运营使周边同长度公路事故发生件数减少1/3，由于高速公路的修建，交通事故发生率降低1.73%。

交通事故发生后，会产生赔偿费、损失费、路产赔（补）偿费等费用。赔偿费包括残疾赔偿金、残疾辅助器具费、丧葬费、被扶养人生活费、住院伙食补助费、医疗赔偿金、误工费、护理费、死亡赔偿金、交通费、住宿费、直接财产损失费、车辆停运损失费、精神损害费等14项内容。责任方损失费也包括赔偿费中大部分项目。路产赔（补）偿费是事故责任方对公路建设造成的损失赔偿费用。造成人员死亡的交通事故赔偿费用平均每人在10万元左右，造成当事人严重残疾的交通事故平均每人赔偿5万元，一般交通事故每起双方各损失1万元。

据公安局2008年数据，河北省每10万人中因交通事故死亡4.30人。初步估计，因交通事故下降产生的经济效益达到1048万元

[①] 中国广播网，我国铁路货物统一运价平均每吨公里提高7厘。
[②] 财讯网，中国2月份公路货物运输成本小幅下降。

以上，这里还不包括因大型事故造成车辆和财产损失超过 10 万元的情况。

第二节　高速公路的建设对河北省产业行业的影响分析

一　高速公路的修建对其他产业行业发展的乘数效应分析

1. 高速公路对其他行业的前项乘数效应

对高速公路的使用是生产过程在流通领域的继续。高速公路一经发展，就能将更多的成品送至消费地，同时也能将更多的原材料运至生产地，这为原有生产部门扩大生产创造了条件，从而给生产企业和部门带来更大的效益。对于这些部门的生产来说，交通运输业生产实质上是一种必不可少的中间投入。据国民经济平衡发展原理，高速公路的发展为那些以交通运输业生产为中间投入的部门进一步扩大生产创造了条件。而这些部门如想进一步扩大生产必然要求其他中间投入也按比例增加，进而给这些生产中间产品的部门带来效益。而这些部门生产的扩大，又相应地导致了它们对各自中间投入需求的增长。我们将交通运输业与这些以交通运输为其中间投入的部门之间的关系称为交通运输业的前项联系，把交通运输业这种因前项联系充当其他部门的中间投入而产生的间接社会效益的总和称为前项乘数效益。

2. 高速公路对其他行业的后项乘数效应

高速公路的发展离不开基础设施的建设，建设基础设施需要大量的原材料，如水泥、钢材、机械设备等，同时在高速公路建设过程中还需要消耗不少电力等资源。因此，高速公路建设本身会不断扩大对这些中间投入的需求，从而促使这些产品的生产部门扩大生产。这些部门生产的扩大又进一步产生对其各自中间投入的需求，于是又促使另一些部门扩大生产。我们将交通运输业特别是高速公路修建与这些提供高速公路建设所需的中间产品的部门之间的关系称为高速公路建设的后项联系，把高速公路建设这种因后项联系而产生的间接社会效益的总和称为后项乘数效益。

总之，高速公路对河北省行业的影响反映在前项和后项乘数效益上。

前项乘数效益是指高速公路部门与那些以高速公路修建通车为其中间投入的生产部门间的前项联系所间接创造的 GNP。比如金属冶炼及压延加工业，煤炭开采和洗选业，交通运输设备制造业，通用、专用设备等制造业，建筑业等等。后项乘数效益主要是指高速公路的修建本身带动了建材、机械设备等行业的发展，这些行业直接受益。

二 高速公路的修建对产业行业的完全消耗系数分析

在国民经济各部门之间，各种产品在生产过程中除有直接的生产联系外还有间接联系，这使得各种产品间的相互消耗除了直接消耗外还有间接消耗。完全消耗系数则是这种直接消耗和间接消耗的全面反映。

表 4-6 基于交通运输业完全消耗系数最高的前 14 个部门

部门	完全消耗系数
电力、热力的生产和供应业	0.112829
燃气生产和供应业	0.11418
仪器仪表及文化办公用机械制造业	0.117022
电器机械及器材制造业	0.117096
综合技术服务业	0.119894
金属矿采选业	0.120933
建筑业	0.121529
通用、专用设备制造业	0.123998
交通运输设备制造业	0.125305
非金属矿及其他矿采选业	0.13385
批发和零售业	0.139133
非金属矿物制品业	0.144622
金属冶炼及压延加工业	0.146312
邮政业	0.16141

资料来源：2007 年度河北省投入产出表。

表 4-6 所列部门是在河北省 168 个部门中完全消耗系数最高的 14 个部门。在这 14 个部门中，完全消耗系数最高的是邮政业；其次是与河北省

钢铁、煤矿等相关的河北省的传统支柱产业——第二产业，如金属冶炼及压延加工业、非金属矿物制品业、非金属矿及其他矿采选业，还有作为第三产业主要内容的批发和零售业；再次是各种制造业和建筑业；最后是燃气生产和供应业，电力、热力的生产和供应业。交通运输部门对于农业的相关性整体来说不是很明显，完全消耗系数为 0.059370，对于第二产业和第三产业的诸多行业部门影响更加显著。

高速公路建设对第二产业的贡献主要是通过间接方式实现的。除了对建筑业有直接贡献外，高速公路建设更主要的是通过改善交通状况间接促进了制造业的发展。高速公路对河北省第二产业的促进作用是基于以下分析。

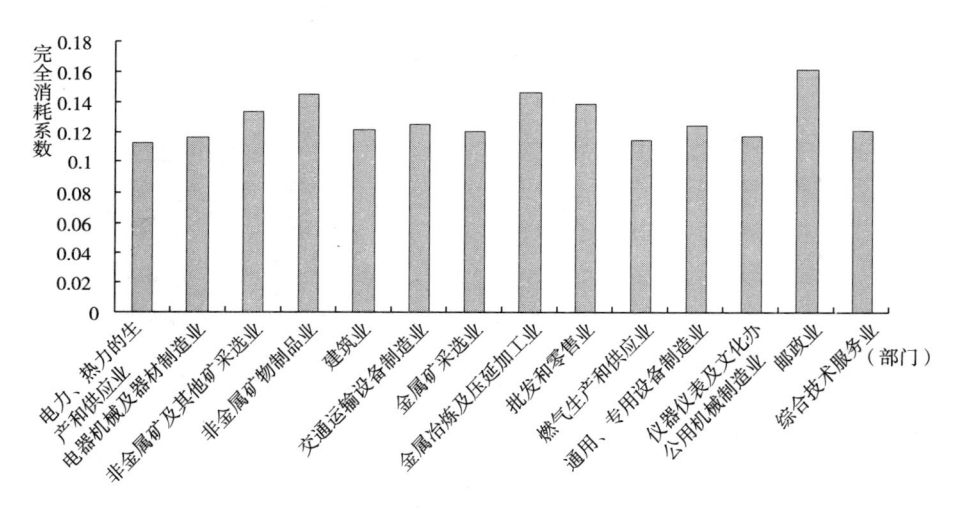

图 4-4　基于交通运输业的前 14 个部门的完全消耗系数图

一是在高速公路建设的带动下制造业的聚集效应更容易激发和产生。河北省是以制造业为主的省份，特别是重工业。高速公路为工业的发展提供了便利。很多县市，例如涿州、霸州、唐海等，修建高速公路后，良好的交通条件促成无数的招商引资。国内投资者及外商看中了河北省良好的交通条件，纷纷在河北投资建厂，形成一个又一个科技园和工业区，使当地工业取得很大发展，经济水平和居民生活水平大大提高。以保定市为例，保定市在高速公路开通后，以构筑高速公路产业经济走廊作为全市经济发展的增长点，推动全市经济的发展。京石高速公路开通后的 5 年间保

第四章　高速公路建设对河北经济发展的影响与贡献

定市的地区生产总值增长了380%，成为保定有史以来经济发展最快的时期。高速公路的建设不仅促进了石家庄地区经济的发展，更推动了沿线县乡经济迅速向外向型发展。

二是密集的高速公路网有利于高速公路与相关产业形成规模效应与乘数效应。河北省政府很早就认识到高速公路对于经济发展的巨大推动作用，特别是2004年以后更加重视高速公路建设对地区经济的贡献和影响。2004年以后，河北省对高速公路的投资建设力度加大，特别是最近几年，政策的支持是河北省高速公路建设发展迅速的主要原因之一。2008年末中央作出扩大内需促进增长的决策部署后，河北省政府确定2009年、2010年两年将投资2000亿元用于该省高速公路建设。河北省高速公路建设拉动经济增长效果显著。据测算，河北省全年高速公路建设将带动河北省GDP增加约1080亿元。2009年以来开工在建的高速公路全部建成后，可分别直接消费钢材、水泥、沥青约190万吨、1904万吨、361万吨，并将有效解决近60万农民工就业问题。根据高速公路建设规划，至2010年将建成高速公路4000公里。这些便利的条件，无疑吸引着大量的外资企业和国内的投资者纷纷转向河北这块经济宝地，使河北省经济得到持续、快速、稳步的发展。整个河北省尤其是环渤海、环京津地区，已经成为全国高速公路最密集的地区之一，从而容易使高速公路建设投资形成规模效应，对制造业的发展产生乘数效应。

三是对服务业各行业的影响日益显现。从20世纪90年代中期，河北高速公路建设运营后，对各地交通业、旅游业、商贸业发展的贡献开始显现，对第三产业发展的作用也逐步明显。公路交通运输工具发展迅速，特别是1980年以后，河北省交通运输工具拥有量飞速增长。河北省交通运输工具拥有量在2000年以后处于直线上升状态，到2009年，民用汽车包括载客汽车、载货汽车、私人轿车等大幅增加，特别是私人轿车拥有量在近年迅速增加。

四是公路货物运输量不断增长。公路运输随着高速公路网建设和物流业的兴起而发展。公路运输一直在运输业中占据主导地位，公路运输的旅客运输量和货物运输量分别占全省总运量的92.8%和75.9%。物流、仓储行业和旅游等行业也成为第三产业的重要发展力量。

三 高速公路建设的感应性系数分析

高速公路建设与国民经济各部门的相关性明显。高速公路建设属于交通运输部门的重要内容，对国民经济的影响主要表现在感应度系数上。

感应度系数是反映国民经济各部门均增加一个单位最终使用时某一部门由此产生的需求感应程度。

其公式为：

$$E_i = \frac{\sum_{i=1}^{n} \overline{b_{ij}}}{\frac{1}{n}\sum_{i=1}^{n}\sum_{j=1}^{n} \overline{b_{ij}}} \quad (i,j = 1,2,\cdots,n)$$

当 $E_i > 1$ 时，表示第 i 部门所产生的感应程度高于全社会平均感应水平（即各部门所产生的感应程度的平均值）。当 $E_i = 1$ 时，表示第 i 部门所产生的感应程度等于全社会平均感应水平。当 $E_i < 1$ 时，表示第 i 部门所产生的感应程度低于全社会平均感应水平。感应度系数 E_i 越大，第 i 部门对其他部门的推动作用越大。感应度系数反映的是在一定的经济技术条件下，国民经济各个部门对某一个产业部门产品的需求与依赖程度，也反映了该部门在整个国民经济产业链中所处的地位。感应度水平高的部门，表明其他部门对它的依赖程度高，因而能制约其他经济部门的发展。因此，感应度系数从一定角度反映了某一产业部门对国民经济可持续发展和保证整个产业结构升级所起作用的大小。

在河北省 42 个部门感应度系数中，交通运输及仓储业的感应度系数居第 6 位，表明交通运输对国民经济各主要部门的感应程度非常高。高速公路在交通运输部门起着举足轻重的作用，它对其他部门的发展感应程度自然也是比较高的。

表 4-7 河北省国民经济部门感应度系数

部门	煤炭开采和洗选业	化学工业	金属冶炼及压延加工业	金属制品业	电力、热力的生产和供应业	交通运输及仓储业
系数	2.910842	2.580891	3.285048	1.890004	2.583097	1.844894

数据来源：2007 年度河北省投入产出表，河北省统计局。

第四章　高速公路建设对河北经济发展的影响与贡献

高速公路在综合运输网中的集散运输作用将日益突出，成为承担短距离运输的主力。随着河北省高速公路质量的逐渐提高和道路网络的不断完善，高速公路运输的经济运距和适应范围将大幅扩大，高速公路所承担的客货运输量将会持续快速增长，它对国民经济的影响力也会进一步增强。

四　高速公路的修建对河北省重点地区重点行业的影响分析

1. 高速公路的修建对重点地区经济发展的促进作用

河北省经济发展存在明显的不平衡性，各地的经济发展速度、规模、水平、效益和群众生活水平存在较大差距。主要原因是受不同自然地理环境、交通通信条件、产业发展基础、经济投入能力等经济发展条件和要素的影响，其中交通条件特别是高速公路的修建和连通有着非常重要的影响，而且高速公路的修建与其他经济发展促进要素相辅相成、相互影响，往往对一个地区的经济发展有加倍促进作用。比如，张石高速公路是沟通张家口市坝上、坝下地区的唯一交通主干线，也是张家口市战略经济发展"黄金岛"[①] 项目区的重要组成部分，张石高速公路的建设对拉动地区经济发展，提升张家口在京津冀晋蒙经济圈中的社会经济地位，加强文化交流与促进商品流通具有十分重要的战略意义。为了评估高速公路的修建对重点地区的影响，我们选取了受益较早的霸州，受益比较明显的张北、抚宁和京津冀周边的县市。

——高速公路的修建大大刺激了霸州市的经济发展和产业集聚。

霸州市位于京津保三角地带中心，属环京津、环渤海城市群，北距北京80公里、东距天津70公里、西距保定65公里。

1999年2月18日通车的保津高速，横穿霸州市，覆盖范围很大，在霸州市境内长48.1公里，双向四车道，在霸州、胜芳、杨芬港设有出口。由霸州驱车至首都机场仅需1个多小时，至天津机场仅需50分钟。106国道双向六车道长达20.7公里，112国道长达47.5公里。1996年

---

① 宣大高速公路、丹拉高速公路和张石高速公路建设在张家口市形成一个极具开发优势的区域，即"黄金岛"。

全段大修后，市区段宽 30 米。两条国道跨越市区面积很大。坐落在霸州市开发区的京九铁霸州站为国家二级站。市内设地方铁路专用线及货场，货物可直抵香港。便捷的交通网络使霸州成为华北地区重要的交通枢纽，是"大北京经济圈南部经济支撑点"。两条省道、四条县道与国道和高速公路紧密相连，和乡村路形成密集的交通网；县域交通公路通车总里程达到 1200 公里，公路密度达每平方公里 153 公里，构建了四通八达的公路交通网络，有力地促进了霸州市经济社会又好又快地发展。

工业园区形成，产业进行集聚。发达的路网，特别是高速公路及连接线的分布优化了霸州市的投资环境，驱车 1 个多小时可达北京、50 分钟可达天津的便捷交通使霸州市成为华北地区重要的交通枢纽。高速公路通车后，沿线各工业园区迅速发展，先后形成了津港工业园、胜芳经济协作区和霸州经济开发区新区等工业园区，集聚了以金属延压、钢木家具、塑料加工、机械加工、林木加工、食品加工、线缆制造、乐器制造等八大优势产业为主体的大中型企业，家具效益显著，形成产业集聚效应。

——京津冀一体化过程中边际效益明显的张北县经济发展凸显高速公路刺激要素流动和经济发展的乘数效应。

张北县城距离北京 230 公里，距离张家口市和京包铁路线 45 公里。张石高速公路是沟通张家口市坝上、坝下地区的交通主干线，也是拉动张北县域经济发展的巨大引擎。

截至 2009 年底，张北县境内公路通车总里程达到 2312.321 公里，其中高速公路 19.52 公里。张北县国道干线纵穿全境，5 条省道纵横交错，6 条段县道密集沟通，与乡道与村道形成了四通八达的交通网络，为张北县经济社会发展提供了良好的交通道路基础。两条高速公路及连接线的修建提高了当地公路档次。张石高速修建前，张北到张家口市需要 1 个小时左右，修建高速后只用 20 分钟左右即可到达，大大提高了通行效率。张承高速在张北县境内通过 3 条公路，当地修建了 20 公里的连接线，大大便利了当地的交通。

加快了风电及配套设备制造业发展。2007 年，满井风电场一、二期全

第四章　高速公路建设对河北经济发展的影响与贡献

图 4-5　张北收费站

部并网发电，全县风电建成规模为 10.45 万千瓦，风电产值实现增加值 6315 万元。2008 年，新签约风电项目总规模 100 万千瓦，全县协议开发总规模达 500 万千瓦。全年共有单晶河、满井等 5 个风电项目开工建设，建设总规模达 52.6 万千瓦。2009 年，新签约风电项目 55 万千瓦，在建 40 万千瓦，新增装机 42 万千瓦，全县装机总规模达 70 万千瓦。满井 20 万千瓦风电场并网发电，成为全国单体容量之最。由于有便捷的京张高速及地区公路网络，张北县到达京津更加便利。相较于具有同样风力资源的内蒙古来说，张北的经济发展，特别是产业发展和项目完成具有很大的优势。国家投资 120 亿元的国家风光储输示范项目和风电研究检测中心的落户，拓展了张北县较为单一的风电开发领域，初步形成了集风电开发、设备制造、运营维护、风机检测、旅游观光为一体的风电产业链。这两个项目将给张北县新能源产业特别是风电及设备产业发展带来很好的经济和社会效益。

农牧业发展水平和农业产业化水平提高，第一产业增加值占生产总值的比例高达 38.7%。近年来，随着高速公路的修建和通车，张北县的农业发展有了质的飞跃，除了绿色蔬菜种植业外，积极发展有机食品加工业和农牧业，扩大了甜菜、马铃薯和燕麦等的种植面积。京张高速通车后，燕

图 4-6　张北草原

北马铃薯全粉加工业项目大力推进,甜菜纸筒生产线投入生产,宏鹿等一些乳品加工企业的效益也因为交通便利而逐步提高,全县年加工鲜奶能力达 11.4 万吨。2008 年,全县省市级的农业产业化重点龙头企业发展到 16 家,其中省级企业 6 家;全县规模以上工业实现增加值 70747 万元,与上年同比增长 21%。2009 年,投资 6.7 亿元建设了 16 个千万元以上产业化项目。在遭受了 50 年不遇的大旱灾的情况下,甜菜、马铃薯分别实现销售收入 3772 万元和 6150 万元,实现了减产不减收,农业产业化经营总量达 30.3 亿元,同比增长 3.4%。2009 年,全县牛、羊饲养量分别达 15.5 万头和 50.7 万只,其中奶牛 8.8 万头,新建扩建奶牛规模养殖场 28 个。

——秦皇岛市受益于高速公路明显的抚宁县。

抚宁有 3 条高速交会。京沈高速公路在县境内全长 35.058 公里,是东西方向的快速运输通道。京秦高速在抚宁县境内共设置了 3 座枢纽,极大地便利了抚宁的人流与物流。沿海高速在抚宁县境内全长 22.203 公里,是抚宁与昌黎及沿海港口联系的重要运输通道,也是抚宁与京津等大城市联系的重要运输通道之一。承秦高速在秦皇岛市路段长达 99.26 公里,是抚宁县一条纵贯南北的快速运输通道。

第四章 高速公路建设对河北经济发展的影响与贡献

物流产业得到发展契机。依托京沈高速、京津沿海高速,抚宁县谋划建设了以千奥物流为代表的物流产业。抚宁县千奥物流有限公司成立于2008年,是以一家农产品、农业生产资料、农业机械、汽车及建材为经营范围的物流企业。该项目总占地面积约380亩,总建筑面积达157671平方米。其中包括四运公司物流配送项目、农副产品批发市场项目、县城集贸市场搬迁项目、宏都肉食批发城项目和蔬菜加工及储运项目。预计农产品市场规模为23万吨,农业物资及农机市场规模为年成交额2.2亿元,临港物资建材(钢材)市场规模为200万吨。千奥物流项目建成后,预计实现年营业收入18985万元、营业税及附加949万元、年利润14234万元。

——高速公路便利了京津冀周边市县的产业转移对接。

河北环京津周边市县依靠便利的高速公路和地缘优势,可以承接京津产业转移。例如,首钢200万吨钢材主力设备移居迁安,不仅大大增强了迁安的经济实力和发展后劲,也有助于推动该市的城市化进程。廊坊、保定、唐山一些县(市)也已在这方面受益。河北省较强的农业和农副产品加工工业与北京庞大的消费市场有着广阔的互补空间,河北省的无公害蔬菜、反季蔬菜、绿色食品、畜禽产品、花卉等已占北京市场相当大的份额。依托这些农副产品的张家口市怀来县、张北县等都进一步延伸了产业链,大力发展蔬菜水果业、食品加工业和餐饮服务业,在更深、更广的领域开拓京津市场。"福成肥牛""坝上莜面"等特色餐饮进京的成功经验就非常具有代表性。另外,廊坊的地价、房价与京津有很大落差,在廊坊购置一套住房加一辆轿车,比在北京买一套住房还要便宜,而廊坊距北京中心区不过1小时车程,这对房地产开发商和北京居民来说不会没有吸引力。承德皇家园林、张家口坝上草原和冬季滑雪等独特的旅游资源,也可补充和丰富北京市民的旅游休闲需求。

2. 高速公路的修建对河北省重点行业的影响分析

高速公路的修建对不同行业的影响除了交通因素以外,还与市场因素、产业结构、经济发展方式等有关。综合来说,河北省高速公路的修建对第三产业影响最大,其次为第二产业和农业。下面我们从高速公路的修建对三次产业中的重点行业的影响来做具体分析。其中，高速公路建设对农业的影响主要表现在畜牧、蔬菜、果品等行业上，对第二产业的影响主要表现在煤炭、钢铁和装备制造业等行业上，对第三产业（即服务业）的影响主要表现在物流、仓储等行业上。具体地说：

——高速公路带动河北省畜牧、蔬菜、果品等行业迅速发展。

自20世纪90年代以来，河北省逐步开始修建高速公路。随着高速路网的逐渐开通和运营，河北省积极实施农业结构战略性调整，畜牧、蔬菜、果品、养殖四大优势行业规模壮大、档次提升。2008年，四大产业产值占农林牧渔业总产值比重达68.5%，农产品加工业蓬勃发展，农产品加工转化和加工增值水平明显提高。另外，高速公路的修建为养殖业的发展提供了便利，一些沿海的县市大力发展养殖业，养殖产品依靠高速公路运输可以迅速到达销售地。"五纵六横七条线"的高速公路网新布局形成后，河北省针对优势农产品进行了区域化布局、专业化生产、一体化经营，在高速公路沿线地区出现了一大批专业乡和专业村，形成了各具特色的农产品生产加工基地，使传统的农业和农村经济焕发了生机和活力，农业的区域比较优势和规模优势逐步得到发挥。下面是一些典型的案例。

案例 1

涿州市境内的京石高速公路、廊涿高速公路、张石高速公路廊涿支线、张涿高速公路4条高速公路的建成带动了涿州市农业产业规模的不断扩大，农业产业化成效显著，形成了以花卉苗木、瓜菜、畜禽、贡米为主导的农业产业新格局，培育壮大了华乐种苗、连生牧业、四方食品等一批龙头企业。

案例 2

藁城市以发展蔬菜为突破口，走蔬菜强市富民之路。藁城市建立了农业高科技园区，每年引进新品种20多个，注册了"碧青""德桦"牌

第四章 高速公路建设对河北经济发展的影响与贡献

图 4-7 涿州花卉培育

商标,番茄、青椒、黄瓜、茄子等4个蔬菜品种通过了国家级无公害农产品认证,番茄通过了中国绿色食品发展中心认证,拿到了标志使用权。藁城先后建成了以朱家寨为中心的地膜大蒜基地,以岗上、廉州、丘头、南营四镇为中心的设施番茄基地,以岗上镇双庙村为中心的中棚甜椒基地,以落生、贯庄为中心的大棚黄瓜基地,以里庄为中心的多种多收露地菜基地,以农业高科技园区为中心的精特菜生产基地等六大规模化蔬菜生产基地。依托粮食和蔬菜产业的发展以及便利的交通条件,藁城先后建设了藁城禽蛋、系井粮食等全国知名的专业批发市场。藁城禽蛋市场是我国北方地区最大的禽蛋交易市场之一,鲜蛋远销到重庆、广东、贵州等20多个省市,除供应国内市场外,还出口到东南亚和我国港澳地区。石黄高速公路的建成通车,大大缩短了藁城与周边大中城市的时空距离,东至黄骅港、北至北京均只需两个小时,并且货运采取高速公路集装箱运输的方式,可节约4个小时,节约成本约890元。

图 4-8 藁城蛋禽养殖

案例 3

> 馆陶县的蔬菜产业在青兰高速通车后得到了更快的发展，群众发展特色产业的积极性提高，仅就蔬菜产业而言，全县蔬菜种植面积由 2005 年的 13.5 万亩发展到 2009 年底的 16 万亩。交通条件的提高和改善，使群众的视野更加开阔，思想更加解放，引进国外优质品种面积由 2006 年的 5000 亩发展到 2010 年的 16000 亩，先后引进了以色列西红柿、法国西葫芦、泰国架豆，以及中国台湾肉丝瓜、芦笋、洋香瓜等新品种，产量及效益都有了大幅度提高。新品种的推广应用使蔬菜种植进一步规范，且结构进一步优化。蔬菜年产值由 2005 年的 4 亿元增加到 5.45 亿元，单棚效益也有了新突破，黄瓜、西红柿等主导品种优种推广率由 2006 年的 85% 左右增长到现在的 95% 以上，嫁接黄瓜由 2006 年的亩效益 0.8 万~1 万元增加到现在的 1.6 万~2 万元。翟庄村王维臣种植了 1.5 万亩光温室，效益达到了 5 万元以上。由于引进了以色列、荷兰等新品种，西红柿生产由过去的单棚收入 1 万~1.2 万元增加到 2.8 万~4 万元。随着交通日益便利，蔬菜销售范围进一步扩大，由原来的主要销往中小城市及周边县城发展到销往青海、湖北、北京、辽宁、天津等大中城市及周边地市。

第四章 高速公路建设对河北经济发展的影响与贡献

案例 4

> 怀来县从20世纪90年代初确定葡萄产业为全县农业发展的主导产业。1998年京张高速公路开始动工后，怀来的葡萄产业运输真正走上快速发展的新阶段。到2009年，葡萄种植面积已经发展到16万亩，其中标准化种植示范面积4.9万亩，并形成葡萄种植基地，葡萄种植覆盖15个乡镇140个行政村4万多农户，葡萄年产量11万吨。2008年1月，怀来众诚葡萄专业合作社成立。到目前为止，社员发展到223名，连接带动葡萄种植户4200户，与全国各地甚至是国外的营销网络逐步扩大。怀来县依托发达的交通运输网络，大大缩短了葡萄产品外运的时间，把产品逐渐打入国内国际市场，葡萄产业已经成为怀来县的支柱产业和富民产业。

图 4-9　第十届怀来葡萄节

案例 5

> 宁晋县加快农业结构调整，大力发展农业产业化，形成了"以河北完达山贝兰德乳业公司为龙头的奶牛业，国宾公司为龙头的蔬菜加工业和以玉锋、健民淀粉糖业为龙头的粮食加工业"的三大龙形经济和梨果特色产业，成为全省农产品加工示范基地县。2009年，全县实现农业产值33亿元，农民人均纯收入达4832元，分别比上年增长8%和10%；全县农业产业化经营额达到65亿元，产业化经营率达65%，农民人均来自产业化经营

收入达 2400 元。随着青银高速公路的开通，宁晋形成"高速公路、省道、乡乡连、村村通"的交通格局，打造出了全县农村到县城的半小时交通圈，为农产品的运输提供了便利，推进了农业产业化的发展。

案例 6

唐海县是在河北省国营柏各庄农场基础上建立的。唐海县已初步形成绿色食品、海水养殖等五大农业产品基地，也是"中国东方对虾"的重要产地之一。新兴海水养殖品种红鳘豚俏销日、韩市场，养殖量与出口量均居国内之首。1994 年唐海县被国务院确定为绿色食品基地县，"柏各庄"大米、"天源"精制免淘米等享誉海内外，并在全省首批取得绿色食品标志权。唐海县境内有沿海高速和唐曹高速通过，为唐海县农产品和海产养殖产品的销售提供了非常便利的交通条件，大大缩短了运输时间。海鲜产品可以直接运到天津、北京等地，促进了海产养殖业的发展。

案例 7

黄骅市是一个临海的城市，农业以种植业和渔业为主，两项之和所占比例一直在 80% 以上，个别年份超过 90%，支撑着黄骅市农业的平稳增长。随着市场经济的深入发展，农村畜牧业出现了规模养殖，使畜牧业比重由"七五"时期末的 5.55% 上升到 2008 年的 24.5%。种植业以粮食种植为主。2008 年，黄骅市粮食作物播种面积达 120 万亩，比 1990 年增加了 10 万亩，仍占据着种植业的龙头地位。进入 21 世纪以来，黄骅市政府加大了农业产业结构调整力度，大力推广苜蓿和冬枣的种植。苜蓿的种植面积由 1999 年的 795 亩发展到 2008 年的 5.25 万亩，2002 年达到最高峰 17.6 万亩。黄骅市以冬枣为主的特色农业粗具规模，冬小枣的种植面积由 1990 年的 4 万亩发展到 2009 年的 30 万亩，年产量 8000 万斤，产值 5.5 亿元，被命名为"中国冬枣之乡"和"国家级标准化示范区"。

第四章　高速公路建设对河北经济发展的影响与贡献

黄骅市注册了"黄骅冬枣"商标，建成了北方最大的孔店冬枣交易市场，组建了"河北省冬枣研究所"。渔业在黄骅市农业中一直占有很大的比重。"七五"末"八五"初，渔业资源丰富，年产量均在6万吨左右，渔业在农业中的比重达到50%以上。由于近几年渔业资源的匮乏，渔业在农业中所占比重逐年下降，到2008年下降为22.7%。津汕高速公路黄骅段以及沧黄高速公路黄骅段的建成和运营，为黄骅苜蓿、冬枣以及海产品的运输提供了便利条件，大大缩短了农产品的运输时间，为黄骅市农产品外销创造了便利条件。

位于河北省黄骅市旧城镇东部的白庄村也是一个因为高速公路的修建而使得农业发展优势突出的典型。白庄村毗邻沧黄高速，沧黄高速开通后，它利用交通便利的优势大力推进农业结构调整，发展规模种植，对全村3400亩可耕地进行规划，发展苜蓿1000亩、冬小枣1400亩，建成500亩高效示范园区，形成"东边苜蓿西边粮、南北都是枣树行"的特色农业产业结构。白庄村的农产品通过沧黄高速进行运输，外销渠道通畅，农业效益成倍增加。同时，对全村耕地进行了统一规划，先后投资150余万元规划建设了千亩冬枣观光园、千亩苜蓿观光园、千亩植物观光园；投资120余万元完成了通往园内的13条总长1.2万米的田间公路，集农业、观光于一体，形成了花园观光式农业的良好局面。以村北的千亩冬枣观光园为试点，探索企业化管理，实行标准化生产，发展产业化项目，彻底改变了单一种植结构和一家一户的耕种模式。

图4-10　黄骅冬枣

图 4-11 黄骅苜蓿

——高速公路的修建对煤炭、钢铁和装备制造业等行业的发展提供了不竭动力。

一是对煤炭行业的带动效应。河北省为陕晋蒙等主要煤炭调出地煤炭东运和南下的必经之地,承担内地65%的煤炭物流陆路运输任务,每年通过秦皇岛港、唐山港和黄骅港转运下水的煤炭就占内地主要港口煤炭转运总量的70%以上。

河北省积极打造冀北、冀中和冀南三大煤炭物流通道,加强通道内重大物流节点建设,实现沿海港口煤码头扩能,推进铁路、高速公路的互通直达,增强煤炭储运功能。同时,省政府还将在未来5年内进一步完善晋陕蒙煤炭运输网络,包括南下东运出海口,发挥交通优势和区位优势,建设石家庄、张家口、秦皇岛、唐山、沧州、邯郸六大煤炭物流枢纽。其中,石家庄加快推进经营网点集聚式发展,建设冀中煤炭物流通道和连接晋煤产地与冀中南地区的煤炭物流枢纽。

冀中能源煤炭企业就是河北省煤炭行业发展的一个典型案例。冀中能源组建之初,河北省委、省政府明确指出,到2010年能否实现产量突破5000万吨,是检验大集团组建成功与否的重要标志。这一目标不仅于2010年9月21日提前实现,而且还以7300万吨的骄人业绩完美收官。2010年冀中能源煤炭产量、销售收入、利税分别完成7300万吨、1200亿元、100亿元以上,资产总额突破930亿元。

第四章　高速公路建设对河北经济发展的影响与贡献

图 4 – 12　河北冀中能源

"十二五"期间，河北还将建设曹妃甸动力煤储配基地、京唐港焦煤储配基地、黄骅煤炭储备基地、邯郸煤炭储配基地、井陉煤炭储备基地、鹿泉煤炭储配基地、元氏煤炭储备基地、蔚县煤炭储配基地和万全煤炭储配基地等九大煤炭储备基地。随着经济的发展，以及河北省发展煤炭物流的条件不断成熟，河北省将积极建设国家级煤炭交易中心，已经初步框定在秦皇岛和唐山这一区域。

邯郸市高速公路的投入与煤炭行业的发展比较具有代表性。"十一五"时期，邯郸市公路建设突飞猛进，实现了历史性突破。5年间，全市公路建设共完成固定资产投资219.5亿元，是"十五"时期的4.3倍。特别是2008年以来，围绕"破瓶颈、解难题，苦干三年，实现交通大变样"的总体目标，道路建设全面提速。2008年投资27亿元，2009年完成61.5亿元，2010年有望突破90亿元。3年投资相当于前几十年的总和。2008年以来，邯郸市交通运输局超前谋划，加快实施了60多个大项目，加强干线公路大中修。总长200公里、投资100亿元、贯穿12个县（市、区）的青（岛）兰（州）高速公路邯郸段建成通车，结束了邯郸市东西横向没有高速公路的历史，挺起了邯郸的"脊梁"，大大促进了邯郸工业的发展，特别是推动了煤炭企业和与煤炭紧密相连的煤炭物流业的发展。

图 4-13 邯郸煤机公司

二是对钢铁和装备制造业行业的带动。高速公路对有色金属冶炼和装备制造业的带动作用明显。河北省是个钢铁大省，省内现有六大国有钢铁企业，即邯钢、邢钢、石钢、唐钢、承钢、宣钢。此外还有100多家民营钢铁企业。河北省高速公路建设从2003年起进入一个大发展阶段，这给河北省传统支柱产业钢铁行业的发展带来了契机。成品钢材从2000年的1306.62万吨迅速增加到2005年的6465.1万吨。随着河北省高速公路网络的健全，成品钢材在2008年达到了11571.79万吨，2009年同比增长30.8%。河北省工业经济联合会发布的《2009年河北百强企业名单》显示，"百强企业"中有37家钢铁企业。

表 4-8　河北省 4 年间的成品钢材数量

单位：万吨

年　份	2000	2005	2008	2009
成品钢材	1306.62	6465.1	11571.79	15134.47

数据来源：2010年《河北省经济年鉴》。

河北省钢铁和装备制造业在2009年完成增加值2193.5亿元和1018.5亿元，分别比上年增长18.4%和17.2%，增速高于全省平均水平5.0和3.8个百分点，对全省工业增长的贡献率达到50%和18.4%。2009年，全省装备制造业一直保持较快增长，在上半年规模以上工业整体呈现低速增长的背景下，装备制造业增速均在10%以上，特别是11月、12月两个月

第四章　高速公路建设对河北经济发展的影响与贡献

份，增速跃居 7 个主要工业行业之首。

图 4 – 14　河北钢铁集团

图 4 – 15　邯钢集团

三是对建筑业的带动。河北省高速公路从 1999 年的 1000 公里增加到 2005 年的 2000 公里，2008 年达到 3234 公里，到 2010 年已经增加到 4307 公里，11 年间增加了 3300 多公里，年均增长率为 14.2%。建筑业总产值从 2000 年的 492.1 亿元增加到 2005 年的 1285.29 亿元，从 2008 年的 2044.81 亿元增加到 2009 年的 2525.05 亿元。建筑业在 10 年里有了巨大的发展，年平均增长率达到19.9%。从高速公路的年均增长率和建筑业的年均增长率比较来看，高速公路建设带动建筑业发展非常明显，建筑业的年均增长率比高速公路年均增长率高5.7个百分点。

——高速公路的修建刺激了物流、仓储行业迅猛发展。

首先，物流、仓储行业越来越成为第三产业的重要发展行业。2009年，河北省配送中心共有60多个，其中，自有配送中心50个以上。第三方物流企业，如中储物流、中铁快运、中邮物流蓬勃发展。同时，一批合资、民营、外埠大型物流企业（如海尔物流、宅急送、华宇物流、敦豪速递等）进入河北。传统的物流仓储、商业储运、交通运输企业向现代物流方式转变，多层次、多元化物流体系日渐形成。

沧黄高速及津汕高速黄骅段建设，为黄骅市第三产业的发展带来了很大的机遇。围绕对接大港口，黄骅市谋划建设了一批大进大出的现代物流项目，如京海物流、长海物流、成润物流等项目正在建设中。黄骅市形成了依托港口、沧黄高速、津汕高速的大进大出的仓储物流体系，现有物流企业200家，业务遍及北京、天津等全国100余个大中城市，年营业收入达到66亿元，已成为区域物资集散地。公路通车里程达878公里，在册货车7200余辆，年运量964万吨，货物周转量69.7亿吨公里。

其次，河北省旅游业随着高速公路的修建而蓬勃发展。旅游业的发展速度大大高于国民经济的增长速度，充分显示了"朝阳产业"的勃勃生机。随着高速公路的建设，旅游资源也开始加速了开发，接待设施也日益完善，市场占有份额逐年扩大，创汇收入大幅度提高。入境旅游人数以年均两位数速度增长。旅游产业辐射带动作用明显增强，已成为河北省第三产业的龙头，全省每年增加接待1000万人次，满足了日益增长的旅游消费需求。旅游业带动了新农村建设，通过发展乡村旅游，拓展和延伸了农业功能，推动了城乡交流及农村基础设施建设，实现了农村富余劳动力转移。全省开展乡村旅游的村庄达到近千个，扩大了对内对外开放，游客每年都在增加，2008年海外游客达到近70万人，国内游客达到9747万人。大量国内外游客光临河北，带动了交通、通信、建筑、商贸、餐饮等相关产业发展。

高速公路的发展改善了旅游城市间、城市到景区以及景区间的道路交

第四章　高速公路建设对河北经济发展的影响与贡献

通条件。河北省还重点推进张家口至承德、秦皇岛至承德、唐山至承德等高速公路建设，开发京承秦、京承张、京保张三条公路上的"旅游金三角"，深化了京津冀、环渤海与北京区域旅游合作，改善了区域旅游交通以及旅游景区公交班线。这些都促进了河北省与京津旅游资源共享，增加了客源。

图4-16　秦皇求仙入海处

各县市旅游业发展过程中涌现出如下一些典型。

①昌黎海滨及葡萄酒工业游。昌黎县自2008年起大力实施旅游立县发展战略，依托境内的山、海、滩、泉、果等自然资源和众多名胜古迹、自然景观以及国家海洋自然保护区的优势，形成了以滨海大漠游、碣石访古游、葡萄采摘游和干红葡萄酒工业游为主体的精品旅游线路。2009年，全县共接待国内外游客130万人次，实现门票收入1600万元，实现旅游总收入3.5亿元，分别比上年增长53.9%、44.4%和34%。

②吴桥县杂技文化旅游。吴桥县是世界闻名的杂技之乡，杂技在吴桥流传已有两千年的历史。为挖掘杂技文化，1993年吴桥与香港国际旅行社合资兴建了吴桥杂技大世界。吴桥杂技大世界自开业以来，不断完善景区设施，创新节目内容，2003年被评为国家4A级旅游景区。2009年吴桥杂

高速公路建设与效益

图 4-17 承德避暑山庄

技大世界实现门票收入 1500 万元，带动相关产业增加收入 1 亿元。吴桥县的杂技旅游业经过 10 多年的发展，形成了以杂技大世界为龙头，以杂技旅游、杂技教育、杂技演出、杂技服装道具为主体架构的杂技旅游产业，呈现强劲的发展态势。据相关数据，杂技大世界累计接待国内外游客 358 万人次。全县共有 46 个杂技团、26 所杂技学校，有 9000 多人从事杂技表演及相关配套服务行业。随着吴桥杂技旅游知名度的不断提升，县内各演出团体对外演出市场得到进一步拓宽。县杂技团、吴桥杂技艺术学校、杂技大世界等先后赴中国香港、马来西亚、日本、美国、新加坡、韩国等国家和地区演出，2008 年演出创汇 8000 多万美元。2008 年，吴桥杂技文化产业总收入达 2 亿元，占全县 GDP 的 7.5%。2009 年 1~9 月，吴桥县已实现杂技文化产业综合收入 1.5 亿元，占全县 GDP 的 8.5%。杂技，正在成为吴桥县域经济发展的支柱产业。

③张北县草原特色旅游。张石高速推动了旅游业的发展。2007 年，张北县举办了"迎奥运、2007 张北绿色生态游"系列推介活动。仙那都、桦皮岭等景区共完成投资 1.3 亿元，全县接待游客 45 万人次，实现综合收入 1.8 亿元。2008 年，全年共接待游客 15 万人次，实现旅游综合收入 6000 万元。2009 年，全县接待游客近 100 万人次，实现旅游综合收入 4 亿元。随着旅游产业的发展壮大，张北县的旅游经济将更加兴旺。随着"花田草

海"、风电主题公园、野狐岭要塞等一批旅游项目的顺利推进,张北县环城旅游圈初步形成。2010年以来,张北县紧紧围绕建设京西北优秀旅游城市这一目标,牢固树立"大城市、大旅游"的理念,整合旅游资源,在城区和周围15公里范围内广布旅游景点,安插旅游项目,形成了东有仙那都国际旅游度假村、冰雪小镇,西有风电主题公园,南有苏蒙烈士陵园、野狐岭要塞、军事旅游观光区、百里坝头风景线,北有中都草原度假村、20万亩"花田草海"的环城旅游圈。县内也进行了旅游项目的构建,在县城及周边初步形成了吃、住、行、游、购、娱"一条龙"旅游服务区,有效地促进了张北县旅游业的发展。

第三节 高速公路的修建对河北省产业园区发展的影响分析

高速公路建设促进经济园区发展的分阶段分析如下。

一 20世纪90年代初到90年代中期——高速公路刚刚修建时期对产业园区的带动

改革开放以后,随着我国经济体制改革的不断推进,开发区建设逐步被提上了日程。虽然当时经济开发区的建设与高速公路的修建并没有必然联系,但是,要发展,先修路,高速公路的修建成为经济社会发展的必然,客观上带动了工业经济发展,特别是各类开发区的发展。

1. 京津塘高速公路及对产业园区的带动作用

京津塘高速公路于1987年12月动工,1990年9月北京至天津杨村段建成通车,1991年12月杨村至宜兴埠段建成通车,1993年9月25日全线贯通,全国第一条具有国际标准的跨省市高速公路京津塘高速公路建成通车。京津塘高速公路连接北京、天津和塘沽,全长142.69公里。按照行政区域的分别,其中北京段35公里,天津段100.85公里,河北段6.84公里(只有一个通往廊坊的出口)。虽然几分钟的车程,但它对河北经济发展所起的带动作用却是深远的。京津塘高速公路的修建给产业发展带来预期。在高速公路修建前后,在公路沿线两侧就出现了产业集聚,工业也取得一定发展。除了北京、天津的经济技术开发区外,开始出现河北省廊坊市经

高速公路建设与效益

济技术开发区，初步形成了一条高新技术产业带。河北省廊坊市经济技术开发区就得益于京津塘高速公路的修建。

廊坊市经济技术开发区地处环渤海经济圈、环京津经济圈的中心，大北京规划圈的腹地，位于京津塘高速公路廊坊出入口处，于1992年6月26日正式开始建设。开发区内工业企业占70%以上，初步形成以机械电子、汽车零部件、建材、轻工纺织、食品、生物工程等为主的六大支柱产业。同时大力发展与之配套的第三产业和社会公益事业，建设了学校、餐饮娱乐、休闲项目，引进了一批高新技术孵化组织，基本形成了"高科技、外向型"的发展特色，并成为国家部委的创业基地，高等院校、科研院所的中试基地，中直企业的转移基地，面向京津乃至全国的商务基地。一个产业体系趋于健康合理、社区功能趋于完备的新型工业城区已现雏形。由此可以看出，高速公路的建成通车对廊坊市工业和产业园区的推动作用巨大。高速公路人流、物流、信息流、资金流的形成，大大加快了这一地区的经济发展和对外开放的步伐。京津塘高速公路正以其对高新技术产业的强大吸附力，形成我国北方的"黄金通道"。中外企业家预言，这里将成为中国北方的"硅谷"带。

图4-18　廊坊市经济技术开发区

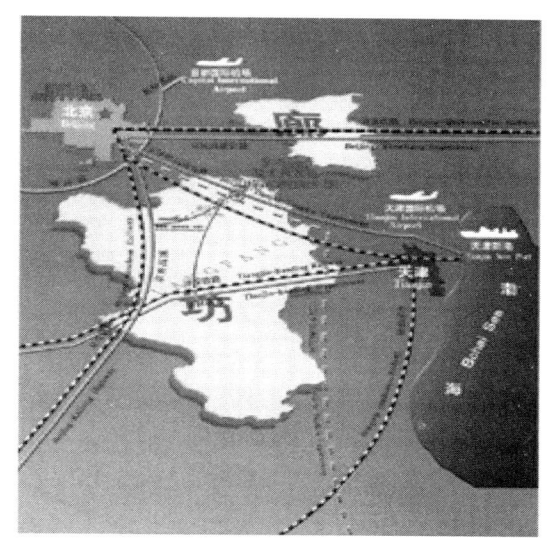

第四章 高速公路建设对河北经济发展的影响与贡献

图 4-19 廊坊市经济技术开发区交通示意图

2. 石太高速公路和石安高速公路及其对工业的影响

石太高速公路是交通部"八五"计划建设的干线公路的一段，也是河北省"八五"重点建设项目。河北段东起石家庄市郊区南高营镇，与京珠高速公路、石黄高速公路连接，西至晋冀界的旧关，与太旧高速公路相连。1992 年 4 月破土动工，全线总长 68.1 公里，于 1995 年 10 月 18 日建成通车。鹿泉高新技术产业开发区的成立和发展是与石太高速提供的便利条件分不开的。

鹿泉高新技术产业开发区（以下简称鹿泉开发区）是 1992 年 11 月经河北省人民政府批准建立的省级高新技术产业开发区。2003 年 5 月，又经省政府批准为省级经济技术开发区。区内辖 5 个行政村，总面积 15.25 平方公里，人口 2.2 万人。鹿泉开发区位于河北省省会石家庄市西侧，居于华北地区枢纽要地，是晋、冀、鲁、豫、京、津、陕、蒙等省市区的重要商品集散地，具有得天独厚的区位优势。石太铁路、石太高速公路、307国道及其复线分别从区内穿过。石家庄西货站、石太高速公路出入口均坐落区内。该区具有迅捷便利的交通条件。建区以来，该区按照"靠环境引客商，靠服务留项目，靠项目求发展"的发展思路，突出抓好环境建设和项目建设，促进了全区经济的较快发展。2004年GDP达到5.6亿元，实现财政收入5707.2万元。到2009年，神兴沙棘药业、埃卡包装、三鹿乐时、科星药业等80余家企业已建成投产，总投资达到32.8亿元，产生了很好的经济效益。特别是引进了总投资30亿元的中电集团石家庄信息产业基地项目。信息产业基地已被石家庄市列入高新技术产业发展规划，建成后必将推动该区的产业发展。

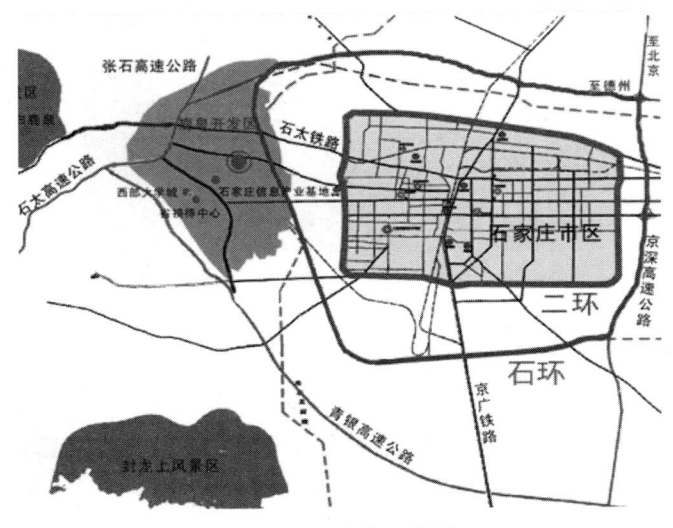

图4-20 鹿泉开发区

石安高速公路是国家"两纵两横"国道主干线公路的一个重要路段，是国内利用世界银行贷款额度最大的公路建设项目之一，也是河北省"八五"期间开工建设的重点工程。石安高速公路北起石家庄北郊南高营，南至河北省临漳县芝村，全长约216公里，双向四车道。主体工程于1994年8月开工，于1997年12月30日全线竣工通车。

邢台经济技术开发区的发展与石安高速公路紧密相连。开发区始建于1992年，1994年被省政府批准为省级高新技术产业园区，2000年在高新区基础上设立省级经济技术开发区，2006年经省政府审核确认为省级经济开发区。建区以来，邢台开发区着力推进基础设施建设，完善城市功能，吸引项目，产业结构不断优化，已形成新能源产业、装备制造业、现代服务业三大支柱产业，其中新能源产业是目前开发区着力打造的新兴产业。

第四章　高速公路建设对河北经济发展的影响与贡献

经济总量不断增长，由 2000 年的 2613 万元增长到 2008 年的 28 亿元。开发区引进了晶龙单晶硅、宁波紧固件等一大批企业，成为邢台市最具经济活力和发展潜力的区域之一。开发区交通便利，石安高速、山西至山东高速的交叉口位于区内，随着邢台市的大交通格局的逐步形成，开发区的产业集聚效应也将更加显著。

3. 京石高速公路带动的产业园区

20 世纪 80 年代末开工建设、1993 年全线贯通的京石高速公路是一条连接北京和石家庄的高速公路，全程大约 270 公里，与 107 国道平行。这条高速公路连接了北京、涿州、保定和石家庄，同保津高速公路、石安高速公路、石太高速公路相连。设计时速为 80~100 公里，全线为双向四车道，其中河北段全长 224 公里，纵贯河北省中部 9 个县市 59 个乡镇。涿州经济技术开发区和松林店工业园区处于京石高速公路两侧，交通便利。高速公路路网建设的发展为涿州市工业园区建设提供了较好的基础。位于京珠高速出口的涿州经济技术开发区和廊坊高速出口的松林店工业园区已成为涿州经济发展的重要增长点。

图 4-21　松林店镇

高速公路在社会经济发展中的集聚功能和辐射功能在涿州市得到较明显的体现，企业分布已经从过去的零散状态逐步转为向以高速公路为中心的工业园区集中，形成产业集群，加快了涿州市高新技术成果转化基地、现代加工制造业基地、京南物流基地建设，现代化中等城市工业体系雏形已初步显现。1992年经河北省人民政府批准设立的河北省高碑店经济技术开发区就受益于高速公路的建设，同时汽车及零部件、食品、新型建材等产业得到了充分的发展。

另外，石家庄经济技术开发区的形成与发展更是与京石高速公路的通车便利不可分割。石家庄经济技术开发区是1992年7月经河北省人民政府批准建立的省级开发区。开发区总规划面积9.8平方公里，起步区为3.6平方公里，是省会发展规划的中心地带和集工、科、贸为一体的重点发展区域及投资热点。开发区距京深高速公路裕华路立交桥出口处6公里，其地理位置得天独厚。1995年7月经河北省政府批准，将原良村开发区更名为石家庄经济技术开发区。石家庄经济技术开发区依托省会产业发展定位和发展优势，引进了世界500强美国ADM公司、日本住友商事、瑞典富世华以及华药、石药、石家庄卷烟厂、益海粮油、河冶科技、太行机械、四方通信、中电投等一大批投资规模大、技术含量高、辐射带动作用强的"龙头"项目。依托这些"龙头"项目，不断延伸产业链条，逐步形成了30余家生物医药企业、20余家机械制造企业、10余家食品加工企业及优质烟草企业等特色产业集群。综合经济实力不断提升，辐射带动能力增强。2009年完成生产总值40亿元、工业产值137亿元，实现财政收入11.27亿元，同比增长20%、21%和28.89%，经济发展水平28项综合排名增速列全省开发区第一名。

二 20世纪90年代中期到2004年——逐渐形成的河北省高速公路网络及其对工业发展的带动

河北省高速公路因为环绕京津的地缘关系获得很大发展，修建很快。从1996年到2001年底河北省新增高速公路1332公里，通车里程达到1563公里，位居全国第二。但同时，一些路段通车量较低，有观点认为，相对于河北省有限的财力，这些路段建设明显超前，不但不能被充分利用，还使建设部门背上了沉重的债务包袱。这时候修建高速公路为开发区和产业园区的建设和发展提供了比较充分的基础保障。

第四章 高速公路建设对河北经济发展的影响与贡献

1. 京沈高速廊坊段建设促进发展的产业园区

京沈高速公路廊坊段是北京去东北三省的主要通道，是一条经济路、政治路和旅游路。全长21.3公里，全线按双向六车道高速公路标准建设。1998年3月开工建设，1999年竣工通车。香河经济开发区（以下简称香河开发区）得益于这条高速公路的修建。京沈高速公路廊坊段的建成通车给已经存在的香河开发区的发展提供了更加便利的交通条件，同时，也带动了更多的生产要素流动。香河开发区成立于1993年1月，总规划面积12平方公里，有印刷包装、汽车配件、轻纺、电子、新型建材、会展旅游为主的产业群体，吸引了来自美国、德国、日本、韩国、中国香港等国家和地区103个项目投资落户。到2006年，香河开发区已引进各类项目223个，总投资77亿元，其中三资企业70个，投资额为1.8亿美元；建成投产项目106个，属省以上批准高科技项目19个。①

图4-22 香河经济开发区之一

京秦高速公路是京沈高速公路的最重要组成部分，另有北戴河连接线

---

① 《快速发展中的香河开发区》，《大众科技报》2006年6月15日。

图 4-23 香河经济开发区之二

17.63公里，西起津冀交界的蓟运河，东至冀辽交界的山海关，全长199.31公里，途经唐山、秦皇岛所辖5县5区。京秦高速公路既是连接东北、华北、华东地区的经济大动脉，同时又是国家领导人和中外旅客到北戴河避暑、办公和旅游的通道。每日车辆通行量为8万台次。

建区以来，尤其是京秦高速公路通过后，香河开发区围绕城市化、现代化、工业化这一目标，集中优势，走特色产业之路，在招商引资和项目建设过程中注意突出重点，结合实际，使一批产业特色强、投资规模大、科技含量高、市场前景好的项目顺利进区并取得了良好效益。出现了很多香河开发区建区以来继第一城（北京中信国安第一城1992年建立）后投资过亿元的工业大项目。位于香河开发区内的第一城占地200公顷，以明清时期北京城为轮廓，以中国古代皇家建筑和园林为主体，是集会议、展览、酒店餐饮、休闲娱乐度假、康体健身、购物、影视拍摄于一体的新一代大型综合性国家4A级旅游园区。国际金融论坛年会把第一城作为永久性会址。河北省商务厅按照《河北省经济技术开发区建设发展情况考核评价（试行）办法》，对34个省级以上开发区2007年度的建设发展情况，从发展速度方面进行了考核评价，按7项发展速度综合评价考核指标来排名，香河开发区排在第3名。扩区后，香河开发区将形成以会展旅游业为

第四章　高速公路建设对河北经济发展的影响与贡献

主的现代服务业建成区、以国际运河生态城项目为主的城市功能区和以运河工业园为主的现代制造业工业新区三大功能区。

2. 唐津高速公路的修建促进发展的产业园区

唐津高速公路河北段全长59.5公里，1995年6月开始修建，1999年9月底建成通车。其中丰南至津冀界路段17公里，为双向六车道，其余路段为双向四车道。河北丰南经济开发区坐落于丰南区城区南部，1992年11月经省政府批准为火炬产业园区，2000年6月经省政府批准为省级高新技术产业开发区，2005年12月国家发展和改革委员会审核公告将其名称确定为河北丰南经济开发区。该开发区规划面积6.05平方公里，基础设施投入累计达到4.5亿元。经过"十五"的发展，区内初步形成了以电子信息、机械制造、陶瓷、纺织、食品为主的产业体系，并建设了北京钢铁研究总院冶金设备研究所"制造基地"、铁道部科学技术研究院"试验基地"及市级企业技术中心等。开发区周边有天津新港、秦皇岛港、京唐港和曹妃甸港，京哈铁路紧邻开发区，津唐高速公路及京沈高速公路在区内连接并设有出口，205国道和102国道从区内穿过，交通十分便利。

3. 石黄高速公路及其带动的产业园区建设

石黄高速公路横贯河北省中部经济发达地区，是重要的集疏港公路。该公路西起石家庄南高营立交桥，东至沧州，全长187公里。1996年12月开工建设，2000年12月全部建成通车。藁城经济开发区在最近几年的大力发展很大程度上是借助于石黄高速的建成通车。开发区北依石黄高速和国道307线，石环公路南北贯穿开发区，并在开发区设有出口及3座大型互通立交桥，连接高速十分快捷。同时，西侧的京珠高速和南侧的青银高速分别距开发区9公里和20公里，快捷的路网对开发区形成了环围的态势，使开发区连接京、津、晋、鲁、豫十分便捷，极大地提升了开发区的交通区位优势。石黄高速公路藁城段全长25.5公里，于1998年建成通车。高速公路的建成通车，促进了对外经济、文化、人文和政治交流，促进了第二产业的快速发展，加快了工业化和城镇化进程。它的建成，也有力地拉动了藁城经济开发区的发展。

藁城经济开发区是1992年经省政府批准设立的省级重点开发区之一，2005年被确定为首批国家生物产业基地。2009年8月，经省政府批准，开发区规划面积扩展到近 27 平方公里,为经济快速发展拓展了空间。近几年,开发区主要经济指标连续 5 年均保持 30% 以上增长速度,走出了一条产业立区、发展强区、特色兴区之路。已建成较大规模工业项目 97 家,拥有世界 500 强投资企业 6 家,上市公司 4 家。2009 年开发区实现生产总值 86 亿元,财政收入 16.8 亿元,占全市财政收入的 39%。2010 年预计可实现工业产值 300 亿元、地区生产总值 80 亿元、固定资产投入 55 亿元、税收 22.3 亿元。在已建成的项目中,同类产品规模、产量及市场占有率称得上世界之最、全国第一的企业不断涌现。投资 55 亿元的华药工业园和投资 45 亿元的石药工业园均已成功列入省重点产业支撑项目,华药非青等子项目已经开工建设。据估算,两大工业园项目全部投产后,将新增 500 亿元的销售收入和 70 亿元的利税。目前,开发区借助规划扩区的重大机遇,努力建设好"生物医药""装备制造""健康食品"三大产业园区,力争通过 5 年左右时间,实现"销售收入过千亿、利税过百亿"的发展目标。2009 年在全省 48 个开发区综合考评中列第 6 位。

4. 京张高速公路及其带动的产业园区建设

京张高速公路是国家规划建设的丹东至拉萨国道主干线,是西北各省区同京津地区经济文化交流的重要通道。河北段起自冀京交界的怀来东榆林村,止于宣化小慢岭,全长 79.2 公里,1998 年开工建设,2002 年全部建成通车。张家口沙城经济开发区直接受益于京张高速公路建设。它是河北省人民政府 2009 年批准设立的省级开发区。怀来县属于河北省政府确定的全省 22 个扩权县之一,位于环京津经济发展"金三角"地区,也是首都西出晋蒙的第一站。开发区遵循"科学定位、一区多园、强化功能、高速发展"的发展战略,初步形成了两大主导产业,即电子信息高新技术产业、太阳能与装备制造产业。其中,玻璃太阳能产区设有省中小企业局确认的产业集群技术研发中心,以华美光电子为核心的信息产业园区是张家口市"十一五"期间重点发展的高科技产业园区。

三 2004 年以来新修建的高速公路从战略上给河北省工业产业带来的加速发展

2004 年被誉为河北省高速公路建设的"开工之年",河北省也成为全

第四章　高速公路建设对河北经济发展的影响与贡献

国本年度高速公路开工最多的省份之一。计划建成的15条段高速公路全部开工，在建里程达1205公里。另外，为适应全面建设小康社会的要求，河北省高速公路作出全新规划，规划建设里程2400多公里，由此掀起总投资近600亿元的建设高潮。河北省高速公路建设"以我为主，以效益为主"，就是要为河北省的发展战略服务，既要考虑道路本身的效益，又要着眼于高速公路建设带动区域经济发展的巨大效益。这是河北省高速公路建设的战略性转变。

2006年11月9日，河北省第七次党代会提出"建设沿海经济社会发展强省"战略，省委、省政府把渤海新区作为拉动冀中南进而拉动全省经济发展的增长极和隆起带。2007年7月20日，沧州渤海新区正式揭牌成立。2008年10月9日，渤海新区进行体制整合，实行"一市三园"的管理体制，黄骅市、中捷产业园区、南大港产业园区和临港化工园区出现了由建设高速公路带动经济发展的大手笔，并且带动了河北省高速公路的更大发展。

图4-24　渤海新区之一

1. 沿海高速公路和唐曹高速公路

沿海高速公路主线全长160.113公里。该公路起于京沈高速公路北戴河服务区东3公里处，与京秦高速互通，途经秦皇岛市抚宁、昌黎，唐山

图4-25 渤海新区之二

图4-26 渤海新区之三

市乐亭、滦南、丰南、唐海，终点与天津市海滨大道相连。2004年12月6日开工建设，于2007年建成通车。唐曹高速公路于2008年11月建成通车，主线全长63.673公里，路基宽34.5米，双向六车道，设计时速120公里。全线共设立交桥15座、特大桥及大中小桥74座，共有丰南工业区、

第四章 高速公路建设对河北经济发展的影响与贡献

南堡开发区、唐海、曹妃甸北和曹妃甸主线5个收费站，是唐山市高标准谋划建设的重大交通基础设施项目和唐山沿海路网"六纵四横"战略的重要组成部分。作为曹妃甸开发建设的快速通道和先导性工程，唐曹高速公路运输能力将对加快唐山湾"四点一带"建设、促进唐山经济社会发展起到巨大的推动作用。唐海在经济方面的目标是"工业唐海"，就是以曹妃甸发展为契机，高标准完成曹妃甸新区临港产业园区总体规划，投资4亿元完成水、电、路、气等基础设施配套工程，为项目进驻、产业快速聚集搭建了平台。依托产业园区平台，全年实施重点项目67个，其中投资10亿元以上的10个，完成投资54亿元，大昌货物仓储中心及铁路专用线、河北文丰ERW焊管等项目完工投产。海天能源新城、太阳能建筑节能一体化等项目进展顺利。大规模开展了对接"长三角""珠三角"、对接京津冀等招商推介活动，设立上海、深圳招商办事处，达成投资意向20余项，协议金额600亿元，成为打造"工业唐海"的强大引擎。

2. 青银高速公路及其带动的工业经济发展

青银高速公路是交通部规划的"五纵七横"国道主干线的组成部分，其冀鲁界至石家庄段是河北省高速公路网"五纵六横七条线"主骨架中的一部分。位于青银高速公路附近的宁晋县具有更宽广的合作领域和更大的协作空间，这为全县充分利用两个市场、两种资源，承接产业转移、调整优化结构并乘势崛起提供了良好的机遇。宁晋县交通以公路为主，石宁公路、宁高公路、宁辛公路、宁南公路等4条公路从宁晋县城通过；西距107国道、京珠高速公路和京广铁路25公里；308国道和青银高速公路横贯县域东西，且青银高速公路有一个出入口在境内。宁晋县工业经济发展基础良好，行业门类齐全，产业结构合理，民营经济营业收入512亿元，上缴税金7.8亿元，被评为"中国民营经济最具潜力县""全国百佳全民创业示范县"。单晶硅、电线电缆、纺织服装、机械制造产业被列为省级中小企业产业集群。万兴源创业辅导基地被认定为省中小企业创业辅导示范基地。

3. 青兰高速公路馆陶至涉县段

青兰高速公路贯穿邯郸东西，分两期建设完成。邯郸市区至馆陶段长93.79公里，建设标准为全封闭双向四车道。途经邯郸东部馆陶、曲周、广平、肥乡、永年、邯郸经济开发区、邯郸县等6县1区，并在邯郸市区东北部与京珠高速公路交会互通。2007年8月18日，青兰高速公路冀鲁界至邯郸段建成通车。青兰高速公路邯郸至涉县段，起点为邯郸，终点为涉县，全长98公里。全部完工后，邯郸市城区四周形成一个开放式的高速外环，它是河北省高速公路规划中"五纵六横七条线"高速公路主骨架的重要组成部分。该工程的完工意味着青兰高速河北段实现全线通车，晋冀鲁豫4省临界区将再增一条"东出西联"大通道。该高速建设对于加快邯郸市发展同样具有重要意义，它进一步奠定了邯郸市"四省临界区域中心城市"地位，缩短了邯郸市与东西大中城市的时空距离。

①馆陶现象。青兰高速公路通车以后，馆陶工业经济不断发展壮大，以工业重点项目为切入点，大力发展工业，形成了机械制造、新型化工、新能源、黑陶、纺织和医药食品等富有地方特色的工业经济体系。2008年底，全县仅规模以上工业企业就达到29家，比2005年的15家增加93.3%；规模以上工业增加值由2005年的2.21亿元发展到2008年的8.23亿元，增长2.72倍；规模以上工业利润由2005年的4749万元增加到2008年的18071万元，增长2.81倍。机械制造产业是馆陶支柱产业之一。全县拥有规模机械铸造企业15家，轴承加工企业98家，轴承加工户1100户，年产值19亿元。北科机械制造项目，是与北京科技大学对接合作的项目，一期工程已建成投产，年产1000万套流体控制阀和流体泵配件，产品主要销往欧美市场。2008年8月，馆陶建成总面积7平方公里的邯郸市新型化工园区，以盐化工、精细化工为定位，以绿色、环保、生态为取向，已落地项目4个，签约项目4个，总投资达58亿元。总投资7.2亿元的昊阳化工项目，主要建设年产2万吨草甘膦、乙酸乙酯、氧化氢生产线。可以说，青兰高速通车为馆陶招商引资提供了便利的交通条件，出现了"四多四大"的"馆陶现象"。"四多"是大项目多、工业项目多、科技含量高的项目多、产业关联度高的项目多；"四大"是投入增幅大、产值增幅大、规模企业指标增幅大、财政收入增幅大。深刻分析"馆陶现象"的项目情况，一个突出的特点是外来投资是绝对主体。2007年以来开工建设的40个5000万元以上的项目全部是外地客商投资的项目，而且都是层次高、产品先进、技术前沿、关联度强、建设速度快的大项目、好项目。该县仅

第四章　高速公路建设对河北经济发展的影响与贡献

2008 年就引进项目 118 个,是 2004 年（13 个）的 9 倍多。

②促进武安发展。一直以来,武安对外运输主要依靠 309 国道,通而不畅、便而不达,交通已成为武安经济发展的瓶颈。青兰高速公路的修建给武安增加了一条新的高效便捷大通道,西至兰州、东至青岛,西进东出功能得以进一步发挥。武安的开放型经济有了一个新的发展,开放带动战略功能进一步增强。武安已形成了以钢铁、煤化工、建材为支柱的工业体系。2007 年工业增加值 239 亿元,比 1987 年增长 20.7 倍,年均递增 16.6%,高于同期生产总值增速 1.2 个百分点。2007 年工业对 GDP 增长贡献率达 81%。2009 年全市规模以上工业完成增加值 205 亿元,实现利税 46.2 亿元。

总之,高速公路的规划、修建和通车与工业经济的发展紧密相连,与一个地区的产业培育、园区建设、产业转移直至区域经济一体化都有千丝万缕的联系。重视高速公路及其支线的建设,在一定程度上就是支持一个区域的工业发展,就是支持一个地区的经济发展,促进其工业化和城镇化水平的提高。

第四节　高速公路对招商引资的贡献

高速公路作为一种便捷的交通方式,可以极大地改善地区投资环境,促进生产要素的流动,给河北的招商引资提供了基础条件,提高了河北省大中城市和县域招商引资的市场竞争力。

一　河北省高速公路建设与招商引资总体概况

高速公路是经济发展的基本条件,是引进外资硬环境的构成要素,是国际国内投资商投资河北的主要考虑因素。从表 4-9 中可以看出,从 1984 年开始起步到 1987 年,河北省合同利用外资和实际利用外资都处于缓慢增长阶段；但是 1988 年和 1989 年以后,合同利用外资和实际利用外资都出现了显著增长。这与 20 世纪 80 年代末河北省高速公路开始动工兴建、运营的时间基本是吻合的。

从 1992 年开始,河北引进外资总体上呈现逐年增长的态势,与 1991

年相比,1992年的合同利用外资增长了781%,实际利用金额增长了51.2%。从2003年开始,河北省高速公路进入加速发展阶段,在布局路线上,权衡照顾地区经济的协调发展,并且规划修建以"五纵六横七条线"为主骨架的高速公路网。事实证明,大力修建高速公路极大地促进了地区经济的发展,也吸引了外资。从表4-9中可以看到,2003年以后,河北省利用外资又出现了逐年增长的态势。

表4-9 河北省利用外资情况

单位:个,万美元

年份	项目	合同利用金额	实际利用金额
1984	22	904	546
1985	53	4804	1423
1986	31	1751	1127
1987	25	4539	1032
1988	91	19962	1910
1989	73	9486	4373
1990	110	8877	4447
1991	322	16351	18967
1992	1428	144090	28682
1993	1975	193358	48447
1994	1096	148462	73742
1995	1220	188794	108620
1996	923	210368	160062
1997	742	172670	213649
1998	652	128467	210348
1999	530	113879	193747
2000	510	94822	139378
2001	507	107759	93521
2002	482	136259	104793
2003	586	251313	155800
2004	603	244047	197856
2005	581	272736	227890
2006	447	177048	238274
2007	369	357085	300722
2008	252	300118	363395

资料来源:《河北经济年鉴2009》。

第四章　高速公路建设对河北经济发展的影响与贡献

二　招商引资的基础条件得到优化

1. 紧邻高速公路出口的产业园的建设成为招商引资的主要基地

高速公路的建成，促进了沿线地区产业结构的升级。产业园纷纷引进和培育了一批科技型企业，一些高端产品逐渐进入产业园，而这些都依赖于高速公路的方便快捷。比如，东光（省级）工业开发区位于河北省沧州市东南部，地处"京津冀都市圈"和"环渤海经济圈"，距沧州、德州50公里，距天津、济南150公里，距黄骅港100公里。京沪高速铁路、京福高速公路、104国道和省道武千路纵贯其中，京福高速公路和京沪高速铁路在开发区设有出口站，区位优越、交通便捷，产业资源丰富。2003年成立以来，按照"高起点规划、高质量建设、高效益运行"的目标要求，强化招商引资与项目建设。2010年入驻园区企业达98家，2010年上半年，完成销售收入36.5亿元，上缴税金1.35亿元。东光工业开发区内拥有化工企业15家，拥有世界最大的DSD酸生产制造企业华戈化学集团、全国制造业500强企业三友集团东光浆粕分公司等。

2. 招商引资的门类和渠道更加多样

随着地区经济发展一体化和集聚经济的发展，招商引资的理念也在不断调整，招商引资工作由重地块招商向重地区招商转变，注重整体招商效果；由集中向集聚转变，注重大项目的集聚效应；由品质向品牌转变，注重品牌效应；由效益向效应转变，注重长远发展效应。

随着唐港高速和沿海高速的建成通车，乐亭县的招商引资获得最佳时机。继2009年一批大项目、好项目启动建设以后，2010年，该县又签约项目7个，其中超亿元的项目5个，总投资额达到50余亿元。乐亭县根据全县基础优势和产业发展，重点围绕精品钢铁、装备制造等主导产业筹建骨干工业项目和配套延伸项目，围绕沿海临港优势筹建物流项目。同时，乐亭县创新招商引资方式，实施以现有产业拓展为主导的产业招商、以现有商户滚动发展为主导的以商招商，并以积极寻求和全方位开放投资领域的方式，与世界500强、国内百强等大企业、大公司合作，吸引它们来乐亭投资。

2003年以来，河北省累计利用外资达到255.8亿美元，尤其是2007

年，河北省利用外资增速在全国名列前茅，为全省的经济社会发展作出了重要贡献。2007年，天津市和河北省的签约额超过150亿元，连续数年都有突破和发展，高速公路对全省招商引资产生的推动作用逐步显现出来。

河北省政府驻地石家庄市和10个中心城市都处于交通要道，交通便利，特别是有高速公路的便利条件，成为地区经济发展的中心。这些中心城市的招商引资相对比较容易，除了产业集聚、交通方便外，各级政府抓住交通条件改善的时机主动出击，除了筑巢吸引投资者外，还组团出去招商引资。地处北京、天津两大城市之间的河北省廊坊市2008年底在北京推出60个大型招商项目，推动建设"京津冀电子信息走廊"和"环渤海休闲商务中心"。这些项目计划总投资146.21亿美元，利用外资96.15亿美元。项目主要分布在电子信息、生物医药、太阳能及光伏、先进制造业、现代服务业、城镇建设和基础设施等方面。廊坊市以电子信息为代表的高新技术产业发展迅速，相继引进了华为、中兴、富士康等公司的大项目。廊坊已成为中国北方重要的信息产业基地。此外，廊坊市还提出借全省打造环京津休闲旅游带之机努力打造"环渤海休闲商务中心"，力争把廊坊建设成京津大公司、大机构和人们休闲居住、休闲办公、休闲创作、休闲会展、休闲洽谈、休闲保健、休闲娱乐、休闲观光的首选之地和创富金区。

高速公路的修建对于县域经济的发展来说好比雪中送炭，给县域经济的起飞和招商引资插上双翼，高速公路网络的形成，把县城与四通八达的道路连成网络，吸引更多的企业投资。我们对河北省具有代表性的22个县市进行了调查，大体都体现了这个特点，以下是几个典型。

①霸州市招商引资。发达的路网，特别是高速公路及连接线的分布促进了霸州市的投资环境，驱车1个多小时可达北京、50分钟可达天津的便捷交通使霸州市成为华北地区重要的交通枢纽。高速公路通车以来，沿线各工业园区迅速发展，先后形成了津港工业园、胜芳协作区和霸州开发区新区等工业园区，集聚了以金属延压、钢木家具、塑料加工、机械加工、林木加工、食品加工、线缆制造、乐器制造等八大优势产业为主体的大中型企业，家具产业效益显著。

②怀来县招商引资。京张高速公路的建成通车给怀来县域经济的发展

第四章 高速公路建设对河北经济发展的影响与贡献

提供了良好的基础条件。2008年怀来县引进"葡萄嫁接苗木脱毒繁育中心"项目，2009年实施了农业部"测土配方施肥"项目，大大减少了化肥使用量，为农民节约了投入，生态和经济效益显著。

③张北县旅游招商引资。高速公路的建成通车直接带动了张北县旅游项目的开发。2007年，张北县举办了"迎奥运、2007张北绿色生态游"系列推介活动，仙那都、桦皮岭等景区共完成投资1.3亿元。随着"花田草海"、风电主题公园、野狐岭要塞等一批旅游项目的顺利推进，张北县环城旅游圈初步形成。

④涿州招商引资。高效、便捷的交通优势，积极推动了涿州市招商引资工作的不断发展。涿州全市招商引资到位一直呈逐年递增趋势：2008年，全市引进外地资金25.6亿元；2009年，全市引进外地资金26.3亿元；2010年1～5月不到半年时间，全市引进外地资金已达14亿元，完成了全年任务的80%，同比增长了21%。同时涿州市的项目建设也开始向产业集群度高、资源利用效率高、财税贡献率高、社会就业率高和市场前景好的方向转型，逐步打造以高速路网为依托的产业集群板块。

⑤馆陶招商引资。青兰高速2007年建成通车以来，特别是大广高速规划建设以来，馆陶具有了特殊的交通区位优势。2008年以来，列入省、市重点项目17个，总投资169.7亿元（其中省重点项目9个，总投资24.9亿元），进展顺利。2009年，列入省重点项目数量在东部10县排名第二，列入市重点项目数量在东部10县排名第一。2009年引进县外客商投资项目123个，比2005年增长101%。2006年至2009年累计引进县外客商投资项目329个，同比增长54.5%，引进资金17.5亿元，比2005年增长358%。2006年至2009年累计引进资金43.4亿元，同比增长188%。2010年1～5月，累计洽谈项目88个，引进项目39个，持续呈现"大项目多、工业项目多、科技含量高的项目多、产业关联度高的项目多"的良好发展态势。全县开工建设项目80%以上是外地客商投资的项目，产生了较强的"外商集聚效应"。馆陶县先后获得了"浙商（中国）最具投资潜力城市""中国最具投资潜力特色示范县200强"等多项荣誉。馆陶对外开放程度不断提高，外向型经济快速发展。2008年，全县对外贸易出口总值339万美元，比有统计数据记载的1995年的68.6万美元增长3.9倍，年均增长

13.1%；实际直接利用外资 1010 万美元，比有统计数据记载的 1995 年的 14 万美元增长 71.1 倍，年均增长 39.0%。

第五节　高速公路沿线部分县市经济发展指标变化

①馆陶县。青兰高速 2007 年建成通车以来，馆陶获得了交通区位优势。2008 年全县生产总值完成 43 亿元，增长 12%，增幅居东部县第 2 名，相当于 2004 年的 1.9 倍。另外，馆陶县从青兰高速公路修建通车后，地方财政一般预算收入出现了明显的变化，由全省县级排序第 119 名跃居为第 117 名。

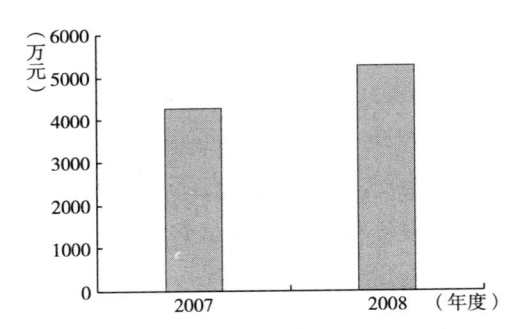

图 4-27　馆陶县 2007、2008 年地方财政一般预算收入

②涞源县。张石高速公路保定段并非"直南直北"，而是向东拐弯横穿曲阳县、涞源县、定兴县等 7 个贫困县。因此，这条路建成通车为涞源县的经济发展提供了良好的基础条件。涞源县的地方财政一般预算收入从 2007 年全省县级排序第 41 名跃居为 2008 年的第 34 名。

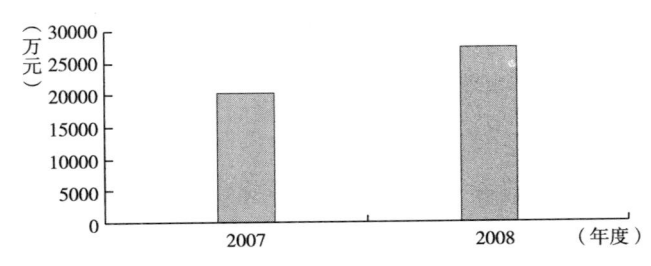

图 4-28　涞源县的地方财政一般预算收入变化

第四章 高速公路建设对河北经济发展的影响与贡献

③怀来县。1998年开工建设、2002年全部建成通车的京张高速公路,使北京通往张家口市实现了高速公路和高等级公路的全线贯通,行车时间由原来的3个多小时缩短到2个小时。这对改善河北省路网结构,拉动沿线经济发展,促进张家口地区的经济发展,特别是对国家西部大开发战略的实施具有非常重要的意义。怀来县自从有京张高速公路通过后,地方财政一般预算收入由2002年全省县级排序第66名跨越到2007年的第37名,到2008年,位于全省县级排序第25名,地方财政一般预算收入从2002年的5497万元达到2008年的31456万元。

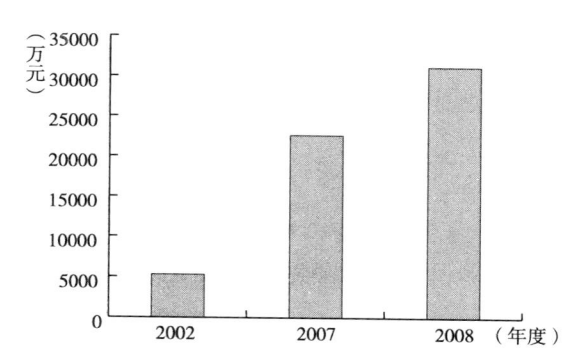

图4-29 怀来县修建高速公路前后地方财政一般预算收入变化

④霸州市。始建于1996年,1999年2月18日正式通车的保津高速公路沿途经过徐水、容城、雄县、霸州、安次进入天津,是贯通京、津、石经济圈的重要交通要道,给霸州市的经济发展注入了活力。霸州市的地方财政一般预算收入也出现了很大的变化,由2002年居于全省第10名的14789万元到2008年的71856万元,居全省县级排序的第6名。

⑤阳原县。宣大高速公路是晋煤外运的主要通道之一。该线于1996年开工,2000年建成通车。阳原县的地方财政一般预算收入也出现了很大的变化,由1998年居于全省县线排序第101名的4097万元到2008年的11224万元,处于全省县级排序第73名,经过了10年名次提前了28名。

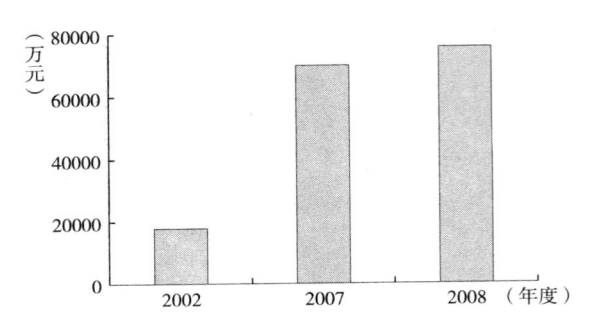

图 4-30 霸州市修建高速公路后地方财政一般预算收入变化

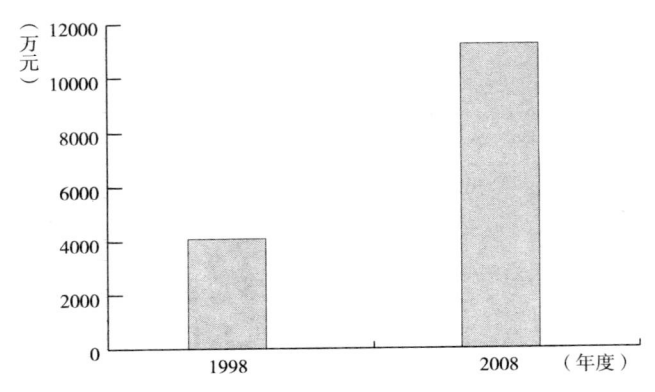

图 4-31 阳原县的财政一般预算收入变化

⑥宁晋县。2006 年 7 月完成的青银高速公路是交通部规划的"五纵七横"国道主干线的组成部分，其冀鲁界至石家庄段是河北省高速公路网"五纵六横七条线"主骨架中的一部分。宁津县受益于高速公路的修建，经济也出现了很大的发展，地方财政一般预算收入也出现了不断向前发展的势头。

表 4-10 宁晋县部分年度财政一般预算收入与排序

年　度	全省排序	地方财政一般预算收入（万元）
2002	34	9124
2003	32	10495
2007	29	25291

资料来源：2003 年、2004 年、2008 年《河北经济年鉴》。

第五章　高速公路对社会发展的影响与效益分析

　　高速公路的社会效益与经济效益既相联系又有区别，主要表现在如下几方面。①宏观性。高速公路社会效益多发生于沿线区域非运输领域的产业部门，因而评价中应着眼于全局，考察高速公路对沿线区域社会经济发展的作用及其在国民经济发展中的地位，注重效益宏观性。②区域性。高速公路按点-轴扩散规律对沿线区域社会经济发展提供了良好的交通运输环境，实现了区域资源的优化配置，有利于加强区域的专业化分工与协作。③间接性。高速公路社会效益产生是通过它与国民经济各部门和社会再生产各环节之间的技术经济联系和交互作用来实现的，其中有直接效益，也有间接效益，但更多的是通过波及效应产生的间接效益。④隐蔽性。高速公路社会效益和费用往往不能直接体现出来，有些效益不是有形的，而是无形的，即存在隐蔽性。⑤缺乏共度性。高速公路社会效益多是难以用货币单位或市场价格计量的，因而难以量化。⑥长期性。高速公路建设周期长，投资额巨大，要求配套设施多，因此，其社会效益的充分体现通常有一个较长的滞后期，具有长期性特点。我们对河北省高速公路建设的社会发展影响与效益的分析，主要基于以上特点展开。

　　社会发展包括经济发展以外的各个方面，如人口、城镇化、文化、劳动与就业、生活方式、思想观念、环境等。高速公路对社会发展所产生的影响，是通过它与国民经济各部门和社会再生产各环节之间的技术经济联系和交互作用来实现的。在这些联系中，有一些是直接的影响，有一些是间接的影响，部分直接的影响在近期能够看到效益，而一些间接的影响需要较长的时间才能看到它的效益，如对文化、观念、生活方式的改变等方面。因此,高速公路建设对社会发展的影响的特点表现为更贴近民生、更为久远和不可定量评价等。

第一节 高速公路建设对人民生活水平的影响

一 沿线区域城市人口规模扩大、增速加快

高速公路的建设,能够显著改善城市的集聚效应和辐射效应,不但城市本身会得到较大的发展,还会带动周边地区的发展。随着城市功能和经济实力的不断完善和增强,这些城市对人口的吸纳能力也不断增强,使人口向城市聚集,改变了区域内的人口布局。从全省来说,1990年底,河北省内非农业人口占总人口的比重为19.2%(1183万人/6159万人),2008年底全省非农业人口占总人口的比重为41.9%(2928万人/6989万人)。以青兰高速公路途经的馆陶县为例,青兰高速公路邯郸至馆陶段2007年建成通车,2006年馆陶县非农业人口比重为28.95%,2007年为32.32%,2008年为34.91%,比重每年都有较大的增长。修建高速公路过程中和建成后,由于高速公路对经济发展的拉动作用,使得城市对人口的吸纳能力不断增强,非农业人口比重得以大幅攀升。

二 增加就业机会,促进劳动力就业与创业

高速公路发展创造的就业包括直接就业和间接就业。高速公路在其建设和运营阶段都会提供一定数量的直接就业机会。有关专家根据我国近年来高速公路建设情况初步测算认为,前期研究和设计阶段,平均每1亿元投资可以创造约2人年的就业机会;在施工阶段,每亿元投资可以创造1330个就业机会,高速公路施工平均每年为社会提供了超过240万个就业岗位;在运营阶段,每年每公里提供的就业岗位为8~11个。另据测算,高速公路每亿元投入可创造直接就业岗位1800个、间接就业岗位2100个。"十一五"期间,河北省高速公路建设总规模超过3700公里,累计完成投资1483亿元,据此测算,其创造的直接和间接就业岗位分别可达266.94万个和311.43万个。另外,高速公路在改善区域投资环境的同时,也改变

第五章　高速公路对社会发展的影响与效益分析

了地区的投资需求,刺激了各种产业活动的增加,使各种服务业随之兴起,这必然为沿线及周边地区的居民提供更多的间接就业机会。

图 5-1　高速公路施工现场

三　人民生活水平不断提高

1990年,河北省城镇居民人均可支配收入 1397.35 元,农村居民人均纯收入 621.67 元;2008 年,河北省城镇居民人均可支配收入 13441.09 元,农村居民人均纯收入 4795.46 元,18 年间分别增长了 8.62 倍和 6.71 倍,人民生活水平逐步提高。一方面,高速公路的建设和运营,为沿线从事高速公路建设或服务的群众提供了就业机会和较高的收入;另一方面,高速公路修建过程中,来自四面八方的工程建设者及直接或间接就业者,将进行餐饮、娱乐、通信等方面的消费,促进当地服务业的发展,为区域经济注入了活力。高速公路的发展与提高人民生活水平之间还存在一种间接的关系,即高速公路也能够改善沿线人民群众的出行条件,为他们提供安全、快速、便捷的客货运输服务,对人民群众生活水平的提高起到积极的促进作用;反过来说,随着生活水平的逐步提高以及消费结构的升级,人们的交通消费需求趋旺,个性化趋势将愈加明显,方便、快捷、舒适、安全、自主等价值取向明显增强，这在客观上又对高速公路的快速发展提出了迫切要求。

另外，高速公路网络的形成和发展极大地刺激了汽车消费。近年来，随着高速公路建设速度的加快，城市间、城郊间道路交通条件显著改善，极大地方便了居民出行，加快了汽车进入家庭的步伐，带动汽车购买量的快速增长。2005年河北省城镇居民家庭平均每百户家用汽车拥有量是3.94辆，2008年则增加到9.07辆。

图5-2 唐港高速公路入口处

第二节 高速公路对河北省城镇化的影响与贡献

高速公路是交通运输体系的重要组成部分，是交通运输体系的大动脉。由高速公路组成的交通运输网络是城镇体系发展的基础，也是进行城镇体系布局要考虑的主要因素之一。从河北省高速公路的发展来看，城镇体系的发展与高速公路的发展有着互为依托、互为促进的密切关系。现有的高速公路规划设计时充分考虑了城镇体系的规划。高速公路建成之后，又对沿线的城镇发展起到了很大的促进作用。可以说，高速公路的发展，

第五章 高速公路对社会发展的影响与效益分析

缩小了城乡之间的距离，为城镇的发展创造了有利的空间条件，带动了新的城镇群体的出现和原有城市的扩展，调整了区域城镇体系的布局，加速了公路沿线的城镇化进程。

一 加快了河北省城镇化进程

高速公路的开通，提高了公路的等级，改善了交通状况，促进了城市之间、城乡之间的物流、人流、信息流的增长，进而带动了区域和城市经济的发展。交通状况的改善是人口和产业集聚的先决条件，而人口和产业的集聚则会促使经济发展和市场繁荣。高速公路使城市与城市、城市与农村的经济联系和商品流通越来越密切，新的科学技术、科学的生产经营管理方式和生活方式等通过高速公路不断地向沿线城镇和乡村渗透，从而促进地区经济的发展。

河北省高速公路经过20年的发展，通车里程达到4307公里，高速公路密度达到2.3公里/百平方公里，超过了法国、日本等发达国家水平。到2012年全省各设区市之间、设区市与京津及周边省区重要城市之间、与省内各大港口之间均有快捷的高速公路相连，全省95%以上的县城30分钟内可以上高速。全省布局合理、方便快捷、四通八达、内连外接的高速公路主网络基本形成。便捷的高速公路，大大提高了省会与各市、县（市）以及城市与其他城镇的通达性，缩短了通行时间，节省了出行费用，改变了人口的空间分布。高速公路的出现会使人口及产业迅速向其两侧聚集，人口和产业的聚集带动了商业、餐饮等第三产业的迅速发展，吸引大量农村人口及外来人口，从而促进城镇化水平的提高。据相关资料，1953年，河北省城镇化率为11.62%，1964年为11.25%，1978年为12.16%，近30年间城镇化水平仅提高了不到1个百分点。改革开放后，河北省城镇发展开始加速，1982年城镇化率为13.69%，1990年为19.21%，年均增长0.69个百分点。到2000年河北省城镇化率达到26.08%，相较于1990年的19.21%，年均增长0.69个百分点。2008年河北省城镇化率为41.90%，相较于2000年的26.08%，年均提高1.97个百分点。河北省进入了城镇化的快速发展时期，同时也是全省高速公路的快速发展时期，相继有多条高速公路建成通车。

二 促进了河北省城镇化质量的提高

城镇化使第二、第三产业向城镇聚集,农村人口不断向城镇转移,从而使城镇数量增加,城市规模不断扩大。伴随着城市物质文明、生产方式和生活方式向农村扩散的过程,城镇化不仅表现在城镇人口的增加和城镇数量的增长这样的速度指标上,还表现在经济发展水平、产业结构、基础设施建设、环境保护、城市管理等质量指标上。

从总体上说,随着高速公路网的形成和发展,以及区域经济的整体发展,工业企业可以通过资本的转移,减轻其对原市属土地的巨大依赖,这不仅可以减轻土地压力,还可以缓解城市的空间压力、人口压力、环境压力、能源压力等,使城市保持高效率和适当的规模。同时,随着资本的转移,生产技术、生产方式、管理模式等要素也随之转移至周边地区,这为周边地区解决了最关键的经济增长问题。通过这种方式,城市的资本、技术等重要的生产要素辐射到周边地区,可以带动整个区域的经济发展。我们在调查中发现,河北省第二产业的发展,出现了沿着高速公路向中小城市转移的趋势。例如藁城市,由于其毗邻省会,有着便捷的高速交通网络,区位优势明显,容易吸引企业和生产力要素,产业相对集中。它不但承载了石家庄市的产业转移,如河北制药、四药股份、石家庄卷烟厂等企业已迁入,而且吸引了青岛啤酒、鲁花花生油等项目的入驻,有力地带动了当地第二产业的发展,促进了经济发展水平的提升。

高速公路运输系统作为支撑经济增长的基本要素之一,对产业结构的转化有着重要影响。一方面,发达的高速公路缩短了城市间的交通距离,降低了城市间的交通成本,深化了沿线区域城市经济的产业分工和专业化,并促进城市产业结构的优化;另一方面,发达的高速公路网络使不同城市间的社会经济联系更为紧密,加速了统一市场的形成。由于市场竞争所形成的优胜劣汰机制,又进一步促进了产业的空间转移和空间重组,在更大的空间范围内促进了区域产业布局的优化。

首先,高速公路的建成通车,可以有力地带动沿线道路、交通运输、住房等基础设施建设。高速公路通车后采用的是封闭式的管理方式,各地要进入高速只能通过固定的出入口,这势必带动周边连接线的建设以及区域内各等级公路的建设。其次，高速公路的建成通车，还可以带动沿线的交通运输业发展，促进人流、物流、信息流的流动。再次，高速公路还能提升沿线土地价值，在高速公路出入口附近形成工业园区和人口聚集地。最后，有了高速公路，城市的文明观念、生活方式以及生产方式等逐渐向周边地区渗透，使周边地区的生产效率、生活水平进一步提高，文明观念进一步增强。

三　改变了区域城镇体系空间结构，推动了城市群的出现

1. 高速公路建设与城镇的分布是相互影响的

首先，原有的城镇分布与城镇体系决定着高速公路规划建设的主要线路。高速公路修建的目的就是促进城市之间的联系，发挥城市的集聚与扩散功能，促进城乡一体化的发展。其次，高速公路的建成通车，会加强原有城镇的集聚及扩散功能，并促进新城镇的出现，从而改变整个区域城镇体系和空间结构。最后，随着城市规划的完善和经济实力的不断壮大，迫切需要加强和其他城市的联系，这也会促进新高速公路线路的出现，进一步完善高速公路交通网络结构，进而促进区域经济社会的可持续发展。

2. 高速公路的修建对城镇的扩展方向有着明显的影响

从整个交通网络上来看，各个城市就是交通轴线上的节点，新的交通轴线的建成会改变现有的城镇发展方向。在高速公路的出口附近，尤其是那些具备资源、区位、劳动力等优势的地方，在获得一定的政策支持后，会吸引一部分工厂、企业集聚于此，利用高速公路带来的便捷条件带动其发展。当这种集聚效应积累到一定程度，会形成高速公路产业带，进而出现新的小城镇。

3. 高速公路的修建不但会对城镇体系的空间结构产生影响，还会促进城市群的出现

第一，它缩短了城市间的时空距离，提高了城市间的连通性，增强了城市间的吸引力，使区域内各城市联结成更为紧密的城镇体系，进而为形成以高速公路为轴线的城市群创造了条件。第二，高速公路改变了城市间主要交通干道的位置，并实行封闭式的交通管制，使得原来部分依托省级、县级公路发展的小城镇布局因失去了原有的区位优势而开始衰落，但高速公路出口地

区的区位优势又催生了一些新的人口聚集地和产业布局中心。河北省"五纵六横七线"的高速公路布局，带动全省形成了以石家庄为中心的冀中南城市群和以唐山为中心的冀东城市群。石家庄、唐山作为省域两个中心城市，城市规模不断扩大，实力不断增强，在省内发挥了领跑作用。以兴隆县、滦平县、丰宁满族自治县、怀来县、涿鹿县、赤城县、遵化市、玉田县、三河市、香河县、大厂回族自治县、固安县、永清县、霸州市、文安县、大城县、涿州市、高碑店市、涞水县、青县、芦台经济技术开发区和汉沽管理区等22个县（市、区）为依托，强化与京津的基础设施对接，增强承接京津产业梯度转移的能力，构筑环京津卫星城市带。以沿海高速和港口为依托，将会带动秦皇岛、曹妃甸、黄骅为主的沿海城镇带。

第三节　高速公路对河北文化、观念及行为模式变迁的影响

一　高速公路促进生活方式变迁

高速公路在提高人们生活水平的同时，也促进了生活方式的变迁，主要表现在购物、旅游、亲戚联系等方面。

1. 高速公路在推动地方经济发展的同时，刺激了人们的消费需求，消费层次也不断提高

2006年沧黄高速公路建成运营，使黄骅市到沧州市原本1小时的车程缩短到半小时。随着私人汽车的增多，黄骅市民更加频繁地往来于沧州与黄骅之间，经常到沧州市区购买服装甚至一些日用品。许多家长还把孩子送到沧州师资力量较强的学校去读初中，接受更好的学校教育，每周回家一次。黄骅濒临渤海，自然环境优越，沧黄高速通车后，许多沧州市民周末会到黄骅的农家乐或渔村度假观光，因此到黄骅买房的人也很多，刺激了当地的房地产市场，也带动了当地的旅游业发展。

2. 高速公路可以缩短和消减人与人之间因空间分隔而造成的心理距离和陌生感，可以巩固亲戚关系、姻缘关系、交换关系、合作关系、朋友关系等，有利于人类社会交往半径扩大

武安在建高速公路之前，开车到北京需要七八个小时，而且国道上有

很多拉煤的货车，经常堵车，有时到北京需要耗费一天的时间。京珠高速开通之后，尤其是青兰高速开通后，武安开车到北京只需四五个小时。据笔者调查，高速开通之前，武安高先生一家与北京的一个远方表亲基本没有见过面，互相往来很少。青兰高速开通之后，高先生去北京的机会多了，遇长假经常开车带着全家去北京游玩，与表亲相互往来也多了。2008年高先生的儿子考上了北京的一所大学，儿子在北京得到了亲戚的很好照顾。高速公路的建设加强了高先生和远方亲戚的感情联络，使高先生可以充分利用外地的社会网络资源。

二 高速公路使人们的思想观念更加开放

1. 高速公路开通后，巨大的人流、物流、信息流以前所未有的空间立体流动方式，改变着人们的思想观念

高速公路快速高效的特点使人们在时间、效率和效益观念上都有跨时代的改变。人们考虑问题的节奏大大加快，考虑问题的角度更加注重效率，说得通俗点就是商品意识和市场意识大大加强了。2007年青兰高速通车对馆陶蔬菜产业的发展起到了很好的促进作用。交通方便后群众发展特色产业的积极性提高了，仅就蔬菜产业而言，全县蔬菜种植面积由2006年的14万亩发展到2009年底的16万亩。由于蔬菜保鲜的时效性对蔬菜运输到达目的地的及时性有很高的要求，因此，借助青兰高速的快速高效，馆陶人民积极扩展蔬菜销售范围，由原来的主要销往中小城市及周边县城发展到销往青海、湖北、北京、辽宁、天津等省市及周边地市，尤其注重北京市场的开拓，最终在2008年，馆陶被选为奥运会期间进京蔬菜基地。

2. 高速公路的建设使群众的视野更加开阔，思想更加解放

馆陶县的蔬菜种植十分注重国外优良品种和先进种植技术的引进，引进国外优质品种面积由2006年的5000亩发展到2010年的16000亩，先后引进以色列西红柿、法国西葫芦、泰国架豆、中国台湾肉丝瓜等新品种。这为馆陶蔬菜产业的进一步发展提供了更为广阔的空间。

3. 高速公路缩短了城乡之间的时空距离，促进了城乡之间的社会流动

社会流动促进了农村社区的社会变迁，原有的封闭思想和观念被打破，农民出行日益频繁，出行范围不断扩大。我们的调查显示，深州在石黄高速通车之前，农民一年内没有外出打工经历的占66.8%，42.3%的人在此之前没有出过县城。当时从深州到北京坐车需要六七个小时，而且要到沧州倒车，基本要耗费一天的时间，许多农民因为交通不便而对外出打工心存犹豫。高速开通之后，深州到达北京、天津、太原、济南、德州、石家庄、保定、邯郸、邢台等9个400万以上人口的大中城市仅需3小时车程。农民外出打工的意愿不断增强，现在农民外出打工出远门，根本不像过去那样兴师动众，需早早筹划，用当地农民的话讲，"现在出门打工就像上下班一样简单方便"。高速公路的开通，不仅缩短了深州到达京津的时间，也使得通往内蒙古、山东、东北、东南等地的交通非常便利。这也推动了深州农民外出务工的范围不断扩大，到京津冀地区的务工人员占到85%左右，到东北地区、东南沿海和西南地区的务工人员占到15%左右。深州市累计在外务工人员由20世纪90年代的两三千人增加到现在的5.47万人，每年为农民增收6.56亿元。

三 高速公路促进文化的传播与融合

作为现代交通手段之一的高速公路，具有高速化、大容量化、远程化、信息化、舒适化的特点，这克服了地理空间给人类造成的障碍，为人类大空间、远距离的交流创造了良好的物质条件。高速公路缩短了人类学习外域文化的空间距离，节约了沟通时间，也增加了接触其他社会群体和文化要素的机会，增加了接触外界文化的机会。高速公路使文化传播突破了空间区域的限制，出现了跨地理空间传播的现象。高速公路使社区间的文化差异日益缩小，这是高速公路对于文化传播的真正意义所在。

一般来讲，高速公路建设越落后，社区文化的差异性会越强；高速公路越发达，社区文化的同质性越强。其主要原因是发达的交通为社会成员接受外界文化和外来人群流入创造了基本条件，同时促进了不同社会成员相互间的流动和各区域文化的融合。若社区处于与外界相分离的封闭状态，则社区成员失去了选择多种文化模式的机会，增加了固守本区域文化模式的可能性，社区文化的异质性会增强。

三河市地处北京东部，距离北京天安门和首都机场均为30公里，通燕郊高速与密涿支线高速将三河与北京连为一体，三河已经发展成为京津经

第五章　高速公路对社会发展的影响与效益分析

济区域腹地，日益融入了京津发展的快车道。三河与北京的社会交往日益增多，出现了两种文化相互融合的现象。据估计，北京市民有 10 万人在燕郊有房产，三河市民与北京市民的频繁交往，使得当地人的口音中都不同程度地带有京味儿。三河人与北京人的通婚现象也比较突出，当地的许多漂亮姑娘都嫁到了北京。近几年，三河年轻人的婚礼中都有婚车通过高速并经过天安门广场再返回的仪式，北京文化的符号不断整合到三河文化中，进而形成一种新的文化现象。

图 5-3　北京市民赴河北

四　高速公路人性化设计最大限度地减少高速公路带来的不便

高速公路建设在给沿线地区居民带来远距离出行方便的同时，也不可避免地带来一些不便，尤其是给被征地居民的生产生活带来一些不便。但高速公路在建设设计过程中充分认识到这方面的问题，始终坚持以人为本，突出人文关怀，在技术条件允许的情况下，最大限度地满足沿线群众的合理要求，尽最大可能将高速公路建设给沿线居民带来的不便降到最小。这种将以人为本的观念融入整个设计的创新行为，不仅可以让沿线居民切实从高速公路建设直至建成启用的整个过程中受益,并且可以最大限度地减少以后施工建设过程中可能出现的矛盾与冲突。

高速公路从耕地穿过,很可能会将农民的耕地分割在公路两边,给农民的耕作、灌溉带来不便。因此,高速公路建设设计了涵洞和通道,并且在设计之初就请专职社会学家深入沿线农村,通过座谈会、调查问卷、随机走访等不同形式,就天桥的设置、涵洞和通道的高度与宽度、沿线灌溉系统的保护、必要的隔音设施建设、当地环境和文物遗迹保护等事关群众切身利益的问题进行一线了解和咨询,掌握大量的第一手资料,较为全面地了解当地群众的现实需求。

根据沿线居民的要求,大广高速在原设计的基础上增加了涵洞和通道的数量,以便于群众生产和出行。例如,南宫境内的涵洞由原来的11个增至24个,通道则由18个增至34个。同时根据居民的生产需要,设计单位将原来一些通道的高度进行了调整,增加了通道的设计高度,以保证一定距离内大型农机具通过。邯郸和衡水境内通道的最高高度为4米,大型农机可畅行无阻。

高速公路设计人性化,从沿线居民的根本利益出发,让设计更富有人文关怀,通过具体的设施设计让沿线居民少受损、多受益,以方便他们在高速公路建成后的生产和生活。

第四节　高速公路对旅游、人文环境与精神文明建设的影响

一　高速公路对旅游及人文环境的影响

便利的交通是旅游行为得以实现的基本条件。没有高速公路,即使各地旅游资源再有吸引力,也不可能产生旅游客流。而高速公路的建成运营,使整个交通更便利、更快捷。因此,高速公路的建设对河北省的旅游发展和人文环境的改善具有重要意义。

高速公路是公路史上的一次革命,它极大地提高了通行速度,拉近了时空距离,方便了人们的出行。这在客观上为河北旅游资源的开发提供了条件,同时也极大地促进了河北旅游的发展及人文环境的改善。目前在全

第五章 高速公路对社会发展的影响与效益分析

省建成的高速公路沿线分布有大量的旅游景点，景区景点之间实现与快捷路毗邻，未来3年内实现全省主要景区景点全部通高速公路。近年来，全省旅游人数以年均两位数的增长速度快速增长，据河北省旅游中心提供的数据显示，2010年底，全省游客接待人数达到上亿人次，旅游业总收入突破800亿元。

2008年河北省人均生产总值为2.5万元，这标志着全省经济社会发展将进入一个重要阶段。城镇居民人均可支配收入、农村居民人均纯收入等两项反映人民生活水平的主要指标分别达到13441元和4795元，均创历史最高水平。人们生活水平提高了，生活质量的要求也提高了，出行旅游的需求越来越多。高速公路改善了沿线人民群众的出行条件，提供了安全、快速、便捷的运输服务，为人民群众的出行旅游创造了条件，对人民群众生活质量的提高起到积极的促进作用。

高速公路建设推动了沿线旅游业的大发展。一方面，高速公路为地方各具特色的旅游资源提供了展示的平台。高速公路的建设为宣传地方人文风情、自然景观提供了平台，带动了沿线各地旅游业和服务业的发展。现在高速公路的设计充分考虑了与周围环境的协调性，将公路与山清水秀的大自然、民风古朴的民族风情和谐地融为一体，充分拓展了旅游环境，同时顺应了旅游业尤其是自驾车旅游的迅猛发展趋势。服务区、停车区、收费站等建筑和周围环境、民俗风情、文化遗产、文物保护相协调，直接反映了当地的文化和民族风情，使公路与沿线的各类风景名胜区、自然保护区、森林公园、地质公园、历史文化名城和全国重点文物保护单位融为一体，为人们在行车中享受大自然，欣赏沿线美景，了解地方人文风情、自然景观提供了良好的平台。另一方面，高速公路建设带动了乡村旅游的发展。河北省近年来的发展证明：只要有高速公路通过，公路两侧将形成高速公路经济带，推动本地区及相关地区劳动力由农村向城镇、由农业向工业转移，带动当地的城市化发展。现代社会的人们一方面享受着高度发达的物质文明，一方面又期待一种回归自然和传统的生活方式，而高速公路在某种意义上起着把城乡连接起来的纽带作用。

秦皇岛地处华北、东北地区的接合部，交通便捷，102、205两条国道，京秦高速，河北沿海高速横贯全境。京秦高速公路是国家路网的主干线,是华北连接东北三省公路网的主骨架,也是中外游客云集避暑胜地北戴河的主要通道,更是秦皇岛市对外连通的交通大动脉。京秦高速公路的建成,结束了秦皇岛市境内没有高速公路的历史,极大地改善了对外交通条件,密切了与省内各市及北京、天津、沈阳等大城市之间的联系,极大地促进了秦皇岛旅游业的发展。从目前秦皇岛产业发展情况看,旅游业基础最好,最具比较优势,最有条件成为立市产业。

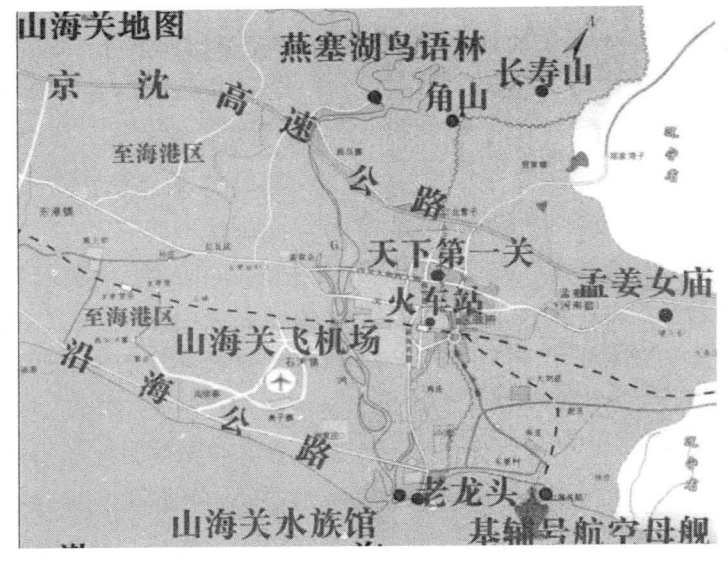

图5-4 秦皇岛旅游交通图

近年来由于京秦高速公路的修建,从北京到秦皇岛只需两个多小时,且路况良好,绿化率高,周末全家人到秦皇岛旅游已逐渐成为越来越多北京市民假日短途旅游的首选。据统计,在秦皇岛市接待的外地游客中,北京市民占了一半以上。每逢周末,秦皇岛市接待的游客人数比平时增长三到四成,其中"家庭游""自驾车游"等旅游形式发展迅速。在秦皇岛市各旅游景点的停车场内,"京"字头车牌占了一半以上。作为滨海旅游城市,秦皇岛的发展要充分依托周边地区特别是北京市。

承德和秦皇岛是河北省两大旅游城市,如果把承德、秦皇岛和北京连起来,正好是一个三角形,旅游人士也称其为"旅游金三角"。为了使畅通旅游更加人性化,实现北京、承德和秦皇岛的对接,承秦高速公路的建

第五章 高速公路对社会发展的影响与效益分析

设将彻底打通由北京、承德、秦皇岛构成的"旅游金三角",承秦高速公路建成通车使承德与秦皇岛两地间的车程由近4个小时缩短至2个小时,承德和秦皇岛两地居民完全可以利用周末到对方城市来个一日游。以前从承德直接去秦皇岛没有高速公路通行,只能走普通公路,但两市交界处的宽城和青龙两县地处燕山山区,山路崎岖,很难走。承秦高速的打通对于中外游客来说,也可以实现周末从北京出发去承德看完避暑山庄,再去北戴河海滨度假。由此可见,交通是一个城市腾飞的翅膀,是实现旅游可进入性的重要载体。高速公路运营通车以来,秦皇岛市不断加快"旅游立市"战略步伐,逐步成为中国北方最大的滨海休闲旅游度假基地之一、国际上有较大影响的旅游目的地。

图 5-5 秦皇岛海滨

高速公路建成对滦平县旅游业的发展影响深远。滦平县具有悠久的历史,南部自古就具有极其重要的政治与军事地位,其一是分布在中部巴克什营镇和涝洼乡南侧,沿南界东西向展开的明代长城,以古北口和金山岭为代表;其二是自西南向东北横穿该县的清代御道,是清朝自乾隆至咸丰四代皇帝往返京承的必经之路。滦平县具有富有特色的满族文化。滦平县居民80%为满族。南部地区不少农村仍保留满族民俗与满族文化传统,如满族服饰、满族住房、满族信仰、满族婚俗、满族饮食等所有这些都是具有民族色彩的旅游资源。高速公路与滦平县的地域民族风情交融在一起，充分展示了其旅游资源，并给滦平的人文风情、自然景观的宣传提供了良好的平台，带动了当地旅游业和服务业的发展。

沙河旅游资源丰富，风景宜人。境内的秦王湖、北武当山风景区是省级重点风景名胜旅游区。旅游区山势起伏，峰峦叠翠，川谷纵横，气势雄伟，山、水、林相映成趣，雄、奇、险集于一身，构成了十大景区100多处景点，加之逶迤壮观的明长城遗址、唐代著名书法家颜真卿亲笔书写的宋璟碑、清乾隆皇帝御笔真迹等人文景观，构成了独具特色的旅游文化。根据调研，各个旅游景区都有等级公路连接高速公路出口，高速公路发展极大地提升了各旅游景区对游客的吸引力。

承德县的旅游产业定位是农业景观休闲旅游区。该县持续壮大果品基地规模，全县经济林面积67万亩，果树种植面积14.21万亩，其中苹果树9万亩，果品专业村25个，千亩以上果品基地12处，优质果园40多个；蔬菜种植面积14万亩，蔬菜基地8万亩，蔬菜、果品专业合作社30多个。这些为采摘、观光、旅游的发展创造了必要条件。该县发展以采摘为主的农家游。全县24个乡镇中，有21个乡镇有农家游接待点。新杖子、大营子、下板城、六沟等10多个乡镇组建了农家游协会。2010年，该县农家游经营户发展到了1500户，直接或间接从业人员达到1万人，年接待游客25万人次，年旅游接待收入8000万元以上。此外，还有滦平县多彩的观光农业。南部巴克什营的兰花园、两间房的设施葡萄园、西营的花卉园、长山峪的设施油桃、付营子的香瓜园等设施农业也将成为旅游观光的重要资源。

深州蜜桃驰名中外，至今已有2000多年的栽培历史，被誉为"桃中之王"。深州是河北农业旅游示范点，设立了深州蜜桃旅游观光区，还有大清粮仓遗址，旅游资源丰富。深州市境内石黄高速和大广高速公路，对深州市旅游业的快速发展起到了巨大的推动作用。1999年石黄高速公路建设前，深州市旅游资源虽然比较丰富，但来深州市旅游观光的游客只是零星散客，每年接待游客仅2万多人次。高速公路建成后，通行方便了，游客逐年增多，2006年以来每年来深州市旅游观光人数都能达到

10 万多人。高速公路有力地推动了乡村的观光旅游、乡村生态旅游等的发展。

二 高速公路的发展改变了人们的出行方式，丰富了人们的生活

高速公路与其他一般公路相比，具有相对的安全性。高速公路具有机动车专用、分离行驶、全部立交、控制出入以及高标准、设施完善等特点。高速公路具有行驶快、通行能力强、运输费用省、行车安全等四大优点，也是高速公路同其他公路的根本区别。高速公路具有诸多特殊构造和设施，决定了高速公路行车安全的特殊性。高速公路与其他公路和铁路均采用立体交叉形式衔接，能排除线路上其他通行者带来的交通干扰，汽车能充分发挥其功能，持续、均衡地高速行进；汽车仅能通过路口与外界发生联系，故能安全地发挥其功能；往返行车道用中央分隔带隔开，无对面汽车正面冲撞的可能性，而且由于在分隔带上植树并设置遮光栅，可防止夜间行车时汽车前照灯给对面来车驾驶员造成的眩光干扰，保证了行车安全。因此，高速公路以其高速、高效、安全、舒适等特点加速了运输一体化进程，形成了多种运输方式良性互动的局面，极大地增加了人们的选择机会和出行的机动性。

图 5 - 6 高速公路护栏

高速公路建设与效益

据调查，河北省高速公路的发展和汽车数量的上升成正比。2009年河北省民用汽车保有量122.9万辆，2000~2009年10年间，河北省私人汽车总量增长了24.9%。河北省由于拥有特有的社会发展历史，形成了十分丰富而具鲜明特色的旅游资源，高速公路促进了沿线旅游业的发展。随着旅游业的不断开发，私人汽车数量不断增加，驾车出游的人越来越多，高速公路为人们的驾车出行提供了基础条件。

1992年，吴桥县政府同中国国旅集团合资兴建的以杂技文化为载体的杂技主题公园——吴桥杂技大世界，景区建有江湖文化城、魔术迷幻场、红牡丹剧场、民俗风情园、滑稽动物园、马戏游乐园、杂技博物馆、小泰山等八大景点，一步一景，景景惊奇。景区先后投资1000余万元，包装推出了"江湖八大怪""鬼手居""吹破天剧场""杂技小院"等民俗旅游品牌，受海内外广大游客的青睐。2000年杂技大世界率先步入国家首批4A级旅游景区的行列；2003年杂技大世界通过ISO 9001-2000质量标准认证；相继被中宣部评为"全国精神文明建设工作先进单位"和"全国文明单位"；被河北省旅游局授予"百姓最喜爱的河北省魅力景区""河北省十佳旅游企业"等殊荣。吴桥杂技大世界，走过了从无到有、从小到大、从大到强的发展历程，现已形成以京沪沿线及京、津、冀、鲁四省市为客源市场主体的市场格局，年接待游客60万人以上，其中国外游客达5万人，千人客源国达10余个，目前已成为中国最大的民俗旅游景区和世界唯一的杂技主题公园。

吴桥杂技大世界受高速公路建成通车影响比较明显。高速公路建成前，每年客流量不足10万人，自高速建成通车后，客流量逐年增加，每年增加10%~20%，最近三年客流量每年增长25%以上，自驾游和团队量都有大幅度增加。选择自驾游出行的游客现在占游客量的45%左右，收入接近1000万元。高速公路建成通车后，客源市场也由原来的以德州、衡水、沧州为范围的"小三角"市场逐步拓展到以北京、天津、山西、济南为主要客源地的"大三角"市场。中国国旅集团作为国家旅游产业旗舰，经全方位权威调研分析，把吴桥杂技大世界作为投资合作的发展方向。目前，随着先期4000万元参股资金注入到位，吴桥杂技大世界与国旅集团"联姻"成功。这次合作，不仅破解了多年受资金影响阻碍杂技大世界做大做

第五章　高速公路对社会发展的影响与效益分析

图 5-7　吴桥入口

图 5-8　吴桥杂技大世界停车场

强这一问题"瓶颈",也为杂技大世界发展带来难得的机遇。从旅游管理、品牌宣传、人才引进、科学发展等诸多方面,杂技大世界可以直接分享到国旅集团的资源和先进经验,逐步迈向现代企业管理的轨道。

图 5-9 吴桥杂技大世界

三 高速公路的建设促进了河北旅游的体系化发展，提高了地方知名度，开发了河北历史文化资源，展示了河北省的形象

河北省高速公路网日益完善，当前河北的旅游发展要抓住区域旅游合作和资源整合这样一个时机。随着人们生活水平的日益提高，人们生活质量也日益提高，私家车增长速度不断加快，驾车旅游或组团旅游渐渐成为人民群众生活中不可缺少的一部分。高速公路沿线的旅游景点不断被开发出来，旅游景点以及接待游客的数量也日益增加，旅游景点的知名度日益提升。河北省的旅游发展在高速公路网的支撑下有条件把有一定基础且知名度较高的景点全部纳入网络体系之中，使河北省的旅游体系化发展。譬如吴桥杂技大世界、正定大佛寺和赵州桥等高速公路沿线的旅游景点，由于高速公路的建成吸引了从北京、天津、山东、山西等各个方向通过高速公路而来的游客，游客日益增多，促进了高速公路沿线旅游景点的不断开发，河北省的知名度也日益提升。

以武安和正定为例。高速公路建设对正定古文化的开发和旅游的快速发展起到了巨大的推动作用。正定是一座历史悠久的文化古城，1994 年被命名为国家历史文化名城。源远流长的历史，给正定留下了风格独特的名

第五章 高速公路对社会发展的影响与效益分析

胜古迹，素以"三山不见，九桥不流，九楼四塔八大寺，二十四座金牌楼"而著称。古城正定现有国家文物保护单位8处，分别为隆兴寺、县文庙、府文庙、风动碑、开元寺、凌霄塔、澄灵塔、华塔；省重点文物保护单位6处，分别是古城墙、梁氏宗祠、王氏墓地、西洋仰韶文化遗址、小客龙山文化遗址、新城铺商代遗址。历史名人有南越王赵佗、三国名将赵云、元曲大家白朴、明吏部尚书梁梦龙、民国代总理王士珍，等等。此外，还有3821件馆藏文物，300余件古碑刻，79株300年以上的古树、名木以及保留较全的诗词歌赋及名人逸事，这些既是古城正定的历史见证，又是发展名城旅游的宝贵资源。随着高速公路密度的不断加大，通行日益方便，游客逐年增多，充分展示了河北省的历史文化及其形象。

图 5-10 正定开元寺

武安旅游资源丰富，拥有景区25家，其中有京娘湖、东山文化博艺园两个国家4A级景区，古武当山、长寿村两个国家3A级景区。2006年被国家旅游局正式命名为"中国优秀旅游城市"，成为河北省第二个被评为中国旅游城市的县级市。同时武安还获得"国家森林公园""国家地质公园""国家矿山公园""国家水利风景区"等称号。随着高速公路的建成，武安接待的游客量不断增加，"八五"末年接待游客仅2万人次，"十五"末年接待游客60万人次，2006年接待游客80万人次，2009年接待游客98万人次。随着高速公路的发展，天津、太原、石家庄、安阳、濮阳、邢台等周边省市每年组团到武安旅游的游客达20多万人次，并呈逐年上升趋势，武安旅游对外知名度越来越大。

四　高速公路成为精神文明的窗口

改革开放以来，河北省高速运输系统坚持"两手抓，两手硬"，把精神文明建设与高速发展工作统一规划、统一部署、统一实施，不断提升行业软实力，推动文明创建工作持续深入开展，取得了丰硕的成果。一方面，积极开展群众性文明创建活动，在高速收费站等开展"三星级服务窗口""文明示范窗口""青年文明号"等创建活动，文明服务水平明显提升。另一方面，积极培育企业文化建设。河北省高速客运集团股份有限公司提出"安全、舒适、快捷、温馨"的经营理念，积极探索人性化管理，推行航空式服务，充分发挥了高速公路建设、运营、管理在精神文明和文化建设中的窗口作用。

图5-11　标准岗位形象

高速公路以其快速、高效、安全、畅通的特点，对河北省的经济发展和社会生活起到了巨大的推动作用。高速公路管理作为一个全方位的系统工程，综合管理水平的高低，直接关系到高速公路建设能否获取应有的经济效益和社会效益。因此，高速公路建设把精神文明建设贯穿于高速公路

第五章　高速公路对社会发展的影响与效益分析

管理的始终，实现物质文明和精神文明的共同进步，经济和社会的协调发展。结合高速公路管理的特点和精神文明建设的内容，以树立高速公路形象为中心，努力提高全体员工的思想素质和业务素质，以争先创优、为社会服务、为驾乘人员着想为中心，努力改进思想作风和工作作风，把"两个文明"建设提高到一个新水平。

第五节　高速公路建设对生态环境的影响

环境保护和资源节约工作是功在当代、利在千秋、造福人类的崇高事业，也是社会各界和各行各业的共同责任。近些年来，高速公路发展过程中大力倡导可持续发展理念，通过科学的决策和有效的管理，在高速公路快速发展的同时，不断加强环境保护和资源节约工作，努力打造环境友好型、资源节约型行业，为建设"生态河北"和构建社会主义和谐社会作出了积极的贡献。但是，我们也要看到，高速公路的修建及其运营也给生态环境带来了负面影响。

一　高速公路建设过程中的生态环境规划

高速公路环保规划由投资方来做，评估环境风险，调查风险的源头，预测生态环境破坏的程度，设计方案提前采取防护措施，尽量降低工程建设对周边生态环境的破坏程度，减少因生态环境破坏而带来的显性和隐性损失。环评机构做调查，提出规划意义，对建筑垃圾、周边绿化等事宜制定详细规划。

在高速公路建设中，广泛征求了国土、林业、水利、环保等方面专家的意见，深入开展技术方案论证。高速公路的规划设计由一个多部门、多学科专家组成的设计团队协作完成，使交通发展与自然环境保持和谐。采取有效措施进行生态恢复以保持可持续发展，优化路域环境，使破坏程度降至最低。坚持可持续发展，走资源节约型、环境友好型的生态路。深州段高速公路建设指挥部在建设之初就把生态和环境保护摆在突出位置，制定了《环境保护管理办法》《建设典型生态示范公路规定》等管理制度，认真贯彻质量管理原则，层层落实责任，严格现场管理。

二 高速公路在建设过程中对生态环境的保护

一是加强高速公路建设中的环境治理。高速公路建设在制订线路方案时一开始就考虑了生态环境的保护，在建设中多绿化、少取土，多砌挡墙和排水沟，尽量减小噪声、废弃物的污染。在防噪声方面，设定噪声防护距离为200米，在防护距离内，如有住户尚未搬迁，采取隔音防护处理以降低音量。对于在建的和已建的高速公路，对当地生态环境造成影响的地区，适时进行了相应的环境评价，并采取适宜的解决措施。为防止扬尘污染农田作物和树木，路基施工现场全部配备洒水车。所选取的沥青混合料及稳定土等拌和场，其距离环境敏感区、环境敏感点均在500米以上，设于当地主导风向的下风口，基层拌和场均设置篷布围场。工程施工中的弃土、废料会影响周边生态环境，为此，工程建设指挥部制订了周密的无害化处理方案，要求对废料进行无害化处理，尽可能二次利用，无法利用的要集中堆放，挖坑深埋。具体负责公路建设和管理的沿线各地公路局项目办公室在抓工程质量、进度和效益的同时，大力开展公路的生态绿化建设，综合采取工程、生物、农艺、管理等各方面措施将公路建设对环境的影响降至最低。同时，还考虑到高速公路建设对人文景观、文化遗产的影响。

二是充分利用自然资源，减少污染。承唐高速公路承德段工程沿线安山岩、白云岩、石灰岩及花岗岩分布较多，优质石料供应比较方便，沿线滦河、白河、横河、洒河的河流均有沙砾生产，公路建设地材充足。在工程勘察定线的阶段，针对此情况进行认真调研，尽量就地取材，在尽可能保护环境的前提下，充分利用自然资源。在路线平、纵面设计与横断面布置方式上非常注重与地形的配合，考虑填挖平衡，降低路基土石方工程数量。在施工过程中，通过对各个地点进行详细勘察，保证能够利用的土石方绝对不丢弃，并进行合理调配。承唐高速公路全线挖方的土石方本桩利用221万立方米，远运利用717万立方米，节约填方938万立方米，节约弃土场征地180亩，同时也美化了环境，有效地避免了"公路垃圾"对环境的污染。

高速公路建设不可避免地要消耗一定的资源，同时也必然对生态环境

第五章　高速公路对社会发展的影响与效益分析

造成一定的负面影响。在高速公路建设当中，充分考虑了因地制宜，适当增加高架桥、隧道以避免大填大挖，减少对生态环境的破坏。在高速公路的建设过程中，河北省的高速公路建设把有效节约资源和保护生态环境的理念贯穿在工作的各个方面，按照建设"低投入、高产出，低消耗、少排放，能循环、可持续"的节约型行业的要求，在保证安全、满足服务功能的前提下，尽量节约建设成本。依靠科技进步，努力提高公路建设的整体水平，不断降低能源消耗和废弃物的排放量。

三　高速公路建设与管理运营时期耕地的保护、恢复与可持续利用

建设高速公路要占用大面积土地。临时用地可以通过土地平整及植被恢复等措施及时恢复区域生态系统功能，但是永久性占地将致使地方可利用的土地面积大量减少，局部区域植被破坏，公路沿线两侧100米区域内植被覆盖率急剧降低，生物量减少。此外，由于施工期大量开挖土石方等，使得区域土体及植物原有自然结构和水的循环路径发生改变、土壤持水能力下降、土壤抗蚀能力减弱等，最终水土保持功能丧失，使得高速公路沿线的生态系统功能受到严重影响。

河北省高速公路在建设过程中遵循了节约土地、保护环境的原则。为有效节约和保护耕地，施工人员尽量将取土现场设在荒坡秃岭和贫瘠土地，尤其对邻近施工现场且地势较为平坦的取土场，平整后用作路面施工临时用地，避免了重复征地。按照国家《土地管理法》等法律法规的要求，实行最严格的土地保护政策，合理选择设计方案，千方百计节约耕地资源。河北省高速公路建设中环保和资源节约工作取得了明显成绩。以青银高速公路建设为例，从初步设计开始，河北省交通运输厅就一直倾向低路基方案，经过几易方案，最终使全长约182公里的青银高速河北段有72公里实施了低路基设计方案，约占总里程的40%，仅此一项就节约耕地336多亩，节约取土用地2798余亩，节约资金4000多万元。

大广高速公路衡大段筹建处创新理念，在设计施工中提出了下挖横向通道降低路基高度的设计理念并采用渗透排水技术，不但有效解决了下挖通道积水问题，同时也使路基高度平均降到1.3米。渗透排水技术的应用

是平原高速公路建设技术上的一个突破,将产生巨大的经济、社会和环保效益。与高路基相比,低路基有占地少、土方量小、借土少、边坡防护工程规模与难度小、造价低等优势。大广高速公路深州至大名段在全长220公里路段的80.6公里中应用了渗透排水技术,使路基平均填土高度降低了1.6米,减少永久占地约581亩,减少取土占地约6103亩,减少路基土石方536万立方米,直接减少工程造价约2.58亿元。

在承唐高速公路施工中,施工方坚持"最严格的耕地保护制度",在选择路线走向时尽量避绕村庄,在距离村庄和学校较近的路段设置了声音屏障并密植林木,以减少噪声和废弃物污染。承唐高速公路工程沿线白云岩、石灰岩及花岗岩分布较多,在施工过程中保证能够利用的土石方绝对不丢弃,从而减少用于填埋废石的弃土场征地180亩,有效地避免了"公路垃圾"对环境的污染,还节约填土石方900多万立方米,使高速公路真正与生态环境保持和谐。

四 高速公路绿化中的生态保护

高速公路绿化是高速公路生态恢复和保护中很重要的一项工作。河北省高速公路绿化的生态保护针对各地区特点,开展高速公路绿化工作,达到绿化环境、保护路基、增加植被覆盖率、减少水土流失的目的,为维护自然生态发挥积极作用,这是高速公路生态环境保护、高速公路与环境协调发展的重要环节。

一方面是高速公路绿化的美化功能。河北省高速公路绿化遵循"因地制宜、因路制宜,景观协调,乔、灌、花、草结合,易于养护"的原则,力求为用路人提供一个高效和谐的交通环境,从而提高高速公路建设的生态效益。一是以植物为主造景。造景不仅能改善高速公路的生态环境,在降温、增加空气湿度、消除噪声、净化空气等方面发挥作用,还能改变地形地貌,遮蔽一些不美观的人工构造物,使僵硬的道路景观富有生机。石黄高速沿线两翼建50米宽的绿化带,形成了"带中有景,景中有带"高档次绿化景观。如:深州段高速公路的两翼林带绿化,春季林茂成荫,每当行驶到这个区间时,总会感到有种清爽、安全、柔和之感,同时也会减轻驾驶人员的疲劳感。二是注重整体效果设计。为了衬托高速公路的宏伟

第五章　高速公路对社会发展的影响与效益分析

气势，同时适应用路人瞬间观景的视觉要求，采用大色块的造景设计，不仅整体效果鲜明，景观开阔、简洁，而且成片成林地种植同种植物也会给植物群生创造良好的生长环境。同时，提高植物成活率（如各立交区针、阔、乔、灌混交等）。另外，由于高速公路绿地呈线状，因此在构图上使整个沿线绿地有统一协调感，做到了统一中有变化，增强了道路景观整体绿化效果。

图 5-12　高速公路绿化

另一方面是高速公路绿化的水土保持功能。随着高速公路交通生态环境保护意识、高速公路与环境协调发展意识的增强，为实现主体工程与环境工程同步的目标，边坡的植物防护愈来愈受到重视。从环境角度来讲，如果坡面植被发育，则雨滴经过植物秆、茎、叶才能到达坡面，从而削弱了雨滴动能，降低了冲击力，并且部分水量被植被分散和蒸发，径流量相对减少，同时降低流速，使冲刷能力变弱。因此，高速公路绿化对高速公路具有保护作用。

在公路与生态环境的融合中，路基的防护提倡"不见土、少见石，适应地形、保持原貌"的防护理念，确保高速公路建成后自然环境不被破坏，使高速公路真正融合于生态环境之中。针对一些路段生态植被极脆弱的特点，有些管理处还专门进行技术开发，拿出近千万元进行生态环境改

图 5-13　高速公路绿化

造，建立山区高速公路取（弃）土场优化设置及其生态环境安全模式，取（弃）渣土选择合适位置，最大限度地减少高速公路水土流失。河北省高速公路边坡生物防护采用植物防护可有效解决丰水年份的边坡水土流失问题，并且与工程防护相比可降低工程造价 50%～70%，即使结合工程措施进行防护，也比单一工程防护节省资金 30% 以上。另外，生物防护的长效作用也是显而易见的，工程防护随着时间的推移、岩石的风化、混凝土的老化、钢筋强度的降低，效果也越来越差。而采用植被护坡则与此相反，随着植物的生长和繁殖，其对降低坡面不稳定性和抵御侵蚀方面的作用会越来越大。因此，在边坡栽植根系发达的植物，可以起到固土保土、稳定路基的作用。

五　高速公路的修建带来的负面影响

高速公路的修建及其运营所带来的负面影响主要表现在四个方面。一是带来污染和影响动植物的生长。高速公路施工时会引起空气污染、噪声污染、水污染以及水土流失、地质灾害等，甚至对动植物的生长也会带来一定的影响。二是对社会环境造成影响，主要涉及用地、拆迁、出行阻隔等方面。具体地说，高速公路建设必然会占用大量的土地，特别是在平原地区还会占用大量的农田。高速公路建设会造成大量的民房和企事业单位的拆迁，给居民的正常生活和企事业单位的正常工作和生产带来很大干扰，也在经济上给其造成严重损失。高速公路和一级公路对路两侧居民的出行产生阻隔，给居民的日常生活带来极大不便，而且经常有行人穿越公路，会发生交通事故，给人民的生命财产造成损失。三是对基础设施的影响。公路建设中有时要拆除电力、通信、供水、供气等设施，会给居民生活和企事业单位的生产和工作造成影响。对水利设施的影响主要体现在妨碍农田灌溉、改变河流走向等；桥梁的桩基对水运也有不利影响，易造成水上交通事故。而且在高速公路施工期间，附近公路由于交通量增大，干扰了其原有的正常交通秩序，造成交通事故率上升，路面遭到破坏。四是对景观环境的影响。景观环境包括自然景观和人文景观。高速公路建设施工和运营期间产生的空气、水源、噪声等污染会对景观环境造成不利影响，有时因线形走向需要拆除某些景观。而且高速公路作为永久性的建筑物，要尽量考虑其周围景观的协调性，使高速公路能够融合到景观环境中去，减少因高填或深挖等对景观环境的危害。

第六节　河北省高速公路建设对经济社会发展影响的总体评价与未来发展思路

从第一条高速公路正式通车到现在，河北省高速公路建设取得了举世瞩目的成就，全省高速公路网络也正在形成。随着高速公路的不断延伸，规模效益逐步发挥，人们切身感受到高速公路建设带来的时间、空间观念的变化。在河北省境内，省会到各地市当天可以往返的目标正在逐步变成现实。

河北高速公路发展的历史证明：高速公路的发展水平，不仅仅是交通现代化的标志，也是区域现代化的标志，高速公路建设与区域整体发展始终呈现十分明显的相关性。20年来，河北省高速公路的发展对全省经济与社会发展产生了极其重要和深远的影响。

1. 促进了沿线区域经济的快速发展

我们从以下几个方面来评价高速公路对区域经济发展的贡献。

(1) 促进了沿线各县市地方财政收入的增长

据河北省统计局统计显示,2009年,全省30强县(市、区)实现财政总收入684.7亿元,占全省县域财政总收入的58.3%。全省30强县(市、区)实现地方财政一般预算收入204.9亿元。财政总收入在50亿元以上的县(市、区)从高到低依次是迁安市(71.6亿元)、任丘市(58.0亿元)、唐山市丰南区(51.2亿元)。在20亿元至50亿元之间的有7个:武安市(48.3亿元)、藁城市(45.8亿元)、三河市(43.6亿元)、唐山市丰润区(29.9亿元)、霸州市(24.4亿元)、乐亭县(23.9亿元)、涿州市(20.1亿元)。在10亿元至20亿元之间由高到低依次是遵化市、迁西县、唐山市开平区、磁县、涉县、香河市、唐海县、宽城满族自治县、邯郸县、沙河市、滦县、正定县、黄骅市、鹿泉市、滦南县。10亿元以下由高到低依次是大厂回族自治县、辛集市、玉田县、文安县、栾城县。

我们发现,全省30强县(区、市)都处于一条或者几条主要的高速公路沿线,明显地看出高速公路对地方经济的强大带动作用。从修建到通车,高速公路带动了这些地区相应的产业发展,生产力要素流动更加通畅,劳动就业率、城市化水平、财政收入均得以提高。

(2) 加快了沿线县(区、市)主要经济发展速度

一般情况下,高速公路通过的县(区、市)普遍比没有高速公路通过的县(区、市)经济发展快。以2008年为例,下面列举高速公路通过的几个县市(前5个)与没有高速公路通过的县市(后5个,其中青龙正在修建高速公路)的一般财政预算收入的情况。

表 5-1 2008 年度部分县市一般财政预算收入

单位:万元

县 (市)	地方财政一般预算收入
遵化(有)	96115
霸州(有)	71856
涿州(有)	65582

第五章 高速公路对社会发展的影响与效益分析

续表

县　（市）	地方财政一般预算收入
藁城（有）	53821
抚宁（有）	40009
青龙（没）	26971
大城（没）	13962
安国（没）	14568
无极（没）	14804
赤城（没）	18092

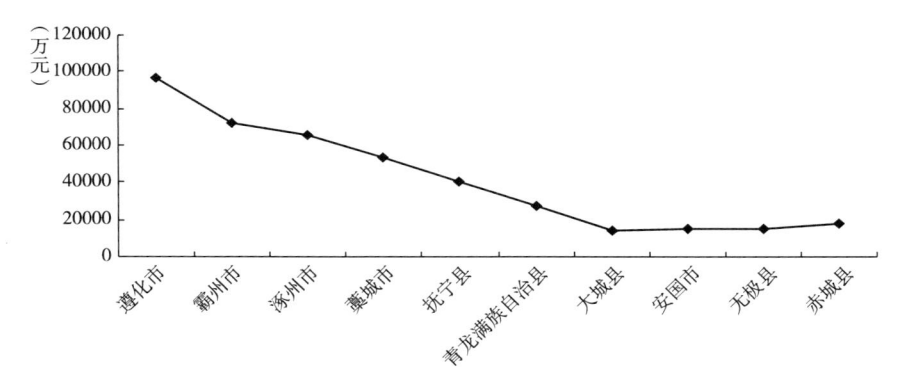

图 5-14　部分县市地方财政一般预算收入

作为最早受益于高速公路建设的石家庄市，其整体经济的发展也是一个很好的例子。石家庄曾是隶属正定县的一个村镇。改革开放以来，特别是进入20世纪90年代，石家庄高速公路发展迅速，随着京石、石太、石安、石黄高速公路的建设和运营，石家庄改革开放和经济发展的步伐加快，经济总量居全省前列。1994年至2001年，该市实际利用外资比高速公路开通前每年都以40%~100%的速度递增。2001年实际利用外资额占全社会固定资产总额的13.9%，投资商已由1991年的9个国家和地区发展到67个国家和地区。石家庄县乡经济发展迅速。在2000年全省综合实力百强乡镇中，石家庄市占38家，居全省第一。河北省高速公路沿线经济发展的事实再一次证明了"要想富、先修路""无路不富、小路小富、大路大富、高速公路快富"的真理。

2. 促进沿线区域产业结构的调整及区域间的经济合作

高速公路建设使城市的空间距离大为缩短，促进了沿线地区工业、交通运输业、商业与旅游业的发展，推动了沿线地区就业人口从农村向城市流动，由第一产业向第二、三产业转移，促使科技含量与附加值高的产品与企业大幅增加，使得生产要素与资源重新配置，就业结构与产业结构不断改善。统计资料表明，河北省第一、第二、第三产业增加值占GDP的比重从"九五"末期到"十一五"末期发生了根本变化。同时，高速公路的开通使得大批高新技术企业落户高速公路沿线的高新技术开发区，高新技术产品增加值占GDP的比重不断增加。现在，国家级的石家庄经济开发区、保定高新技术产业开发区，以及其他各市的高新技术开发区，都坐落在高速公路出口处。具有交通优势的廊坊市，2008年在北京推出60个大型招商项目，推动建设"京津冀电子信息走廊"和"环渤海休闲商务中心"。这些项目计划总投资146.21亿美元，拟利用外资96.15亿美元。项目主要分布在电子信息、生物医药、太阳能及光伏、先进制造业、现代服务业、城镇建设和基础设施等方面。

高速公路的建设极大地促进了区域之间的经济合作。作为经济发展纽带，高速公路不仅将省内11个大城市连为一体，也与北京、天津、太原、济南、郑州等城市连为一体，极大地促进了城市间的经济合作，以及人口流动和物流业的发展。石家庄、保定、北京、天津、唐山成为中国北方重要的城市群。这些城市成为地理空间相互毗连、社会经济结构融为一体、若干功能互补、经济上相互依赖、社会发展趋同的共同体。河北省以石家庄为核心和依托，以唐山、保定、邯郸为副中心组成了城市网络群体。这些城市在产业上各具优势，互补性较强。石家庄制药业的高新技术、食品工业，唐山、邯郸的钢铁，聚集了全省90%以上的科技人员和80%以上的科技成果以及全省80%的高等院校。

3. 推进了全省城镇化进程与小城镇建设

河北省城市化进程与高速公路的建设和通车有十分紧密的关系。我们发现，凡是城市化率超过全省城市化水平的县，基本上都处在高速公路沿线，便捷的高速公路与当地的省道相连，形成现代公路交通网络，大大促进了当地经济的发展，节约了通行时间，加快了生产要素的流动和人口的

第五章　高速公路对社会发展的影响与效益分析

流动，直接促进了产业集聚和城市化水平的提高。2003年河北省城市化率为33.51%，而紧邻京沈高速公路的香河县城市化率达到37.88%，紧邻保津高速公路的霸州市城市化率达到43.10%，具有交通优势的三河市城市化率达到44.7%，京石高速公路和多条高速公路通过的涿州市城市化率为41.11%，保沧高速公路经过的任丘城市化率为43.04%，京珠高速公路经过的沙河市城市化率为34.79%，长邯高速公路经过的涉县城市化率为40.83%，京珠高速公路经过的武安市城市化率为36.5%。这些县市城市化率都超过了全省城市化率的平均水平。

表5-2　2003年高速公路沿线部分县市的城市化率

单位：%

全省	香河	霸州	三河	涿州	任丘	沙河	涉县	武安
33.51	37.88	43.10	44.7	41.11	43.04	34.79	40.83	36.5

资料来源：2003年课题组在各县调查数据汇集。

2007年河北省的城市化水平为40.25%，2009年城市化水平为43.0%。全省136个县（市）城市化率居前30位的县（市）依次是：任丘市、三河市、唐海县、泊头市、霸州市、迁安市、青县、遵化市、黄骅市、武安市、涉县、冀州市、香河县、涿州市、清河县、沙河市、邯郸县、栾城县、文安县、怀来县、大厂回族自治县、肃宁县、南宫市、定州市、迁西县、玉田县、宁晋县、孟村回族自治县、东光县、固安县。这些县（市）大多处在高速公路沿线。

高速公路的建成通车有力地促进了沿线城市的版图扩大与卫星城镇建设。以石家庄为例，1990年全市共有乡镇286个，其中建制镇62个，占全市乡镇个数的比重为21.7%；1995年全市有乡镇389个，其中建制镇117个，占全市乡镇个数的比重为30.1%；1996年实施了撤乡并镇，全市有乡镇222个，其中建制镇111个，占全市乡镇个数的比重为50%；截至2003年底，全市共有乡镇223个，其中建制镇发展到120个，占全市乡镇个数的比重为53.8%。13年来建制镇数量增加了将近1倍，小城镇比重提高了32.1个百分点，初步形成了以中心城市为中心，以县（市）区城关镇为纽带，遍布全市农村地区的小城镇网络体系。

4. 促进了全省旅游业的发展

旅游业是受益于高速公路建设最为明显的产业之一。"九五"期间，河北省国际旅游接待与创汇年均分别增长19%和25.35%，总量分别达到162.7万人次和4.97亿美元，是"八五"时期的2.8倍和4.6倍；国内旅游接待与创收年均分别增长9%和28.5%，总量分别达到1.97亿人次和786.54亿元，是"八五"时期的1.56倍和7.87倍。截至2003年底，全省有4A级景区24家、3A级景区11家、2A级景区20家、A级景区4家。到2009年，全省新评定A级景区221家，其中4A级以上景区73家、星级饭店50家（现有四星级以上酒店近百家）。到2009年，全省旅游景区景点已达到1100多家。2009年全年全省共接待游客1.22亿人次，旅游总收入705亿元。到2010年，河北省基本形成了白洋淀温泉休闲聚集区、秦皇岛滨海度假带、廊坊商务休闲聚集区、张承草原生态度假区、崇礼冰雪温泉度假区、桑洋河谷和昌黎葡萄酒文化休闲聚集区、保定文化休闲聚集区等七大聚集区。此外，西柏坡红色旅游、邯郸历史文化旅游、承德皇家旅游、邢台百里太行生态旅游、衡水湖湿地生态休闲旅游等特色旅游业也得到迅速发展。河北省旅游业的发展速度，既高于全省同期经济发展速度，也高于全国旅游的平均发展速度，是全国旅游业发展较快的省份之一，旅游业已经成为河北省的战略性支柱产业。这些旅游休闲区的大多数直接靠近高速公路或者与高速公路连接的公路，高速公路网络的形成对于河北省旅游业的发展功不可没。

我们的研究还表明，河北省高速公路产生了一种巨大的示范效应，使人们强烈地感受到修建高速公路、改善基础设施建设对于促进本地区交通事业发展和社会经济发展的重要意义。

高速公路的建设对国民经济发展具有重要意义。第一，加快物资生产流通领域的发展，促进工业和大城市人口向地方分散，节省运输费用，缓解道路交通阻塞，改善旅行条件，减少交通事故，加快沿线地区经济发展，提高沿途土地价值，等等。

第二，高速公路建设可以促进沿线高新技术产业的发展，刺激房地产开发，引发沿线土地增值，促进沿线乡镇企业和高效农业的发展，带动第三产业发展，改善商品流通环境，促进市场繁荣。此外，高速公路网络化

第五章 高速公路对社会发展的影响与效益分析

建设还改变了区域经济发展的格局等。

第三，高速公路建设还通过改善沿线地区的投资环境，提高了河北省的国际知名度，增强了区位优势，推动了沿线产业带的形成和发展，并为产业结构的调整以及生产力的合理布局提供重要的条件。高速公路建设显著地提升了沿线区域的可达性和区位优势，带动了沿线地区资源开发和合理培植，加快了沿线地区改革开放的步伐，促进了地区间的经济合作与协同发展。尤其是国道主干线高速公路的建设发展，极大地促进了区域经济的快速发展，对区域产业布局调整与产业结构优化具有明显的导向性作用；吸引企业纷纷在高速公路出入口附近投资建厂，形成"产业积聚效应"；建立了一系列高新技术开发园区，促进了产业带的形成，刺激沿线地区经济超常增长。

第四，高速公路建设提高了沿线交通运输体系的综合能力，调整了运输运量结构；推动了沿线农业现代化和小城镇建设，改善了投资环境，推动了经济外向化进程；加快了规模经济发展，改善了工业企业技术结构，拓宽了基础设施建设的筹资渠道。

第五，高速公路建设推动了社会公共事业的发展，为缩小城乡基础设施建设差距，实现公共服务均等化发挥了重要作用。此外，高速公路还带动了沿线经济发展，增加和创造了较多的就业机会，促进本地区的劳动力由农村向城镇、由第一产业向第二产业和第三产业转移；进一步构建了大城市的框架，提升了中心城市的功能和地位，并形成以高速公路为轴线、以各处立交桥为轴心的一系列卫星城镇；增强了沿线与周边地区人们的大市场、大流通、大开放观念和开拓意识、竞争意识、效率意识。

从总体上看，高速公路建设对河北省的经济总量及沿线地区的经济、社会发展乃至产业的转移、人们生活方式的转变都有着极大的推动作用。沿线地区快速协调的发展直接促进了各地资源的开发利用和商业贸易的繁荣，并间接改善了区域交通运输条件与投资环境，使区域社会发展的空间结构更加完善；推动了城市化的进程与小城镇的建设，为城乡经济一体化奠定了基础，从而在沿线区域内社会各个层面产生了明显的综合效益。

第六章　河北区域发展战略与未来高速公路发展

进入"十二五"以来，河北省按照"和谐河北、经济强省"的总体发展思路，结合国内外经济发展态势，对全省的区域发展战略进行了新的布局调整。新的发展战略主要包括冀东沿海经济带发展战略、冀北环首都经济圈发展战略和冀中南经济区发展战略，各个区域发展战略紧紧依托当地实际，密切结合省内省外经济发展情况，同时又相互联系、相互支撑，对未来河北经济社会的发展进行了很好的布局和谋划。河北区域发展战略的调整在很大程度上依据各区域的高速交通网络运输能力，也对未来河北高速路网的发展提出了新的要求。

第一节　环首都经济圈发展战略

一　环首都经济圈的设想与范围

河北省《关于加快河北省环首都经济圈产业发展的实施意见》（冀政〔2011〕12号文件）的总体规划与设想是，在紧邻北京、交通便利、基础较好、潜力较大的县（市、区）打造"环首都经济圈"，可以概括为"13县1圈4区6基地"。

13县（市、区）：即环绕北京的涿州市、涞水县、涿鹿县、怀来县、赤城县、丰宁满族自治县、滦平县、三河市、大厂回族自治县、香河县、广阳区、安次区、固安县。

1圈：即以新兴产业为主导的"环首都经济圈"（全长999.5公里，面积27060平方公里，人口485.65万人，2010年区域GDP 1196亿元、全部财政收入200亿元）。

4区：即在"环首都经济圈"建设高层次人才创业园区、科技成果孵化园区、新兴产业示范园区、现代物流园区。

6基地：即在"环首都经济圈"内建设养老、健身、休闲度假、观光旅游、有机蔬菜、宜居生活基地。

二 河北省"环首都经济圈"规划的沿革进程及总体目标

1. 河北省"环首都经济圈"规划的沿革进程

事实上，从20世纪90年代以来，河北省一直都在谋划"环京津"的发展方案，多年来一直收效甚微。与此同时，身处京畿腹地的河北，其县域经济发展在首都发展的"虹吸效应"之下，与北京的差距越来越大。2009年，号称"在改革开放中崛起的现代化新兴城市"的河北省县级市三河市GDP为268亿元，人均GDP为7859美元，而北京的远郊区顺义实现GDP 690.2亿元，人均GDP达到13869美元，两地人均GDP相差悬殊。十几年来，"环京津"规划一直没有太大突破，也没有为河北相关县域经济发展带来多少实惠。

在此背景之下，变更方案和寻找新的突破口就成为河北省在京津冀突围的着力点。2010年9月，河北省长办公会将"环京津"规划方案变更为"环首都经济圈"和"沿海地区发展规划"两个方案。2010年10月20日，河北省政府第70次常务会议正式通过了《关于加快河北省环首都经济圈产业发展的实施意见》，其实施目的是"深入贯彻落实科学发展观，加快转变发展方式，调整优化经济结构，在服务首都中对接北京，加速环首都经济圈产业发展，培育新的经济增长极"。该意见具体包含了设想与范围、重点与举措、政策与措施、支撑与条件、领导与保障五个方面的实体性内容。着眼于当下要做的就是启动规划体系、交通体系、通信体系、信息体系、金融体系、服务保障体系六个方面与北京的对接，为实现整体战略创造支撑与条件。值得一提的是，在这一实施意见当中提到的设想范围就是"13县1圈4区6基地"。

2010年11月2日至3日召开的中共河北省委七届六次全会审议通过了《中共河北省委关于制定国民经济和社会发展第十二个五年规划的建议》，明确提出"必须坚持以重点突破带动全局，举全省之力突出抓好

'四个一'战略重点,形成区域竞相发展、协调发展新格局"。"四个一"中的第一个"一"就是"一圈",即"环首都经济圈",并且重点提出"坚持吸纳承接、融合提升、重点推进、统筹发展,在承德、张家口、廊坊、保定四市近邻北京、交通便利、基础较好、潜力较大的县(市、区)重点突破,推动'13县(市、区)、1圈、4区、6基地'率先发展,打造'环首都经济圈'"。

2011年3月,兴隆作为增补县加入其中,成为"环首都经济圈"中的第14个县。

2011年3月16日,《中华人民共和国国民经济和社会发展第十二个五年规划纲要》全文发布,把京津冀一体化和首都经济圈作为国家战略向世界推出,这标志着京津冀的区域合作进入了一个崭新的阶段。

2011年5月18日,"京津冀区域合作高端会议"在河北省廊坊市召开,河北省副省长赵勇在会上提出"把环首都绿色经济圈打造成中国经济第三增长极"的理念。京津冀城市群着眼于"能够消除一切障碍,优质生产要素能够自由流动,能够使各个城市之间共享发展的机遇,真正成为中国引领第三增长极、环渤海增长极的龙头"。

"环首都经济圈"这一战略决策,既是国家推进京津冀一体化的题中之义,也是河北省加快科学发展的内在要求,更是适应转变发展方式要求的必由之路;既可以有效地把"环首都贫困带"转化为"环首都富裕带",又可以为首都经济的放大提供平台,更是为区域经济协作发展探索新的范例。

2. 河北省"环首都经济圈"发展战略的定位与目标

(1) 发展定位

"环首都经济圈"的发展定位是:坚持吸纳承接、融合提升、重点推进、统筹发展,通过加强与首都地区的对接融合,把环首都地区打造成为综合实力雄厚的经济崛起圈,打造成为吸纳首都产业转移的新兴产业圈,打造成为独具魅力、舒适怡人的休闲度假圈,打造成为山清水秀、环境优美的生态环保圈,打造成为安定和谐、宜居宜业的幸福生活圈,打造成为各具特色、亮丽精美的明星城市圈。

(2) 目标和任务

按照《关于加快河北省环首都经济圈产业发展的实施意见》中提出的

第六章 河北区域发展战略与未来高速公路发展

目标和任务,到 2015 年,主要经济指标比 2010 年翻两番,也就是实现再造 1/3 个河北;地区生产总值由 2010 年的 1196 亿元达到 4784 亿元,年均增长 31% 以上;全部财政收入由 2010 年的 200 亿元达到 800 亿元,年均增长 32%;城区总人口由 2010 年的 165 万人达到 300 万人,年均增长 12.7%;城镇化率由 2010 年的 33% 上升到 60%,年均增长 5.4 个百分点。到 2020 年,主要经济指标比 2015 年再翻一番,地区生产总值达到 9568 亿元,全部财政收入达到 1600 亿元,城区总人口达到 400 万,城镇化率达到 70%。到 2050 年,也就是"十九五"末期,全部财政收入完成 1.2 万亿元,实现再造 5 个河北的战略目标。

三 "环首都经济圈"规划积极影响相关县域经济发展的预期

县域经济是以县级行政区划为地理空间,以县级政府为调控主体,以县级独立财政为标志,以市场为导向,以不同层次经济元素间的联系为基本结构,在县域范围内优化配置资源,具有县域特色和功能完备的区域经济。"环首都经济圈"规划的推进和实施,必将为 14 个县(市、区)的县域经济发展注入活力,引领河北省县域经济发展的潮流和方向,从而对整个京津冀的区域经济产生积极的影响,同时也将为区域经济协作发展探索一个具有中国特色的新范例。

1. 致力于与首都的全方位对接,为相关县域经济创造便利的发展环境

为加快"环首都经济圈"的发展,河北省将为相关县域经济发展创造良好条件。一是营造良好的人文环境。发挥燕赵大地历史悠久、文化厚重的优势,弘扬河北人民善良质朴、大气包容的传统美德,倡导开放文明、诚实守信的时代风尚,塑造诚心、细心、热心、用心的服务理念,形成亲商、引商、扶商、安商的浓厚氛围。二是营造宽松的政策环境。要树立创新意识和"特区"理念,最大限度地解放思想、最大限度地下放权限、最大限度地提高办事效率、最大限度地打造"政策洼地",特别是对首都转移的高新技术产业、战略性新兴产业、现代服务业、节能环保产业项目,将按照企业缴纳的土地出让金数额给予支持;对新增企业所得税按照缴纳的地方留成数额定期给予支持;在国家法律法规许可条件下,坚持非禁即入、非限即许,免除登记类、证照类等有关行政事业收费;除国家规定的

必须由省级和市级审批的事项及高耗能、高排放项目审批外，省市两级的其他审批事项全部下放到环首都14个县（市、区）或园区管委会。三是营造便捷的交通条件和舒适的生活环境。据了解，河北省将14个县（市、区）规划为环首都绿色经济圈的组成部分，首先在于其交通条件方便。除了赤城、丰宁两个县以外，现有11条高速公路连通其他12个县市，基本具备了与北京同质化的交通条件。根据具体的规划，在区域城际铁路方面，将增添涿州—北京新机场—廊坊—北三县（三河、大厂、香河）—首都国际机场/顺义城际铁路路线，实现城际铁路间的相互连通。此外，健全企业投资后续服务体系，全方位完善配套服务，改善城市基础设施，提高城市规划建设管理水平，为客商提供住房、交通、休闲、购物、就医、社保、子女入学与就业等便利条件，帮助解决生产经营和日常生活中的各种困难和问题，使他们生活上舒心、工作上安心、发展上尽心、创业上倾心。

2. 致力于特色产业、园区和基地建设，从而为相关县域经济发展培育新的经济增长点

为了构建有利于"环首都经济圈"县域经济发展的良好支撑，河北省要求相关建制市加强与首都在发展空间、产业功能、资源要素、基础设施、产业政策等方面的对接融合，推动传统优势产业升层级、战略性新兴产业成规模、现代服务业上水平、现代农业提质效，将"环首都经济圈"建成京津冀一体化发展的先行区、对接首都的新兴产业带、环绕首都的明星城市带。其中，承德市要充分发挥避暑山庄及外八庙等旅游资源优势，着力发展休闲旅游、钒钛特钢、清洁能源、新型材料、现代农业等，建设国际旅游城市；张家口市要充分发挥坝上草原、冰雪文化优势，着力发展旅游服务、新型能源、装备制造、现代物流、现代农业等，建设京冀晋蒙交界区域中心城市；廊坊市要充分发挥信息产业优势，着力发展总部经济、会展经济、电子信息、服务外包、科技孵化、休闲旅游、现代农业等，建设京津冀电子信息走廊、环渤海休闲商务中心城市；保定市要充分发挥历史文化和低碳城市试点的优势，着力发展文化旅游、会展经济、新能源、汽车制造、纺织服装、现代物流等，建设先进制造业基地、休闲度假旅游基地和历史文化名城。按照规划，在推进"环首都经济圈"建设

第六章 河北区域发展战略与未来高速公路发展

中,河北省将集中人力、物力、财力,着重在"四园区""六基地"建设上下功夫。

(1) 加快推进四类园区建设

一是推进高层次人才创业园区建设。在环首都14个县(市、区)规划建设高层次人才创业园,从项目扶持、企业培育、产业推进等方面提供配套服务;每个县(市、区)建设一个以公共租赁住房为主体的"人才家园"(总量不低于10000套),为高层次人才来冀创业提供住房和生活服务。二是推进科技成果孵化园区建设。以完成科技成果中试阶段为主要目标,积极创造条件,安排专项资金,完善服务平台,规划建设科技成果孵化园区,吸引首都科研院所、大专院校的科研成果入园孵化,促进科技成果早日转化为现实生产力。三是推进新兴产业示范园区建设。以电子信息、新能源、新材料、生物产业和高端服务业等为重点,依托首都人才、技术、资本和市场等优势,规划建设新兴产业示范园区,积极承接首都高新技术成果转化和产业转移,形成各具特色的新兴产业发展格局。四是推进现代物流园区建设。利用北京广阔的市场和巨大的物资流动需求,规划建设面向首都、辐射全国的仓储、配送、运输等现代物流产业园,努力把物流业打造成环首都现代产业体系的支柱产业。

(2) 加快推进六大基地建设

一是建设养老基地。以服务首都老年群体养老为重点,分期、分批建设养老基地,逐步建立与北京人口老龄化相适应、与经济社会发展相协调的养老服务体系。二是建设健身康复基地。围绕首都地区日益增长的保健康复服务需求,分期、分批建设健身康复基地,培育集保健、康复、锻炼于一体的综合性服务体系。三是建设休闲度假基地。围绕首都地区日益增长的旅游消费需求,打造集休闲、度假、娱乐为一体的大型旅游综合体,开发建设一批特色鲜明、设施配套、品位较高的精品休闲旅游品牌。四是建设观光农业基地。围绕首都地区日益增长的近郊生态旅游需求,以体现乡村生态景观、农村文化、农业资源和农民生产生活为基调,规划建设一批集农家游、旅游观光、生活体验于一体的现代农业观光园。五是建设蔬菜发展基地。围绕首都地区日益增长的蔬菜消费需求,在环首都县(市、区)规划建设绿色安全环保蔬菜基地,建网络、创品牌、进京津、上超市，带动全省蔬菜产业发展，力争经过 2～3 年的努力，使河北蔬菜在首都市场的占有率达到 60% 以上，其中高档蔬菜占到 30% 以上。六是建设宜居生活基地。针对北京生活成本高、住房紧张状况，瞄准首都住房需求，规划建设以住房消费为主的生活基地，营造优美、便利舒适的生活环境，吸引首都居民购房置业。

第二节 沿海地区发展战略

河北省沿海地区作为国家北方"东出西联"战略大通道的枢纽和开放门户之一，该地区承担着保障国家能源资源等战略物资供应和加强沿海与内地合作，带动华北、西北纵深腹地参与国际竞争的重要任务。河北省委副书记赵勇曾经说过，河北沿海地区发展有不可替代的独特优势。第一，毗邻京津，具有独特的区位优势。第二，有中国北方最好的港口曹妃甸港和 4000 多平方公里的滩涂、荒地，具有独特的资源优势和广阔的发展空间。第三，河北沿海三市已形成了以重化工业为特色的比较完整的配套产业体系，具有独特的产业优势。第四，河北沿海三市位于东北亚的中心地带，对内连接着东北、西北和华北，对外是东北亚通向欧亚大陆桥最近的起点之一，具有独特的开放优势。2011 年 11 月 27 日，《河北沿海地区发展规划》（以下简称《规划》）获得国务院的批复，这标志着河北沿海地区发展正式上升为国家战略，在新的历史发展阶段，该地区又承担起了探索走新型工业化道路和建设科学发展示范区的重要使命。

一 沿海地区范围、战略意义及其发展优势

1. 沿海地区范围

所谓"河北沿海地区"，如图 6-1 所示，主要包括秦皇岛、唐山、沧州三市所辖行政区域，按照国务院批复的《规划》，包括山海关、抚宁、海港、北戴河、昌黎、滦南、乐亭、丰南、唐海、黄骅和海兴 11 个县（市、区），陆域面积 3.57 万平方公里，海岸线 487 公里，海域面积 0.7 万平方公里。2010 年区内人口 1738.6 万人，占全省的 24.7%；完成地区生产总值 6558.5 亿元，占全省的 38.5%；全部财政收入 738.3 亿元，占全省

第六章 河北区域发展战略与未来高速公路发展

的36.6%；人均生产总值37722元，高出全省平均水平（24283元）13439元。河北沿海地区北接辽宁沿海经济带，中嵌天津滨海新区，南连黄河三角洲高效生态经济区，在促进京津冀及全国区域协调发展中具有重要战略地位。

图6-1 河北省沿海经济带示意图

2. 沿海地区加快发展的战略意义

加快河北沿海地区发展，对提升河北省乃至京津冀地区整体实力具有积极的促进作用，对全国经济社会发展也具有重要意义。

一是有利于完善我国沿海地区生产力布局。多年来，我国东部沿海地区一直担当着率先发展、创新发展的历史重任，特别是"长三角""珠三角"地区发展较快，是全国区域发展的"排头兵"。近年来，随着我国区域发展总体战略的有效实施，国家相继完成了部分沿海地区的发展规划，有力地提升了东部地区对全国经济发展的重要引领和支撑作用。河北沿海地区是我国沿海特别是环渤海经济区的重要组成部分，加快河北沿海地区发展，培育形成新的经济增长区域，有利于进一步促进与天津滨海新区、辽宁沿海经济带、山东黄河三角洲高效生态经济区的对接融合，推动形成环渤海地区良性互动和协调发展新格局，增强环渤海地区综合实力，确保我国沿海地区经济总体战略部署的顺利实施。

二是有利于促进京津冀地区一体化发展。京津冀地区在我国经济社会发展中占有重要地位，京津冀一体化发展既是提升区域持续发展力的内在要求，更是引领和支撑我国北方地区在更高层次参与国际合作和竞争的战略需要。改革开放特别是进入21世纪以来，京津冀地区经济联系日益密切，区域分工合作的广度和深度不断拓展，为一体化发展奠定了良好基础。但由于历史的原因和受体制机制的制约，京津冀地区产业发展、基础设施建设、生态环境保护和社会事业发展等方面仍缺乏协调，区域合作水平还有待提高。加快河北沿海地区发展，尽快提升该地区的开发开放水平，有利于进一步加强京津冀的分工与合作，提升京津冀整体功能，拓展产业发展空间，提高资源及要素支撑能力，优化区域生产力布局，促进京津冀地区一体化发展。

三是有利于探索一条新型工业化发展道路。走新型工业化道路是实现科学发展的内在要求。河北沿海地区集中了我国10%的铁矿、油气资源和海盐产能，焦煤、非金属矿等资源丰富，宜港深水岸线80.7公里，有可供开发利用的滩涂和盐碱荒地3000多平方公里，战略资源组合条件良好。经过多年的发展，形成了全国重要的钢铁生产基地，石化、建材、装备制造等产业在全国占有重要地位，具有发展电子信息、新材料等产业的良好基础。《规划》的出台，将进一步发挥区位、港口、资源和土地等组合优势，推动该地区以更高起点、更高标准构建循环经济型产业体系，推动重化工业转型升级，培育发展战略性新兴产业，加快探索转变发展方式的新路径，在走新型工业化道路和科学发展方面起到重要示范作用。

四是有利于促进华北、西北地区的对内对外开放。河北沿海地区处于环渤海的核心地带，背靠华北、西北广阔腹地，面向东北亚，拥有秦皇岛、唐山、黄骅三大港口，年吞吐量达6亿吨，初步形成了连接华北、西北地区的集疏运体系，是华北、西北出海的便捷通道。《规划》的出台，将进一步增强河北沿海地区出海大通道的综合功能，强化沿海地区和华北、西北腹地产业互动，提升我国北方地区参与国际竞争的能力，对于华北、西北地区建立开放型经济体系，深化与东北亚的交流合作具有重要意义。

第六章　河北区域发展战略与未来高速公路发展

3. 沿海地区的发展优势

（1）区位优势独特

毗邻京津，东临渤海，面向东北亚，腹地广阔，是京津城市功能拓展和产业转移的重要承接地，是我国北方、西北地区重要的出海口和对外开放门户，具有发展外向型经济的良好条件。

（2）资源禀赋优良

集中了我国10%的铁矿、油气资源和海盐产能，焦煤、非金属矿等资源丰富，有可供开发利用的滩涂和盐碱荒地3000多平方公里，宜港深水岸线80.7公里，海洋生物丰富多样，战略资源组合条件良好。

（3）工业基础雄厚

钢铁产能规模较大，是全国重要的钢铁生产基地。石化、装备制造、建材产业在全国占有重要地位，具有发展电子信息、新材料等产业的良好基础，已形成一批有一定实力和影响力的大型企业集团和产业集聚区。

（4）交通体系发达

拥有秦皇岛、唐山、黄骅三大港口，年吞吐量达6亿吨，初步形成了连接华北、西北、东北地区的能源原材料集疏运体系，是我国北煤南运的战略通道。区域内交通网相对完善，铁路公路网密度高于全国平均水平。

（5）文化底蕴深厚

唐山是我国近代工业文明的重要发源地，吴桥杂技、沧州武术、唐山皮影等非物质文化遗产资源丰富，北戴河海滨、山海关古长城已成为著名国际旅游胜地。拥有世界文化遗产2处，国家历史文化名城1座，国家重点文物保护单位25处，国家级非物质文化遗产27项。

二　河北沿海地区发展规划上升为国家战略后的主要特点

1. 突出了环渤海地区新增长点地位

《规划》在充分分析河北沿海区域地位、比较优势和发展潜力的基础上，站在增强环渤海地区整体实力的全局高度，明确提出要大力发展临港产业和循环经济，提升产业综合竞争能力，打造具有国际竞争力的产业集群；提升中心城市功能，建设辐射带动能力强的滨海新城，积极发展中小城镇，推动形成沿海城市带；加强交通、能源、水利和信息网络基础设施建设，建设以综合性港口群为龙头的现代综合交通运输体系；构建区域生态网络，加强污染防治体系建设，增强区域可持续发展能力；大力发展教育、卫生、文化等社会事业，加快改革攻坚步伐，构建开放型经济体系，建成环渤海地区新兴增长区域。

2. 突出了促进京津冀区域协调发展的重要功能

《规划》明确要求，要发挥临近京津的区位优势，加强与京津在产业发展、基础设施、战略资源、信息网络和市场体系建设等方面的对接融合。强调要创新区域合作机制，利用深水大港、滩涂荒地、矿产资源等优势，构筑承接平台，建立健全政策体系，推动与京津交通、水利设施的互相连通和生态、环保设施的共建共享，成为京津城市功能拓展的重要区域和产业转移的重要承接地。

3. 突出了走新型工业化道路和科学发展的示范作用

《规划》明确提出，把河北沿海地区建设成为我国新型工业化基地和科学发展的示范区。强调要正确处理开发建设与生态环境保护的关系，在保护中开发，大力发展循环经济，集约节约利用资源，形成以循环经济为主要发展方式的产业体系；积极推进工业化、信息化融合，改造提升传统产业，优化发展先进制造业，大力培育战略性新兴产业，加快发展现代服务业，积极发展特色农业，努力实现产业结构升级和发展方式转变；深入贯彻节约资源和保护环境的基本国策，建设资源节约型和环境友好型社会，增强区域可持续发展能力。

4. 突出了我国开放合作的新高地地位

《规划》提出要充分发挥出海通道和开放窗口作用，搭建对外开放平台，改善对外开放政策环境，支持在技术研发合作、人才交流培养、跨国港口物流、口岸通关和贸易投资便利化等方面先行先试，加强与华北、西北纵深腹地合作，推进内陆地区参与沿海港口建设和兴建产业园区，探索参与国内国际经济技术合作的新路子，建立与国际惯例和规则相适应、内外联动、互利共赢的开放型经济体系，建成内连华北与西北地区、面向东北亚的对外开放重要门户。

第六章 河北区域发展战略与未来高速公路发展

三 河北省沿海发展战略的定位及目标

1. 战略定位

（1）环渤海地区新兴增长区域

有序开发岸线资源，完善路网结构，建设以综合性港口群为龙头的现代综合交通运输体系，大力发展临港产业，推进滨海城镇发展，形成辐射带动能力强的滨海新城和具有国际竞争力的产业集群，建成环渤海地区经济发展的新的增长点。

（2）京津城市功能拓展和产业转移的重要承接地

发挥临近京津的区位优势，加强与京津在产业发展、基础设施和一体化市场体系建设等方面的对接融合，创新区域合作机制，建立健全政策体系，构筑承接平台，促进京津的产业转移，成为京津拓展发展空间的重要区域。

（3）全国重要的新型工业化基地

大力发展循环经济，积极推进工业化、信息化融合，改造提升传统产业，加快发展先进制造业，积极培育战略性新兴产业，努力实现产业结构升级和发展方式转变，建设成为资源节约、生产集约、环境友好的新型工业化基地。

（4）我国开放合作的新高地

充分发挥出海通道和开放窗口作用，搭建对外开放平台，改善对外开放政策环境，探索参与国内国际经济技术合作的新路子，构建内外联动、互利共赢的开放型经济体系，建成内连华北与西北地区、面向东北亚的对外开放重要门户。

（5）我国北方沿海生态良好的宜居区

优化美化人居环境，打造沿海生态屏障和绿色空间，建设滨海生态新城，完善城乡公共服务体系，建设成为我国北方地区环境优美、生态良好、功能完善、社会和谐的滨海城镇带，实现人与自然和谐发展。

2. 发展目标

到 2015 年，综合实力显著增强，建成环渤海地区新兴增长区域。新型工业化取得重要进展，形成以循环经济为主要发展方式的工业体系；港口布局和功能进一步完善,初步建成现代化综合港口群;能源利用效率大幅度提高,主要污染物排放总量显著减少;公共服务能力明显增强,城乡居民收入大幅增加;制度创新取得突破,对外开放水平显著提升。人均地区生产总值超过6万元,城镇化率达到58%。到2020年,区域发展水平进一步提高,成为全国综合实力较强的地区之一。现代产业体系进一步健全,建成具有国际影响力的先进制造业基地和国际知名的旅游目的地;对外开放水平显著提高,基本建成开放型经济体系;生态环境质量明显提高,人与自然趋于和谐;城镇体系进一步完善,基本公共服务趋于均等;城乡发展差距显著缩小,人民生活更加富裕。

四 河北沿海地区发展总体布局

1. 科学划分功能分区,促进城市化地区、农业地区和生态地区协调发展

(1) 城市化地区

主要包括城镇建设空间和工矿空间。优化提升秦皇岛、唐山、沧州3个中心城市的功能,加快发展唐山湾生态城、黄骅新城和北戴河新区,培育壮大一批中小城市(镇),形成以中心城区和滨海新城为核心、中小城市和特色城镇为节点的沿海城镇体系。依托港口优势,重点建设优势特色产业园区、战略性新兴产业园区和现代服务业园区,形成各具特色、错位发展的重点建设区域。

(2) 农业地区

主要包括农村居住空间和农业生产空间。优化调整农村居民点,逐步减少农村新增居住用地。切实保护耕地,特别是燕山山前平原和黑龙港低平原地区小麦、玉米生产用地,保障粮食安全。科学利用林业、畜牧业生产用地,加强农村土地复垦整理,拓展农业发展空间。

(3) 生态地区

主要包括生态林地、草地、湿地等空间。以秦皇岛、唐山北部的山地丘陵和滨海、河口湿地为重点,强化水源涵养区、水土保持区、饮用水水源地和湿地的生态服务功能。加强沿海防护林建设,建立沿海生态屏障。严格依法保护禁止和限制开发的海岸线,健全森林、地质遗迹、海岛和湿

第六章 河北区域发展战略与未来高速公路发展

地等自然保护区管理体系。加大生态地区保护力度，形成多层次、多类型、多功能的区域生态安全格局。

2. 基本开发格局

（1）打造滨海开发带

包括秦皇岛的山海关区、海港区、北戴河区、抚宁县和昌黎县，唐山的乐亭县、滦南县、唐海县和丰南区，沧州的黄骅市和海兴县。以沿海高速和滨海公路为纽带，合理规划建设北戴河新区、曹妃甸新区、沧州渤海新区，促进人口和产业有序向滨海地区集聚，建成滨海产业和城镇集聚带。在丰南沿海工业区、唐山冀东北工业集聚区和沧州冀中南工业集聚区，优化发展以精品钢铁、石油化工、装备制造为主的先进制造业，培育壮大电子信息、新能源、新材料、生物工程、节能环保等战略性新兴产业，大力发展以滨海休闲旅游、港口物流为主的服务业。

（2）以地市为单位，组团发展模式

一是组建秦皇岛团。范围包括秦皇岛市主城区和青龙县、卢龙县。充分发挥旅游资源丰富和高技术产业基础较好的优势，重点发展休闲旅游、港口物流、数据产业、文化创意等服务业，积极发展装备制造、电子信息、食品加工业，加快发展葡萄种植等特色农业，建成国际知名的滨海休闲度假旅游目的地和先进制造业基地。二是组建唐山团。范围包括唐山市主城区和迁安市、迁西县、遵化市、滦县、玉田县。发挥矿产旅游资源丰富、产业基础雄厚的优势，积极发展装备制造、精品钢铁、新型建材、电子信息等先进制造业，大力发展现代物流、休闲旅游等服务业，加快发展林果、蔬菜、畜禽、水产等特色农业，提升唐山市主城区经济、文化、金融功能和交通枢纽地位，加强公共服务设施建设，建成先进制造业基地和科研成果转化基地。三是组建沧州团。范围包括沧州市主城区和沧县、青县、任丘市、泊头市、河间市、盐山县、孟村回族自治县、吴桥县、东光县、南皮县、献县、肃宁县。充分利用油气地热资源丰富、特色产业发达的优势，优化发展石油化工、装备制造业，培育发展电子信息、生物医药、新材料等新兴产业，大力发展文化旅游、仓储物流、金融服务等服务业，加快发展优质林果、绿色有机蔬菜、特种养殖等特色农业和农产品加工业，建设石油化工和管道、装备制造基地，建成环渤海地区重要的工业城市。

第三节　冀中南经济区发展战略

《河北省"十二五"规划纲要》明确提出,要"加快发展冀中南经济区。推动石、衡、邢、邯4市整合资源、互动发展,建设'一中心、两轴、三基地',以石家庄为中心,强力推进大西柏坡、正定新区、环城水系、临空港产业园区、东部产业新城建设,做大省会城市;以京广(京珠)、京九(大广)沿线为主轴,大力发展特色产业;以邯郸冀南新区、衡水滨湖新区、邢台新兴产业园区为重点,打造区域增长新优势"。当下,省内正在争取将冀中南经济区发展规划列入国家战略,请中央在战略定位、宏观调控、优惠政策等方面给予适当倾斜,为冀中南经济区创造良好的发展环境,使其在短时期成长为经济能力强、带动力强的区域强市大市,带动晋冀鲁豫交界地区成为我国新的经济增长极。

一　冀中南经济区概况

1. 覆盖范围

冀中南经济区是河北省"十二五"规划的重点发展区域,地理上覆盖紧密相连的石家庄、衡水、邢台、邯郸4个地级市,共下辖13区10市49县357个建制镇,总面积49211平方公里。与北京、天津、济南、郑州、太原等主要城市联系便捷,空间直线距离均在300公里以内。截至2010年末,该区域共有常住人口3078.34万人,城镇化率45%,国内生产总值7735.32亿元,人均国内生产总值2.51万元。

2. 发展条件

一是资源禀赋类型多样,但发展约束不断增强。冀中南地区西依太行山,沿山为丘陵地区,中东部为地势平坦的华北平原,地理特征较为多样,煤、铁、石灰岩等矿产资源分布广泛,石油、天然气、风能、地热等能源资源也比较丰富。多样的资源禀赋为冀中南未来发展提供了多种可能。然而,冀中南地区水资源承载能力较差,人均水资源量和地均水资源量仅为全国平均水平的1/10,且近年来随着产业发展与城镇建设的超载利用和污染,区域整体资源环境约束日益明显。

第六章 河北区域发展战略与未来高速公路发展

二是中心城市不断壮大，但区域带动能力有限。近年来在河北省相关政策的扶持下，冀中南地区中心城市发展水平得到显著提高，2006年以来4个中心城市建成区面积扩大近10%，中心城市城镇人口数占全部城镇人口总数的比例达到35%以上，聚集辐射和带动作用显著增强。但与此同时，4个中心城市与县域发展差距不断扩大，中心城市人均GDP达到县域的两倍，地均GDP接近县域的10倍，中心城市对其辖县（市）的带动作用并不明显。

三是主导产业增长迅速，但县域经济发展困难。冀中南地区产业门类相对完整，装备制造、生物医药、石油工业等重工业类型与轻纺、食品、农产品加工等特色轻工业均得到一定发展，其中主导产业增长尤为迅速。石家庄生物医药、装备制造、石油化工等主导产业增加值占规模以上工业的比重已经超过55%；邯郸市主导产业中仅冶金工业就占全市工业总产值50%；邢台市重点培育的装备制造、新能源、煤化工等三大产业实现增加值也占到全部工业产值的40%以上；衡水市橡胶、食品、金属制品、化工等主导产业也增长较快。总体而言，地区产业基础正在不断巩固。然而，冀中南地区特色县域经济发展仍比较困难，如采暖铸造、通信器材、丝网、皮毛皮革、玻璃钢、汽拖配件、农副产品加工、金属橱柜、工艺美术等产业类型，虽然市场占有率和知名度较高，但产品附加值不高、技术提升缓慢、龙头企业较少，难以发挥带动广大农业地区发展的作用。

四是传统农业量大面广，但现代化水平仍待提高。冀中南地区大部分为冲积性黄土平原，适宜发展农业经济，是河北省重要的粮棉产区和国家优质农产品供应基地。冀中南地区以仅占河北省域面积26%的土地生产了全省58%的粮食，种植了全省75%的棉花、38%的油料作物和蔬菜，在全省前50个农业生产大县中冀中南地区就有27个县名列其中。然而，冀中南地区的农业现代化水平仍有待提高，农业生产人均产值、农作物机耕比例以及有效灌溉比例均略低于全省平均水平，这不仅限制了冀中南地区农业发展水平的持续提升，更影响到"三化联动"的整体进程。

五是门户地位逐步显现，但开放联动程度不高。冀中南地区是京津冀城镇群的门户，形成"东出西联、承北启南"的综合交通格局，是完善环渤海地区生产力布局、促进京津冀区域协调发展、优化河北省区域空间布局、协调沿海内陆互动的重要平台。但与其重要地位不相称的是，冀中南地区开放水平仍然偏低，整体落后于河北省平均水平。石家庄虽然是冀中南地区开放程度最高的城市，但与周边的济南、郑州、太原等省会城市相比，利用外资的总量仍明显偏低，其余三市在利用外资方面更存在较大差距，其中衡水市实际外资利用金额仅为石家庄市的1/8。除对外开放外，地区内部分工明确、错位发展、协同联动的局面也尚未形成。

六是文化底蕴积累深厚，但特色挖掘仍不充分。冀中南地区拥有国家级历史文化名城2座，中国历史文化名镇、名村9个，全国重点文物保护单位58处，孕育了磁山文化、商周文化、赵文化、曹魏文化、南北朝寺庙文化以及近代以一二九师、西柏坡为代表的革命文化，也留下了诸如广府太极拳、武强年画等丰富的非物质文化遗产。虽然遗存丰富，但冀中南地区目前对传统文化特色的挖掘和保护仍不充分，城镇文化知名度不高，相关文化、旅游产业发展也比较滞后。

二　冀中南经济发展战略的重要意义、定位与目标

1. 重要意义

一是有利于实现河北省域均衡发展。大力发展冀中南地区，将进一步推动冀中南地区与环首都经济圈、沿海经济隆起带形成良性互动格局，促进全省经济均衡发展，实现建设"和谐河北、经济强省"的总体目标。

二是有利于加快"三化"协同发展。大力发展冀中南地区，将进一步推进产业结构调整，加快产业转型升级，在工业化、城镇化深入发展中同步推进农业现代化，提高经济发展质量、效益和水平，实现地区发展方式的根本转变。

三是有利于提升开放联动水平。大力发展冀中南地区，将进一步推进地区解放思想、破除障碍、全面开放，深化与沿海地区和环首都地区的交流合作，建立四市协作发展框架，发挥"东出西联、承北启南"的战略作用。

四是有利于缩小城乡发展差距。大力发展冀中南地区，进一步推进地区城乡协调发展，完善以城带乡的长效机制，推进基础设施和公共服务设施向农村延伸，以城市繁荣带动农村发展，促进城乡共同进步。

五是有利于保障资源持续利用。大力发展冀中南地区，进一步推进地区建立健全资源激励与约束机制，加快转变资源利用和管理模式，增强解决资源重大瓶颈的能力，促进地区各类资源的永续利用。

2. 战略定位

立足门户区位、面向沿海开放、对接京津发展、突出三化协同，以河北省重要的工业、农业基地为基础，形成河北省三大经济区战略的有力支撑，建设北方一流的新型工业化基地和新型城镇化示范区。重点建成华北平原重要的先进制造业发展区、现代农业发展示范区、四省交接地带现代服务业集聚区、河北省城乡统筹发展示范区以及特色产业富民强县试验区。

3. 发展目标

到2015年，综合实力显著增强，建成河北省重要的新兴增长区域。三化联动发展实现突破，工业建立高效可持续的综合体系，农业产业化步伐加快，农村劳动力向城镇进一步集聚，中心城市与重点县城基本实现规模扩大、功能提升。能源利用效率大幅度提高，水资源约束得到缓解，公共服务能力显著增强，城乡居民收入大幅增加。地区生产总值由2010年的7500亿元增加到14000亿元，人均地区生产总值接近4.5万元，城镇人口达到1650万，城镇化水平达到52%。

到2020年，区域发展水平进一步提高，建成北方重要的产业和城镇发展区。三化发展紧密同步，农业发展水平显著提升，传统工业改造升级基本完成，新兴产业比重快速增加且规模层次均明显提高。城乡发展从据点培育向全面带动转变，城乡差距显著缩小，人民生活更加富裕，基本形成联系紧密、功能互补的城乡发展新格局。地区开放水平显著提高，文化旅游、生态旅游均具有较大的区域影响力，生态环境质量明显提高，资源利用与建设开发实现基本和谐。地区生产总值在2015年的基础上增长到26000亿元，人均地区生产总值接近8万元，城镇人口达到1900万，城镇化水平达到58%。

三　冀中南经济区的发展布局

1. 与沧州（黄骅港）共同构筑河北省"南三角"区域空间结构

冀中南地区长期以来与沧州联系紧密，在充分考虑综合交通发展方向、资源环境承载能力和开发潜力的基础上，冀中南地区四市应与沧州（黄骅港）共同构筑河北省"南三角"区域空间结构，即以石家庄、沧州（黄骅）、邯郸（邢台）为三个顶点，以渤海新区冀中南工业集聚区为龙头，以石家庄—黄骅、邯郸（邢台）—衡水—黄骅、京广（石家庄—邯郸）三条综合运输通道为三边，形成沿海港口与内陆腹地互动、区域协同发展的新格局。

2. 构建"一核、三区、五轴"的空间发展格局

充分兼顾冀中南地区内部发展条件和基础差异较大的实际情况，以促进人口和产业向重点城镇集聚为方向，以促进地区内部开放互动为原则，在冀中南地区形成"一核、三区、五轴"的空间发展格局。"一核"：省会石家庄是带动整个冀中南地区发展的核心。"三区"：为实现区域功能体系构建，在充分考虑不同地区资源禀赋和空间差异性特征、不同城镇发展条件和发展诉求的基础上，组织三大协同发展区，实现城镇空间布局的协调发展，即石家庄协同发展区、邯郸—邢台协同发展区以及衡水—黑龙港协同发展区。三大协同发展区资源条件各异、发展基础不同，形成冀中南地区基本空间格局。"五轴"：包括京广发展轴、京九发展轴、石济（石家庄—济南）发展轴、石黄（石家庄—黄骅）发展轴、邯黄（邯郸—黄骅）发展轴。这5条发展轴构成该地区空间结构的基本骨架。

3. 加快冀中南城市群建设

以人口、资源、环境协调和可持续发展为目标，重点建设中心城市，促进中心城市周边城镇整合发展，同时培育重点县城，完善地区城镇体系，形成联系紧密、相互促进的城镇网络化发展格局。到2020年，冀中南地区城镇将形成综合承载能力显著提高，人居环境质量显著改善，城镇文化特色鲜明，城镇增长方式有较大转变，城市新区、产业集聚区、都市农业区、生态保育功能区与城镇发展良性互动，人民群众对城市建设的满意度和幸福指数显著提高的城镇化新局面。城镇化率将达到58%左右。

城镇空间发展上，如表6-1、表6-2规划所示，冀中南地区将遵循"核心带动，轴带发展，节点提升，对接周边"的整体思路，以继续加速推进中心城市建设为支点，强化主要城镇发展轴建设，积极合理培育一批中小城市，同时选取一些重点中心镇予以扶持，全面实现城乡统筹，提升城镇群发展质量。

第六章 河北区域发展战略与未来高速公路发展

表6-1 冀中南地区城镇规模体系规划一览表

等级	规模（万人）	个数	城镇人口（万人）	城镇名称（规划规模）
特大城市	>100	4	约1000	石家庄（470）、邯郸（300）、邢台（160）、衡水（120）
大城市	50~100	2	约100	武安（50）、辛集（50）
中等城市	20~50	15	约350	晋州、平山、新乐、宁晋、清河、深州、魏县、涉县、景县、故城、威县、南宫、大名、临漳、隆尧
小城市	10~20	26	约300	井陉、高邑、赞皇、灵寿、无极、元氏、行唐、深泽、赵县、武强、饶阳、阜城、安平、枣强、广宗、临西、邱县、鸡泽、柏乡、广平、临城、新河、巨鹿、平乡、馆陶、曲周
独立建制镇	—		约180	
总 计			约1900	

表6-2 冀中南地区城镇中心体系规划一览表

中心体系	个数	城 市
省域中心城市	1	石家庄
地区中心城市	3	邯郸、邢台、衡水
中心城市一体化城镇	16	正定、鹿泉、栾城、藁城、冀州、武邑、内丘、任县、邢台县、南和、沙河、邯郸县、永年、肥乡、成安、磁县
重点培育城镇	11	新乐、辛集、平山、清河、宁晋、深州、景县、涉县、魏县、武安、南宫
一般县城	32	井陉、晋州、赵县、元氏、行唐、赞皇、灵寿、高邑、深泽、无极、邱县、隆尧、威县、临漳、大名、曲周、鸡泽、广平、馆陶、临城、柏乡、巨鹿、新河、广宗、平乡、临西、安平、故城、枣强、武强、饶阳、阜城

需要重点说明的是，冀中南城市群建设必须以省会石家庄为核心展开，其战略意义主要有两点。一是争取大区域内的城市经济话语权。之所以京津冀这个区域北京和天津总是说双中心，就是因为河北没有水平同等或接近的大城市，老说哑铃形、双核、双中心，把石家庄排除了。石家庄

达到什么等级和水平他们就不能忽视呢？不说产业、不说GDP，最关键的一个指标就是人口达到500万。这里说的是城市人口，到了这个规模不用争，京津就会说在这个区域中是京津石三足鼎立。按这个目标，石家庄人口要翻一番，城建面积要达到500~800平方公里。二是带动冀中南。多年来冀中南四市再加上沧州都是自我发展，很少联系和互动，谁也帮不了谁。为什么？自己小，有心无力。区域经济的核心问题恰恰是联系和互动，没了这条，所有提法、设想和概念都成了空谈。石家庄做大就是要向东辐射衡水，直达沧州，这是一条西延至新疆的欧亚新通道；向南沿京广辐射邢台、邯郸。总之，石家庄的能量走向是向东、向南甚至向西，就是不向北。如果这个分析结论成立，那么冀中南的交通布局和交通结构、建设时序就要有长远考虑。

4. 构建特色产业体系

一是推动传统产业改造升级，促进两类产业向沿海转移。以延伸链条、提档升级为主线，加快传统优势产业改造升级。大力发展交通运输装备、矿山工程装备、能源化工装备、农机装备、节能环保装备、家用电器等装备制造产业；优化发展石化、煤化、盐化、精细化工等化工产业；重点发展优质特钢、专用钢材、高档建筑钢材等精品钢铁产业；鼓励纺织服装、食品加工、金属制品等传统特色产业升级提档。

充分发挥渤海新区综合比较优势，将渤海新区的冀中南工业集中区作为石家庄、衡水、邯郸、邢台四市工业向沿海转移的平台和载体，推进钢铁冶金、大型化工产业逐步向沿海地区转移，形成冀中南地区与沿海地区配套联动的"港腹互利"产业关系。冀中南地区与黄骅港之间应该完善利益共享机制，一方面冀中南地区可以利用港口优势大力发展装备制造及其相关产业，促进黄骅港由原料港口转变为综合大港；另一方面，冀中南地区可以将一系列临海型、用水量大的产业转移至渤海新区冀中南工业集聚区，按协商比例实施财税分成。

二是积极发展战略性新兴产业，引领地区产业升级发展。坚持创新引领、重点突破、开放带动、集聚发展思路，重点发展特色突出、具有规模基础和比较优势的新兴产业。着力发展以生物药物、现代中药、营养保健品和医疗器械为重点的生物医药产业；壮大提升光伏、光热、风力发电等新能源产业；做强做优平板显示、芯片封装、通信系统、物联网设备、软件设计等电子信息产业；推进新型功能材料、高性能纤维及其复合材料等新材料产业发展。

三是加快发展现代服务业，强化地区综合辐射能力。充分发挥交通区位和商贸物流基础优势，按照扩大规模、拓宽领域、提升功能、创新业态的总体要求，快速提高服务业层次和地位。全面提升中心城市区域性商贸中心功能，积极发展大型专业批发市场和现代物流；加快整合文化旅游资源，推进文化旅游产业融合，发展创意、动漫等文化相关产业；有重点地发展区域性或地方性金融服务产业；大力培育信息网络、生物工程、新能源和新材料等高新技术服务产业，以高技术服务引领产业高端发展，带动产业调整优化升级。

四是强化农业基础地位，大力发展特色农业。农业的高效集约发展是解放农民、减少农民、富裕农民的必要条件。着力推进农业的规模化、产业化进程，加快建成优质粮食、优质蔬菜、特色农产品等生产基地；做大做强生猪、蛋鸡、奶牛等畜牧产业；发展梨、红枣、板栗等优势果品产业及商品林种植产业；重点培育休闲观光农业。

五是促进县域特色经济加快发展。冀中南县域经济不是小事，是战略问题。这个战略问题的"结"在长不大，要解决这个问题，首先要从解放思想入手，小产业做大文章。思想保守、行为封闭是干不好的。其次要全面转型升级，如定位升级、技术升级、管理升级、市场升级、人才升级、规模升级，总之不能几十年走一条老路。再次要敢于在自由市场竞争，县域经济的特点之一是竞争性，由点到面、由面到链、由链到群，最后形成产、供、销基地，形成中心市场。最后要开放市场，引入投资者或合作者，不能什么事都自己干，那是小农生产。

第四节　河北省高速公路未来发展趋势、思路与对策

展望未来，河北将进入一个以科学发展观为指导，改变经济发展方式、建设和谐社会的新时期，我们将进入经济全球化、人口城镇化、城乡一体化、社会现代化的加速发展时期，高速公路建设事业也将进入一个提

高建设管理质量的新时期。这就要求我们一方面要准确把握未来高速公路建设的发展趋势与规律，另一方面要紧密结合河北省环首都经济区、沿海经济区和冀中南经济区崛起三大战略的实际情况。通过提升高速公路建设管理的现代化程度、提高高速公路建设与本省经济社会发展的适应度，继续为河北整体发展提供基础性支持条件。

一　河北省未来高速发展的趋势分析

1. 完成"五纵六横七条线"的路网建设，为河北的经济发展战略提供支撑

河北省计划到2020年，完成"五纵六横七条线"（见表6-3）的高速路网建设，在可预期的将来，这一计划将顺利完成。预计到2015年河北省高速公路里程将超过6000公里，达到6762公里，密度达3.60公里/百平方公里，达到甚至超过世界发达国家水平。

表6-3　"五纵六横七条线"主要控制点

		五纵　小计	
五纵	纵1	主线	赤峰（冀蒙界）—承德—遵化—唐山—天津—黄骅—海兴（冀鲁界）
		支线	唐山—唐海—曹妃甸
		并行线	崎口（冀晋界）—黄骅港（冀鲁界）
	纵2	主线	北京—廊坊—天津—沧州—德州
		并行线	廊坊（冀京界）—文安—大城—沧州—乐陵（冀鲁界）
		支线	永清—武清（冀津界）
	纵3		固安（冀京界）—霸州—任丘—衡水—威县—大名（冀豫界）
	纵4	主线	涿州（冀京界）—保定—石家庄—邢台—邯郸—安阳
		支线	石家庄绕城东环、邯郸绕城东南环
	纵5	主线	宝昌（冀蒙界）—张北—万全—蔚县—涞源—保定—曲阳—灵寿—石家庄
		并行线	涿鹿—涞水—满城
		支线	涞水—（京冀界）

第六章 河北区域发展战略与未来高速公路发展

续表

六横	六横 小计		
	横1	主线	平泉（冀辽界）—承德—北京—怀来—张家口—怀安（冀蒙界）
		并行线	延庆（京冀界）—怀来—涿鹿—万全
	横2	主线	山海关（冀辽界）—秦皇岛—唐山—宝坻—香河（冀京界）
		支线	抚宁—北戴河
	横3		北戴河—乐亭—唐山港—天津—霸州—徐水—阜平（冀蒙界）
	横4		黄骅港—黄骅—沧州—石家庄—井陉（冀蒙界）
	横5		临清（冀鲁界）—威县—邢台—左权（冀晋界）
	横6		馆陶（冀鲁界）—邯郸—涉县
七条线	七条线 小计		
	线1		张家口—承德—秦皇岛
	线2		宣化—阳泉—大同（冀晋界）
	线3	主线	密云—平谷—三河—香河—廊坊—涿州—涞源（冀晋界）
		支线	通州（京冀界）—三河
	线4		唐山—乐亭—京唐港
	线5		沧州—河间—高阳—保定
	线6		夏津（冀鲁界）—清河—南宫—宁晋—赵县—石家庄
	线7		衡水—德州（冀鲁界）

到"十二五"末，冀中南地区将形成由京昆、京港澳、石黄、大广、衡德、青银、邢临、青兰等高速公路构成的区域主要交通骨架。纵向已构筑起的京港澳通道、京九通道将进行改扩建以提高运力，同时建设石林高速、西柏坡高速等项目；横向将构筑其连接黄骅港方向的运输通道，布局石港高速、邯黄高速、衡昔高速等，强化冀中南地区与沿海地区的联系。

沿海地区的沿海高速沧州段，唐山到唐海的唐曹高速将建成完工，同时，承秦高速和迁西、迁安到京哈高速的连接线也将施工建设。届时，沿海地区将初步形成以唐山机场、唐曹高速、沿海高速、迁曹和滦曹高等级公路、迁曹铁路和正在建设的张唐铁路以及规划中的京津唐地区城际铁路为主，集港口、铁路、公路、航空、管道运输等方式为一体的立体现代综合交通体系。

环首都地区的张承高速崇礼至承德段、京化高速土木至张家口段、张涿高速、京昆高速京冀界至涞水段、京津南通道等规划中的高速将开工建设，廊沧高速、保阜高速等在建高速将建成通车。届时环首都地区将成为高速路网极其完备、立体式交通优化的典型区域。

2. 河北未来的高速建设将走"自然、和谐、平衡、唯美"的生态之路

河北省多年高速公路建设的经验和教训告诉我们，高速公路要想建成"人与自然和谐发展"之路，必须遵循"自然、和谐、平衡、唯美"的原则，按照"车在林中行，人在画中游"的理念进行设计。通常看来，传统的交通规划主要着眼于道路系统的规划，以满足机动化的交通需求为目标，没有考虑交通发展对资源、能源和环境的影响，使交通从规划开始起就不具备可持续发展的条件。未来高速公路将沿着可持续发展的方向前进，充分考虑土地占用、能源消耗、景观协调、大气污染、噪声污染、安全运输、旅游感受等因素。

3. 未来河北的高速公路建设高度重视景观设计

公路景观通常由道路线形、自然景物、道路与环境的融合及公路构造物等构成，其对人们形成的综合效应是"舒适性"。在公路规划设计过程中将更加重视自然资源中审美主题的研究、开发和保护，以期给公路的使用者提供一个赏心悦目的环境。高速公路景观设计将遵循功能性、超前性以及突出地域特色的原则。高速公路的首要功能是运营，景观设计不应使公路工程技术标准有所降低，必须服从高速公路的总体规划和要求，满足高速公路的"功能性"要求。

高速公路绿化景观是一种随时间推移的动态景观，所以道路环境景观设计既要关注近、远期的景观效果，又要注重设计的超前性，使景观具有长久的生命力。高速公路景观设计应当因地制宜，以乡土植物造景为主，既体现粗犷、气魄和力度，又具有简洁、明快、统一流畅的风格和动态的观赏效果，同时展示其地方性与文化性。

4. 未来河北的高速公路建设将更加注意多学科全面配合

目前高速公路规划中存在"强调短期效果，忽视长期效果"的问题。规划规范和标准、规划理念相对落后，缺乏环境和景观设计环节。规划设计工作一般由专业性很强的部门单独完成，造成了设计方案单一、呆板的先天不足。

生态高速公路的规划设计应由一个多学科的设计团队协作完成。该团队除了具有专业的公路、桥梁工程师外，一般还配有生态学家、景观建筑师、规划师、考古学家、生物学家、交通工程师、画家等，从而在确定最佳路线走向的基础上，尽量保护当地的自然环境及文物景观等，最大限度地减少破坏。

5. 未来河北的高速公路建设将切实做好环境评价工作

高速公路的建设给沿线生态环境造成的影响表现为：破坏自然环境（如水土流失、生态平衡失调）、污染环境（如增加噪声、废气和尘埃）、大量占用土地资源、跨越生态系统区域、"廊道效应"和"诱导效应"明显。传统的交通规划评价仅限于对"路网密度""干道网密度""道路面积率""人均道路面积"等网络几何指标的评价，而缺乏对交通的"绿色性指标"的评价，如人在参与交通时的可达性、舒适度、安全度以及环境中的噪声、大气污染等，使得所做的规划从一开始就不具备可持续性。

在高速公路规划设计、建设施工和运营管理各个环节都将更加重视生态环境保护，通过科学合理的生态环境影响评价体系来指导和规范建设。未来需要在《公路建设环境影响评价规范》和《公路绿化规范》基础上编制和实施高速公路路域生态环境保护和生态系统恢复规范和评价体系，使高速公路生态环境保护真正有法可依、有章可循。生态保护应该贯穿于整个高速公路建设各阶段。在可行性研究及初步设计阶段，进行项目环境影响评价，为进行环境保护设计和采取环保措施提供依据；在初步设计及施工图设计阶段，进行环境保护设计；在招投标阶段，在合同书中纳入环境保护条款；在施工阶段，进行环境保护设施的施工及监理；在竣工和交付使用阶段，进行环境保护设施验收、环境后评价；在营运阶段，应进行环保设施维护及处理环境问题投诉。

6. 未来河北的高速将更加注重通信联网技术

目前随着联网收费系统和联网监控系统带宽需求的增大以及考虑到河北省高速公路通信网"高速化、数字化、综合化、网络化"的发展需要，通信新技术的应用和新的技术体制的建立就有明显的必要性。高速公路的机电通信系统相当于整个高速公路的神经系统，随着交通运输信息化的推进，整个高速公路通信系统面临着升级和全网改组的机遇和挑战。

7. 未来河北的高速公路将更加注重服务质量的提升

随着高速公路运输需求的持续增长和变化以及高速公路主管部门的积极调整，省内高速公路管理和服务将发生一系列深刻的变化。这些变化突出地表现在如下方面：高速公路管理的目标将更加直接地指向对道路使用者提供更好的服务；在提高资源利用效率和保护环境的前提下依靠当代高新技术来满足交通需求，提高服务水平；周到的服务将贯穿于用户上路与下路的整个过程。

8. 未来河北高速公路将进入"建养并重"的新时期

目前我们在高速公路养护管理方面还存在许多问题，如养护管理政策不健全，养护管理体制不顺畅，"重建轻养"思想严重，缺少定额和规范，养护资金投入不够，养护工区规划与高速公路发展不够协调等问题已经凸显，并将成为影响高速公路运营管理的障碍，影响高速公路养护水平的提高和养管机制的创新。未来河北省将从理顺养护管理体制和转变"重养轻建"思想开始，通过制定养护管理措施、规范、制度及考核方法等手段，逐步提升全省的高速公路养护水平。

二 河北省未来高速公路发展的几点建议

1. 完善高速公路整体功能，提高公共基础建设服务能力

河北省"十二五"期间将把改善公共基础设施、提供公共服务能力作为重要目标，要达到这一目标，高速公路建设需要进一步完善全省公路整体网络，提高高速公路的整体功能和服务能力，使高速公路在公共基础服务方面成为实现"十二五"社会建设目标的亮点。

2. 制定全省高速公路产业带发展战略，使每条高速公路都成为一条转变经济发展方式的示范带

高速公路沿线具有交通便利、经济聚合、经济载体等优势，为沿线地区提供了新的经济增长点，需要把那些科技含量高、市场潜力大、对外贸易广的企业引进沿线地带，借助交通优势促进快速发展，逐步形成高速公路产业带，使其成为河北面向国际、带动全省产业结构调整和整体经济发展的示范经济带。

第六章 河北区域发展战略与未来高速公路发展

3. 以大交通思路，进一步加强以高速公路为核心的交通网络建设

面对经济全球化步伐加快和京津冀区域共同体实质性形成的现状，为促进生产要素在整个区域内自由流动，加快区域经济融合，增强国际竞争力，需要把优化发展环境作为突破口，进一步深化区域经济合作，把构建区域大交通体系作为重点合作内容，有效地推动区域间的多方合作和交流。

4. 制定"快捷、便利、安全"的管理目标，满足"汽车化社会"公众出行需要

汽车化是实现工业化和现代化的必然选择，数据分析表明"汽车化社会"正在来临。据国务院发展研究中心的预测，到2015年，我国汽车拥有量将超过1亿辆，是目前的5倍，河北省的汽车总量也将随之大幅增长。随着"汽车化社会"的来临，公路客货运输量将呈现持续快速增长的态势，公众对高速公路管理的需求也将随之增长。除了快捷和便利，出行安全将成为公众首选的需求，需要根据这些需求调整和改善高速公路运营管理方式。

5. 降低现代物流业成本，进一步完善综合运输体系

物流成本是影响交通运输业和物流业效益的重要因素。目前，我国的物流成本为发达国家的2~3倍，甚至高于许多发展中国家，这与交通基础设施建设水平低、服务能力不足，以及用于物流过程的时间长等因素有关。"十二五"期间需要加快综合运输体系建设，将为所有旅客、货物和地区提供畅通、便捷、经济和安全可靠的运输系统作为努力的目标。

6. 适应高速公路建设高社会化需求，充分发挥高速公路在促进区域平衡发展方面的独特作用

从科学发展观出发，未来高速公路建设将在缩小城乡和地区差距、加强地区的交流方面需要发挥更大的作用。高速公路规划建设以及公路网络建设，都需要考虑对周边地区的影响，都要兼顾以道路为纽带，通过信息等的交流，将发展不平衡的地区联结起来，使贫穷地区得到开发。充分考虑高速公路建设对周边地区经济社会发展的拉动作用，是未来高速公路建设需要改进的重点。

7. 建设高质量的高速公路，使之成为宣传河北形象的"窗口"

路、人、车、告示牌、树木等都是宣传河北形象的重要元素，能让外界随时感受到河北经济发展的活力和精神文明风貌。通过建设高质量的高速公路，树立河北省现代化形象、市场经济形象和精神文明形象，让国际国内各界通过高速公路这个窗口认识河北、了解河北、喜欢河北，从而提高河北省的知名度和美誉度，让高速公路沿线成为河北对外开放、发展经济、展示形象的重要窗口。

8. 建设前瞻性、适应性强的河北省高速信息网络

根据交通运输部提出的组网原则要求，既要维持现有体制的稳定运行，同时又要适应未来发展趋势，不能搞空中楼阁，也不能推翻重来。把适合的技术用在适合的地方是最佳方案。在选择新的技术方案时，要充分考虑各方的优缺点，立足实际，利用各种新技术的长处组建一个多种新技术混合使用的新型信息网络平台。具体而言，主要是传统的 SDH/MSTP 核心传输层向 ASON 过渡和传统的 SDH/MSTP 接入网向 PTN 过渡。

9. 探索高速公路服务质量提升的多种管理与经验方式

为适应提升服务质量的要求，首先高速公路管理机构要把工作重点转向为道路使用者提供更好的服务上来。要调整不同部门之间的职能分工，积极改善相互间的协作关系，以适应高度系统化的高速公路管理手段和方法，全面提高高速公路系统的运行效率。其次，积极探索运输基础设施的民营化和管理方式的商业化。由于高新技术不断向运输应用领域渗透，由私营部门提供和管理的高速公路交通服务项目将会越来越多。今后将高速公路的建设、运营管理委托给私营部门的做法将更加普遍。这些都要求高速公路主管部门在进一步加强宏观管理的同时，改善同民间私营部门的合作关系。

10. 多措并举提升全省公路养护水平

一是相邻省份可以按照区域的特点，经过协商，各自有所侧重，以区域协作的方式，装备专门的检测或养护设备，并按照区域性的需求来安排，有偿使用、优势互补，可以使养护专业化的水平得到进一步提高。二是养护管理体制应逐步走向集中、统一。理顺高速公路养护管理体制时要优先考虑集中、统一的原则，统一标准、统一规划、统一调度。三是要提

第六章　河北区域发展战略与未来高速公路发展

升养护队伍水平。养护队伍在未来必然趋向于一专多能，其特点是技术性强、机械化程度高、维修反应迅速、安全措施严格。因此，需要养护队伍做到人员精干、技术全面、机械配套、安全措施完备，才能完成高速公路各种常规养护和各种突发事故的抢修工作。四是提高高速公路养护的机械化水平。养护机械化是确保高速公路快速和安全运行的必要条件，是充分发挥经济效益和社会效益的重要保障。高速公路运营通车后，管理部门应按照需求情况，优先投入资金购置一些路面养护机械，如清扫车、坑槽修补车、灌缝机、洒水车、除雪车等，以便及时维护损坏的路面。路基、路面、交通工程设施、绿化等方面的养护作业基本上采取机械和人工辅助的方式进行。只有实现了机械化作业，合理科学地安排施工工序、流水作业，公路才能实现高效、安全、畅通地运行。

主要参考文献

1. 陈爱萍、向前忠：《梅州至龙岩高速公路社会影响分析与评价》，《湖南交通科技》2007年第3期。
2. 陈全国：《关于河北省国民经济和社会发展第十二个五年规划纲要的报告》，河北省第十一届人民代表大会第四次会议，2011。
3. 褚庆阳、霍娅敏、李德刚：《浅谈高速公路建设项目后评价》，《交通标准化》2005年第7期。
4. 崔莹：《高速公路经济带的形成机制及其对区域经济发展的启示》，《交通标准化》2012年第1期。
5. 范振宇、王宇鹏：《基于现代综合运输体系的高速公路发展阶段特征分析及展望》，《公路交通科技》2006年第7期。
6. 范振宇、肖春阳：《高速公路建设对国家经济社会发展的系统效应初析》，《公路交通科技》2006年第5期。
7. 付止桐、余锦龙：《高速公路环境经济损益实例分析》，《江西科学》2010年第5期。
8. 贺琼、廖建桥：《高速公路网国民经济发展乘数效应评价模型》，《公路》2010年第8期。
9. 纪嘉伦：《未来高速公路发展的新趋势》，《人民论坛》2007年第24期。
10. 李连成：《交通投资项目社会评价的内容和基本方法》，《中国工程咨询》2008年第7期。
11. 李连成：《"十二五"思路：交通运输业应承担的社会责任》，《综合运输》2010年第11期。
12. 李连成：《交通现代化的新挑战和发展重点》，《综合运输》2011年第3期。

13. 冷宣荣：《我国沿海区域经济发展格局与河北的角色定位》，《领导之友》2010年第2期。
14. 孟祥林：《河北省"一分为五"框架下京津冀一体化的多核心亚城市体系构建》，《城市》2009年第9期。
15. 唐玉绮、章保卫、白繁义：《对我国高速公路项目后评价体系的探讨》，《城市》2008年第10期。
16. 王成新、王格芳等：《高速公路对城市群结构演变的影响研究——以山东半岛城市群为例》，《地理科学》2011年第1期。
17. 王蓓敏：《S26沪常高速公路建设项目的国民经济评价》，《中国市政工程》2010年第4期。
18. 吴宽武、陶峰：《高速公路建设项目后评价研究初探》，《交通科技》2003年第4期。
19. 夏立明、陈树平、孙丽：《高速公路项目社会影响后评价指标体系构建研究》，《建筑经济》2010年第3期。
20. 薛维君：《冀中南经济区发展战略提要》，《领导之友》2011年第1期。
21. 姚士谋、管驰明、房国坤：《高速公路建设与城镇发展的相互关系研究初探——以苏南地区高速路段为例》，《经济地理》2001年第3期。
22. 喻敏：《经营性高速公路绩效评价体系设计思路及基本框架探讨》，《公路》2011年第2期。
23. 张绍军：《高速公路的作用及启示》，《公路运输文摘》2004年第10期。
24. 张伟忠：《论我国高速公路管理及其社会经济效益》，《科技创新导报》2011年第12期。
25. 祝建华、牛俊萍、赖友兵：《高速公路建设项目绩效评价指标体系研究》，《中外公路》2008年第1期。
26. 赵学彬、肖彬：《浅谈高通公路沿线产业布局对发展小城镇的作用》，《小城镇建设》2003年第8期。
27. 朱东恺：《投资项目社会评价探析》，《中国工程咨询》2004年第7期。
28. 谷中原：《交通社会学》，民族出版社，2002。
29. 河北省人民政府编《河北经济年鉴》，中国统计出版社，1991~2011。

30. 夏飞、韩玉启、袁杰：《高速公路与我国新农村发展》，中国社会科学出版社，2009。
31. 周文夫主编《河北省环首都绿色经济圈建设问题研究》，河北人民出版社，2012。
32. 中华人民共和国国家统计局：《2011年中国统计年鉴》，中国统计出版社，2011。
33. 河北省人民政府：《河北省环首都经济圈规划》，2011。
34. 河北省高速公路管理局内部资料。
35. 国务院：《河北省沿海地区发展规划》，2011。
36. 2000~2009年河北省高速公路京秦管理处述职报告。

后 记

《高速公路建设与效益》一书是在河北省高速公路 20 年发展效益报告基础上完成的。高速公路作为重要的公共产品，是政府为社会提供公共服务的重要通道。2010 年，在河北省高速公路发展 20 年之际，为了更好地推进河北省高速公路建设，使高速公路建设在未来区域发展中发挥更大的效益，河北省高速公路管理局提出，对过去 20 年河北省高速公路建设的历程进行回顾性总结，对高速公路建设在区域经济社会发展中的综合效益进行科学的系统分析和评价，并采取课题招标形式，确定了由河北省社会科学院社会发展研究所周伟文研究员为组长的课题组来实施这一计划。

课题组将高速公路建设运营和高速公路建设的经济效益、社会效益、生态环境效益等作为主要研究内容，运用社会学、经济学、人口学、统计学等方法，对河北省的各条高速公路以及受影响的地区和部门进行了全面的调查，主要有座谈调查、问卷调查、访谈调查、跟踪观察、文献调查等。调查期间，课题组对 20 多个部门、25 个县市、30 多个村庄、20 多家企业、10 多个开发区、数百个农村家庭及个人进行了调查和访问，获得了第一手资料，同时还对大量的文献资料、统计资料进行梳理和分析，在此基础上数易其稿，完成了《河北省高速公路发展效益研究》报告，该报告在国家专家评审会上得到高度评价，被确定为"国内领先水平"的研究成果。为了扩大这一研究成果的影响，课题组在深入调查和研究的基础上，对这一成果的理论性、学术性、方法论等方面进行了深入的分析和研究，使这一成果的学术性、科学性得到进一步提升，并形成了现在的书稿。

本书具有如下几个特点。一是突出了社会效益分析。以往对高速公路建设的效益分析更多地注重经济效益分析，而本书除了经济效益分析外，还重点对高速公路建设对社会文化观念、社会建设、生活方式、交往方式等的影响进行了分析。二是突出了社会管理创新在高速公路建设和运营中的作用。我们在书中花了较多的篇幅来介绍高速公路建设和运营过程中管理系统的运行，并对管理中的创新点进行了概括和总结。我们认为，高速公路管理的作用决定了为社会提供公共服务的质量，因此其在高速公路发展中的作用至关重要。三是理论和实践相结合。我们的研究为应用性研究，人员的组成、课题的设计、全书的结构等都体现了这一点。理论和实践的结合大大地提高了这一研究成果的应用性和实效性，该成果将为未来河北高速公路发展和区域发展提供有效的智力支持。

本书的作者主要由河北省社会科学院社会发展研究所的研究人员和河北省高速公路管理局的工作人员组成，主要有李绪明、崔士伟、张宏、严晓萍、侯建华、樊雅丽、李茂、王立源、郑萍、车同侠、张丽、张成、康拥军、刘保俊、郄兵辉、甄永峰、李慧珍、王丽伟、赵宝君、李颖、王芳、屈哲、赵莉华。本书由河北省高速公路管理局领导崔彦民、李绪明负总责，周伟文具体负责全书的设计、审稿和修改。

在本书编写的过程中，得到河北省交通厅领导和相关部门的大力支持，同时也得到社会科学文献出版社的热情帮助，在此一并表示衷心感谢！

对于本书中不可避免存在的一些不足和问题，欢迎各方面的批评指正！

编　者

2013 年 7 月

图书在版编目(CIP)数据

高速公路建设与效益/康彦民主编.—北京:社会科学文献出版社,2014.2
 ISBN 978-7-5097-5497-9

Ⅰ.①高… Ⅱ.①康… Ⅲ.①高速公路-建设-研究-河北省②高速公路-运营效率-研究-河北省 Ⅳ.①F542.822

中国版本图书馆 CIP 数据核字(2013)第 311208 号

高速公路建设与效益

主　　编/康彦民
副 主 编/李绪明　周伟文

出 版 人/谢寿光
出 版 者/社会科学文献出版社
地　　址/北京市西城区北三环中路甲29号院3号楼华龙大厦
邮政编码/100029

责任部门/皮书出版中心 (010) 59367127　　责任编辑/丁　凡
电子信箱/pishubu@ ssap. cn　　　　　　　　责任校对/赵贝培
项目统筹/丁　凡　　　　　　　　　　　　　责任印制/岳　阳
经　　销/社会科学文献出版社发行部 (010) 59367081　59367089
读者服务/读者服务中心 (010) 59367028

印　　装/三河市尚艺印装有限公司
开　　本/787mm×1092mm　1/16　　　　　印　　张/15
版　　次/2014年2月第1版　　　　　　　　字　　数/238千字
印　　次/2014年2月第1次印刷
书　　号/ISBN 978-7-5097-5497-9
定　　价/49.00元

本书如有破损、缺页、装订错误,请与本社读者服务中心联系更换
版权所有　翻印必究